儒家文明省部共建协同创新中心研究成果

建立新秩序的尝试

民国意识形态变迁中的儒学

张道奎 ◎ 著

齊魯書社

·济南·

图书在版编目（CIP）数据

建立新秩序的尝试：民国意识形态变迁中的儒学 /
张道奎著. -- 济南：齐鲁书社，2024.8. -- ISBN 978-
7-5333-4996-7

Ⅰ. B222.05

中国国家版本馆CIP数据核字第20247JR788号

责任编辑　刘　强
装帧设计　亓旭欣

儒家文明省部共建协同创新中心研究成果

建立新秩序的尝试：民国意识形态变迁中的儒学
JIANLI XINZHIXU DE CHANGSHI MINGUO YISHIXINGTAI BIANQIAN ZHONG DE RUXUE
张道奎　著

主管单位	山东出版传媒股份有限公司
出版发行	齐鲁书社
社　　址	济南市市中区舜耕路517号
邮　　编	250003
网　　址	www.qlss.com.cn
电子邮箱	qilupress@126.com
营销中心	（0531）82098521　82098519　82098517
印　　刷	山东华立印务有限公司
开　　本	880mm×1230mm　1/32
印　　张	10
插　　页	2
字　　数	240千
版　　次	2024年8月第1版
印　　次	2024年8月第1次印刷
标准书号	ISBN 978-7-5333-4996-7
定　　价	58.00元

本项目系山东省博士后创新项目
"选择性表达理论视域中的民国儒学转型研究"
[SDCX-RS-202400016] 的阶段性成果

序 一

王学典

民国时期的儒学问题，近年来已经成为中国学界的讨论热点之一。这个问题之所以重要，是因为今天的中国仍在历史中国的延长线上发展，而中华优秀传统文化及儒学在新时代中国的创造性转化与创新性发展自然也不能例外，民国时期的儒学问题恰好又处在古今中外交汇的特殊时间节点上。因此民国年间的儒学演变乃至历史中国的儒学演变问题，是一个很值得继续挖掘的学术课题。自 2016 年开始，道奎在《民国意识形态变迁中的儒学》这部著作的最初选题、写作、修改等过程中找我聊过多次，所以我对道奎的相关思考也有所关注。现在道奎又请我作序，言辞恳切，作为老师不能推辞，我也就借此谈谈个人的一点看法。

我感觉，这个选题思路至少抓住了两个大的、方向性的问题：

首先一个问题是，儒学的意识形态作用在近代中国结束后，我们该怎么办。从大历史的角度来看，鸦片战争之后中国就进入一个寻求新意识形态的过程，这个过程持续了相当长的时间。在鸦片战争之后，中国在被迫进入全球化之后，在被迫纳入现代化进程之后，原有的意识形态已经无法应对外部世界的挑战，新的意识形态又不能立即产生，中国又有自己特殊的历史与文化特征，这个怎么办？同时具体到儒学问题上，就是随着儒学的意识形态地位的丧失，中国这辆"有轨电车"一度失去了它的轨道——原来的旧道路走不通了，新的轨道又没办法在短时间内铺上。从儒学及传统文化方面来讲，这是一个一直到现在也在困扰着我们的问题。我感觉道奎这部著作首先抓住了这样一个问题，这是一个很大的问题。

另外，这部著作把落脚点放在意识形态的秩序作用方面，这也是正确的。在近代以来帝制秩序、传统社会形态结束后，我们这个国家出现了权力真空。由于我们这个国家的特点，出现权力真空的后果往往是灾难性的。

我们这个国家呈现出这样几个特点，也就是我们的国情：一个是超大型。超大型国家体现在人口规模、疆域等多方面。比如，我们根据举办学术会议的经验就能够知道，10 个人的会不需要筹备，事先约定就能开；100 个人的会，就需要认真准备；300 人的会，就是一个很庞大的事情。这就是说量变引起质变，在国家治理上这是一个非常大的、也很现实的问题。管理6000 万人和管理 14 亿人，完全不一样。这是一个大国情。另一个国情是多民族。汉、满、蒙、藏、回，中国近代史上有所谓五族共和，这和西方单一民族国家完全不一样。既然我国疆域辽阔、人口和民族众多，历史、文化习俗与西方国家各不相同，这就面临一个政策的差别问题。这需要很高的技巧来处理相关的国家治理问题。再一个特点是长历史，历史很悠久。我昨天刚从青岛校区回来，山东大学青岛校区让我很有感触的地方是，这个校区完全是一张蓝图绘到底，很漂亮很对称，一切设计都是合理的。我有时候会经常想，美国就是这样——从那一帮清教徒坐着"五月花"号到达美洲开始，它就是一张蓝图绘到底，这张蓝图就是三权分立、民主宪政。这和有历史传统的国家完全不同。就像山东大学的老校区，我们不可能让它完全对称，它是一点一滴积累起来的，只能修修补补，无法抛弃一切重来。这个体会放到认识国家治理问题上也是如此。所以我们面临一个大的问题就是，一个超大型、多民族、长历史的国家治理，它需要一种核心力量来维系大一统的局面。在过去的中国，这个核心力量是皇室。我们看相关古代史籍就能够知道，历史中每一次大的征伐，皇帝往往派皇子皇孙做监军，他是起控制作用的。这么一支几万、几十万人的队伍派出去之后，如何能控制它？这就是通过皇室的力量来实现对整个军事力量、社会力量的驾驭，进而构成对超大型国家的治理。

近代中国在帝制结束之后，这样一种核心力量不存在了。但是它（指核心力量）又不能立即重建，所以军阀混战、一盘散沙，包括日军侵华，都是在这一时期发生的。其中一个最大的问题就是核心力量出现真空，国家的向心力出现了很大的问题。国民党事实上——这是道奎一直在关注的——意识到了这个问题，蒋介石就开始重建这个核心。但是由于国民党不是像共产党一样按照列宁式的铁的纪律去锻造起来的，所以国民党自身就不稳定，它内部不统一，它是个大杂烩。它在一段时间内把共产党也纳入其中，是一个多重信仰的党的联合体，它没有一个核心的、单一的、成熟的信仰做指导。事实上国民党的蒋介石就想重建一个核心力量，但是他失败了——当然蒋介石没成功有各种各样的原因。直到共产党打败了蒋介石，接管了政权之后一直到现在，我们重建了一支能够掌控大一统局面的核心力量。所以有一句话流行了很长时间，"领导我们事业的核心力量是中国共产党，指导我们思想的理论基础是马克思列宁主义"，这个话很对称。其中"核心力量"这个话是对的，没有"核心力量"我们无法去应对复杂的局面。

我说这些问题是想说明，道奎这部著作的选题角度，是切中了一些要害问题的。他的见解对不对可以讨论、可以商议，但是他选题时切中了近代中国的两大问题：一个问题是，近代中国面临传统儒学结束之后，寻求新的意识形态支撑的局面；另一个问题是，民国年间儒家意识形态没有相应的作用了，自由主义又不能完全适用于中国，那么我们未来要建立一种什么样的意识形态？在一定意义上，直到现在我们还在寻找的过程中。近代中国寻找新意识形态的目的，是要重建秩序，是要再一次"全面安排人间秩序"；具体讲就是填补帝制结束之后的大一统、超大型、多民族、长历史这样一个国家的治理需求，填补这个权力真空。这是近代中国的两大重要问题。

　　道奎在硕士研究生阶段（2015—2018）选做"民国时期意识形态变迁"这个题目时就在不同场合与我交流过多次，从那时候起我就发现道奎具有关注宏大问题的思考特点，也具有对理论问题的探索兴趣，同时文字表达也相对老练，这是他的优点。但是在选题写作、日常事务等方面也存在一些思维过于发散、急躁执拗等年轻人不成熟的表现。在这部以硕士学位论文为基础的研究性著作的选题写作、修改、出版以及在攻读博士学位的数年历程中，我发现道奎对相关问题的思考在逐渐成熟，同时他个人也在逐步成长起来。我一直密切关注并且为他高兴，期望道奎能有更大进步！

　　是为序。

2023 年 10 月 28 日

序 二

李平生

这部研究著作是张道奎同学在硕士学位论文的基础上补充、修订而成的。从他读硕士研究生期间跟随我学习中国近现代史并确定这个选题至今，已有近七年光景。现在他终于有机会修订出版这部著作的简体字版，作为他的硕士生导师我甚为欣慰。

我自己多年的学术研究和《文史哲》责任编辑的生涯，使我对如何指导研究生毕业论文写作有一些思考体会，并将这些思考体会多次与我所指导的研究生（包括道奎同学）进行交流。我认为，学生在研究生期间最重要的收获是具备独立从事科研的学术能力，这在学生的毕业论文当中应该得到集中体现。

具体而言，一篇有学术价值的研究生毕业论文，要从选题、论点、材料、方法这四个方面来考量。关于选题，要量力而行。通常来说，选题可以是大题小做，或者是小题大做，或者是中题中做。所谓大题小做，就是选择一个宏大的课题，在相对有限的较小篇幅里予以高度浓缩、高度提炼、高度概括；所谓小题大做，就是选择一个相对较小但属于核心的课题，重点突破，突破之后能够产生一系列连锁性的延伸思考，即由小课题而引申到关于大课题的思考；所谓中题中做，就是选题不要太宽泛又不要太琐碎，选题范围适中，与在读研究生期间能够投入的精力、时间和既有学术功底可以达到基本匹配，适合操作。通常情况下，硕士研究生毕业论文更适合选择中题中做。关于论点，要有问题意识。论文写作不能满足于史料罗列、事实陈述，要注意避免将议论文写成叙述文，要有明确的论点并加以提炼概括，通俗来说就是"竖着进去，横着出来"。所谓"竖着进去"，即对于所选课题有一个纵向的清晰把握，但是不能满足于简单陈述；所谓"横着出来"，是在对纵向脉络有了清晰的把握之后，还要有问题意识，进行横切面的分层次剖析、提炼概括。关于材料，要立足原文。这是历史学论文写作过程中老生常谈的问题，即要尽可能地使用一手材料，自行消化，剥茧抽丝，条分缕析，而不能满足于使用二手材料乃至三手材料，或者仅仅依靠转引他人的成果及材料来支撑自己研究的主体内容。关于方法，要史论结合。在具体写作过程当中，特别要注意的是能够钻得进去，同时还要跳得出来，综合运用演绎法、归纳法和比较法，通过思辨来从中提炼概括出理论性的、规律性的内容。通过反复交流，道奎对我上述心得体会从能有理解到能有所得，再到有所体悟，然后有所运用；他的毕业论文经多次修改，有些内容甚至是推倒重来，历经痛苦折磨，终于在毕业答辩时获得了优秀成绩！作为他的硕士生导师，我感到欣慰！

　　我指导道奎选择这个题目作为他的硕士毕业论文切入点，

有着特定的缘由，考虑到了当前学术研究的前沿动态，也结合
了他个人的学术视野、科研兴趣及前期积累。从时代环境来看，
中华优秀传统文化的传承发展问题已经成为我国思想学术界的
重大课题，而儒学的创造性转化与创新性发展成为其中的核心
命题之一；反思民国时期儒学转型的历史脉络及其相关经验，
必将能够为推进上述问题的探究提供参考借鉴。山东大学儒学
高等研究院于 2012 年重组成立之后，依托文史哲兼融之学术研
究特长和历史积淀底蕴，以儒学研究为龙头整合本院学术资源，
倾力打造儒学研究的国际重镇。正是在此背景下，道奎于 2015
年通过研究生统一入学考试进入儒学高等研究院，跟随我学习
研究中国近现代史。他愿意选做这样一个课题，我认为是合适
的。就我个人而言，我曾在较长一段时间内主持山东大学党委
宣传部工作，对于宣传思想与意识形态工作等方面有一些心得
体会，发表过一些理论文章。此前，我曾经担任新加坡南洋理
工大学孔子学院中方院长，对儒学的传承发展问题也有过一些
思考。再往前，我曾经在《文史哲》责任编辑的岗位上工作了
将近二十年，接触到了学术研究许多前沿领域。因此，指导研
究生完成这个选题，对我来说应该不会生疏。同时，据我了解，
道奎本科阶段就对民国时期的儒学问题感兴趣，他的学士学位
论文写的是关于新文化运动中"打孔家店"问题。因此，在他
面临硕士学位论文选题时，考虑到他对儒学史研究兴趣与原有
积累，并结合我个人的心得体会及相关思考，经过数次交流之
后便同意他确定了这个选题。

　　研究生学位论文的选题与写作过程，不仅是完成既定学业的过程，也是培养基本科研能力的过程。"民国意识形态变迁中的儒学"是一个具有理论深度与现实关怀的选题，道奎要做好这个题目的难度是很大的。在选题确定后，我有意识地根据道奎原有认识基础，重点与他交流了学术研究的方法问题，并对他的知识储备进行了一些查缺补漏的辅导。在印象中，由于我当时工作繁忙，便见缝插针、陆陆续续与他谈过党的理论问题、意识形态问题、宣传思想问题、网络舆情问题、智库建设问题、学界前辈往事等，意在打开他的认知格局；同时还谈过论文写作的问题意识、谋篇布局、首尾呼应、一气呵成与沉淀修改，以及引文规范、文献版本信息齐全等，意在提高他的写作能力。道奎具有较强现实关怀和理论研究的热情，能够不拘泥于教科书而有自己的观点和思考，但同时思维的跳跃性和个别表述的不连贯、不准确在他的论文写作中也有所表现。为此，我及时予以提醒。令我高兴的是，上述指导和提醒，他都恳切地接受、认真地体会、逐步地完善，并且在论文写作当中有所体现。总之，论文写作过程也是他人生成长的过程，从中培养了独立从事科研的学术能力。后来他这篇毕业论文能够获得山东省优秀硕士学位论文奖，能够在花木兰文化事业有限公司出版繁体字版，这既是一种鼓励与认可，也是一种督促和鞭策。

　　在目前的高校培养体制下，对有志于学术事业的莘莘学子来说，硕士博士研究生阶段是奠定未来学术事业基础的最佳时期。道奎获得硕士学位之后接着考上了博士研究生，这期间他在硕士学位论文基础上继续深耕，把民国时期儒学问题拓展为民国时期儒学与自由主义关系问题，并认识到意识形态理论研究的重要学术价值，进一步探索了包括民国时期马克思主义意识形态理论传播建构在内的多个研究领域，这说明他的博士学位论文在硕士学位论文的基础上有了新的生发，学术研究的深度和广度有了新的拓展。作为导师，我还希望他能够将学术科研能力与事务应对能力相协调，更加全面发展。为了锻炼道奎应对事务的能力，我在 2022 年介绍安排他在某基层机关单位实习了数月，从相关反馈及他的表现来看，取得了一定的效果。

现在道奎开始了博士后这个人生新征程，这是他的新平台，也是他的新起点。这部在硕士学位论文基础上修改完善的研究著作能在此时出版，作为导师我在欣慰之余，也借此给他提出更高要求。长江后浪推前浪，一代新人在成长。祝愿道奎同学不断攀登，不断迈上学术与人生的新高度！

是为序。

2023 年 9 月 19 日

自　序

这本小书中所呈现出的一些观点及思考，大都是围绕儒学在近代中国的演变问题而展开的，讨论对象则集中于民国年间（1911—1949）。因主体部分是由硕士学位论文改订而成，所以这里仍大致维持了学位论文的一般体例。这是首先需要交代的。其次，若仅从题名来看，或许读者对于"意识形态"与"儒学"的绾合不免存有疑问，因而仍有必要对选题的写作意图略作交代。

儒学在近代中国的演变问题，是中国近代史研究领域具有全局性影响的重要课题之一。如何定位儒学的基本属性，就成为能否恰当理解儒学在近代中国演变过程的认识基础。在面临"三千年未有之大变局"的近代中国，剧烈的社会转型过程必然同时决定着意识形态领域的转捩。儒学、自由主义、马克思主义三者各自演化、发展并相互接触、斗争、借鉴乃至融合的过程，同样是近代中国这一转型过程的重要表现内容。离开这两个转型过程来观察儒学在近代中国的命运，来反思自由主义在中国的本土化趋向，来理解马克思主义中国化的历史进程，无论是在史实上还是在理论上，都将失之偏颇。关于儒学的意识形态属性，在马克思主义的唯物史观传入中国以后就已经由中国学者陶希圣等人提出。本选题沿用了这一提法，并试图以马克思主义意识形态理论作为观察儒学在近代中国命运的理论工具。同时，本选题也试图在马克思主义意识形态改造世界的理论含义的基础上，侧重分析儒学在民国时期政治社会形态转型过程中正反两方面的作用及启示。

具体到作为意识形态的儒学问题，本书则在分析民国时期相关史实的基础上，侧重回应以下三个方面的学术关切：

其一，意图化解政治儒学与心性儒学之争。当下中国学界中的大陆新儒学与港台新儒学的相关论争，主要表现之一是政治儒学与心性儒学的立场差异。而从意识形态的角度来看，试图"对人间秩序作出全面安排"的儒学必然包括政治秩序方面的设计，也内含着对现代公民乃至国家领导人内在修养的要求。在民国年间，儒学的上述两方面分别在袁世凯政府时期与蒋介石政府时期发挥了作用，其相关史实是今天重新探讨儒学复兴问题的宝贵思维材料。但我们应该有一个基本的判断，即政治儒学与心性儒学皆是儒学意识形态的一部分；二者将能够在不同领域发挥作用，因而不可偏废。

其二，意图回应儒学是否为宗教的问题。儒学是否为宗教的讨论，自从民国初年康有为、陈焕章等人发起"孔教会"运动从而引发争议以来，直至当下"新康有为主义"在中国大陆的兴起，相关议题至今仍争论不休。从本书正文中阐释的意识形态的三个发展阶段来看，作为国家意识形态的儒学已经试图对"人间秩序作出全面安排"，这其中必然在一定程度上涉及宗教领域的相关问题。而把儒学划归为西方式的宗教的做法，显然完全抛弃了儒学意识形态更关心的"此岸世界"的秩序建构问题。这一主张在民国初年的康有为那里固然有使儒学在转型中延续的用意，但其在民国年间的具体实践也只是昙花一现而未能持久。若今天仍持此立场并寻求落实，则不啻挂一漏万、举其一不计其十。

其三，意图回应儒学在当代中国的价值正义性问题。儒学在中国 20 世纪后半期的历史命运，在很大程度上源于马克思主义理论家对儒学的"封建社会意识形态"的理论定位。这是今天的国内学界回避儒学意识形态属性问题的理论根源。其对儒学的这一定位是意识形态理论在发展中表现出来的阶段性特点，因而也必须在与时俱进的理论发展过程中去解决。在实践的层面上，中国国内已经鲜明提出"马克思主义基本原理与中华优秀传统文化相结合"的理论命题，这其中最重要的组成部分就是"马克思主义与儒学相融合"，因而两者之间已经走出了非此即彼的认知阶段。这一命题对儒学在当代中国的价值正义性的肯定，与海外儒学研究的基本立场逐渐趋于一致。而民国时期儒学的演化及其与自由主义意识形态的关系问题，毫无疑问能够为探索儒学在当代中国复兴的道路提供最深刻、最生动的历史镜鉴。然而，如果回避了儒学的意识形态基本属性这一基本事实，许多关键问题将无法得到完整呈现，那么它的历史镜鉴价值也将随之大打折扣。

　　总体来看，民国时期作为意识形态的儒学基本上是处于崩溃与转型阶段，因而回顾民国时期的儒学演变问题，更多的是总结儒学意识形态在这一转型期的失败教训乃至陷阱的问题。从儒学史的角度理解这个问题，一方面，民国时期处在从帝制儒学向共和儒学转型阶段，帝制时代的制度优势与理论优势恰恰成了实现这一转型的障碍；另一方面，结合宗法儒学的理论优势可论证儒学能够保有进入共和时代的生命力。这个一体两面的问题是需要讲清楚的。着眼于民国时期，儒学意识形态在近代中国崩溃又不断重生的过程中，其内部曾出现多种理论主张和各色实践探索。今天你方唱罢我登场的所谓"祭孔读经""政治儒学""新康有为主义""贤能政治"等，皆能够在民国时期觅得二三踪迹。子夏曰："虽小道，必有可观者焉；致远恐泥，是以君子不为也。"（《论语·子张》）故今日实在没有必要把民国时期已经证明无效的诸多尝试，再次改头换面一一试验一番，那除了耗费学者精力、耗费国家财力、耗费国民耐心，几无益处。

　　更为关键的是，当下中国正处在最为关键的历史机遇期；中国近代的历程已经表明，当下这个能够从容思考、从容探索的历史机遇期是极其宝贵的。在2017年初的硕士学位论文开题报告会上，对这个选题也曾有"十年前不能做，十年后不必做"的大致判断，至今虽未尘埃落定但也有些许大势可见。具体到当下的儒学发展问题上，当务之急应该还是能够取得一些当代儒学复兴的方向性共识。这个共识的取得，仅靠纯粹的理论论证是略显苍白的，仍须以史事梳理与例证作为必要的认识基础。如诚能围绕当代儒学复兴形成一定共识乃至顶层设计，则在思想理论界就能够避免一些不必要的争论，在实践领域或许就可以避免一些不可回头的陷阱。正因问题意识集中于此，相关史实探讨与理论总结才能够发挥"知兴替、明得失"的历史镜鉴作用。更具体的相关史实述论将在正文部分渐次展开，此处不赘述。

　　书中的观点及文字，皆是在近几年时间内形成的。即便上溯到关注新文化运动中"打孔家店"问题的学士学位论文写作时期，也不过是自2014年仲夏方才有所了解及思考。因学识积累尚浅且行文中多不拘思维，虽经此次修订，其中仍不免多有龃龉疏漏，本不应该于此时示人；但因先贤曾教导"君子之心事，天青日白，不可使人不知"（《菜根谭》）、"独学而无友，则孤陋而寡闻（《礼记》）"，所以不揣鄙陋忝列于诸前辈力作之末者，惟愿能够有机会求教于方家而已。

目 录

绪　论

一、选题意义及现实关照

近代中国面临的是一个三千年未有的大转型时代，这个局面使中国同时面临着社会转型与理论转型的双重任务。引导这个转型时代的核心问题就是近百年来国人一直在持续追问、持续探索的"中国向何处去"的时代之问。在近代中国的历史进程中，"中国向何处去"的问题同时关涉着中国在近代大变局中的思想理论进程和政治实践进程。因而"中国向何处去"的问题，是一个能够在一定程度上统摄近代中国政治社会实践和理论选择的根本性问题。

近百年来中国各种政治力量、各派思想主张所呈现出的探索"中国向何处去"的旨归差异，归根结底是在回答这一问题时所依据的意识形态和思想资源的不同。而对"中国向何处去"最具理论意义和实践价值的回答，就是意识形态的选择和实践，因为只有意识形态的实践才具有关系国家社会全局的秩序设计的意义。作为中国大转型时代的历史进程的重要部分，近百年来包括儒学在内的各思想流派的演进及其相互关系，具有真正关切"中国向何处去"现实问题的、关系国家社会发展全局的理论影响力。从意识形态角度思考儒学在民国时期的演化问题，更有利于我们准确理解儒学近代转型的重要意义。

同时，近年来中华优秀传统文化的时代价值正不断彰显，包括儒学在内的中国传统思想流派的当代价值正逐渐被重新发现，于是可供国家治理借鉴的思想资源又逐渐呈现出三方并存的态势：居于主导地位的马克思主义，以民主政治与市场经济为主要内容的自由主义，以儒家学说为代表的中国传统文化。作为传统中国治国理政的重要思想资源，作为中华传统文化的核心组成部分，儒学的相关研究也逐渐兴盛起来。于是学界围绕儒学的当代发展问题逐渐出现了政治儒学、"现象学儒学"、生活儒学、制度儒学、"新康有为主义"、乡村儒学、儒家复古主义等多个流派争鸣的状态①，包括民国时期已经存在的孔教主张、"祭孔读经"活动和 20 世纪后半期兴起的港台新儒家等，各种各样的主张此起彼伏。20 世纪 80 年代以来，随着中国对外开放和市场经济体制改革的逐渐深入，西方思想与欧美文化也逐渐盛行起来，在 1949 年新中国成立后几乎退出中国的"全盘西化"之类的主张（相关讨论参见下文"文教领域内儒学对三民主义的渗透"）也曾一度卷土重来。于是

---

① 关于政治儒学、"现象学儒学"、生活儒学、制度儒学等方面的讨论，参见崔罡等：《新世纪大陆新儒家研究》，合肥：安徽人民出版社 2011 年版，第 44~222 页。

国外治国理政的思想资源伴随着"西方中心论""文明优越论"的偏见又重新传入中国，并获得了相当一部分人的青睐。因而马克思主义、自由主义与儒学已经同时并存于中国，而如何理解儒学在其中的位置，是改革开放至今的中国思想理论界面临的新局面、新课题。

综合上述历史与现实两方面的因素可见，在新的时代背景下我国学界仍然面临着如何在马克思主义基本原理指导下处理好三方思想资源之间关系的重大理论课题。今天的中国仍处在近代中国的历史延长线上，这是因为马克思主义、自由主义与儒学三方并存的局面，早在五四运动时期就已经形成。① 近百年来，在"中国向何处去"的问题指引之下，包括中国共产党人在内的中国先进分子，早已对如何处理三者之间的关系做出了尝试和探索。而百余年来真正能够回答"中国向何处去"的问题、真正能够处理三者关系的，是国家意识形态的选择与实践。从近代中国历史上的意识形态演化的认识角度，更有利于我们真正提炼出关系全局的历史坐标，真正把握儒学在近代中国演进的历史脉络。因而百年前国人就曾提出的"中国向何处去"的问题，今天在一定程度上仍具有理论意义。

百余年来，在探索"中国向何处去"这一决定国家命运的

---

① 参见徐素华、贾洪莲、黄玉顺等：《三大思潮鼎立格局的形成：五四后期的思想文化论战》，南昌：百花洲文艺出版社 2008 年版。

重大问题的过程中，儒学历经了怎样的命运起伏？以意识形态视角观察儒学又有哪些特殊之处呢？首先需要明确的是，由意识形态所规定的社会秩序在某一具体的历史时期决定了中国的历史进程，从而决定了从根本上解决中国彼时一切问题的方法和程序。李大钊就曾明确提出，主义（广义上的初生状态的意识形态）是中国先进分子团结行动的旗帜，是改造社会的工具[①]之类的认识。而各种意识形态传入与落地的过程，也就是各大意识形态实践的更迭与回应"中国向何处去"问题的不同方案逐一登上舞台的历史进程。

历史地看，近代中国社会与意识形态实践方向的巨大转折始于辛亥革命。辛亥革命推翻了两千年的帝制政治，严重冲击了传统中国帝制儒学的价值正义性，引入了自由主义民主政治，中国真正开始进入意识形态更迭的时代。辛亥革命开创了民主政治建设的新局面，首次实现了中国意识形态实践的转折。虽然辛亥革命前主张民主政治的革命党和坚守帝制的保皇党有过论战，但论战的中心是要不要推翻清朝的民族政权，而是否实行自由主义的议会政治在此时仍是从属的问题。在辛亥革命后的 1911 到 1915 年间，由孙中山、黄兴、宋教仁等革命党人主张的自由主义民主政治的建国设计大行其道，同时以袁世凯为首的北洋集团所坚持的由帝制儒学所规定的保守主义政治道路也

---

① 参见李大钊：《再论问题与主义》（1919 年 8 月 17 日），见中国李大钊研究会编注：《李大钊全集》第三卷，北京：人民出版社 2006 年版，第 2~3 页。

具有相当的价值正义性，中国曾一度徘徊于民主共和与君主立宪之间，因而一时间呈现出"总不外乎维新或守旧的两途"①的选择。这是近代中国国家意识形态在实践上的第一次抉择。而在这一时期，由袁世凯主导的保守主义政治道路只是昙花一现，并未能真正引导中国的发展。守旧既已无望，开新于是成为一个前景不明的探索方向。恰在此时新文化运动渐成风潮，为民主政治新道路的探索奠定了思想基础。②

　　1917 年俄国十月革命爆发之后尤其在五四运动时期，马克思主义作为一种全新的国家建设方案开始传入中国。一大批激进的民主主义者在反对帝制道路、反对专制思想的彷徨中，找到了一个新的观察国家命运的工具，并以此重新思考中国的问题，"走俄国人的路——这就是结论"③。随着 1921 年中国共产党的成立，马克思列宁主义不仅在理论上而且在一定程度的实践上，成为中国共产党人回答"中国向何处去"的历史之问的新的坚定选择，并在随后的新民主主义革命实践与马克思主义传播演变过程中逐步发展到马克思主义中国化的道路上来。规定中国前途命运的各意识形态的实践局面，也在此时从民国初

---

　　① 　语出杨士琦。参见陶菊隐：《北洋军阀统治时期史话（上）》，太原：山西人民出版社 2013 年版，第 225 页。

　　② 　可参见拙论：《自由主义在中国的选择性表达：自由观念在民国初年的演变逻辑及其本土化进程》，《中国政治学》2022 年第 4 辑。

　　③ 　毛泽东：《论人民民主专政（1949 年 6 月 30 日）》，见中共中央毛泽东选集出版委员会辑：《毛泽东选集》第四卷，北京：人民出版社 1991 年版，第 1471 页。

年的两方对立转而进入三足鼎立的状态，并由此奠定了 20 世纪中国意识形态的基本格局。

在南京国民政府成立后的 20 世纪 30 年代，三方意识形态争锋进入了新阶段。在探索"中国向何处去"的问题上，以孙中山为首的国民党提出了儒学化的三民主义新方案。这是继袁世凯北京政府之后，意识形态的实践又一次落实到了实际层面上。冯契明确提出，孙中山创造的以三民主义为实践基础的国家社会建设理想，"是继洪秀全、康有为之后解决'中国向何处去'问题的第三个方案，较前有一定的现实性"①。与此同时，儒学化的三民主义随着国民党统一全国而全面推行，而不同意识形态交锋的阵地在 1935 年前后转向了思想文化领域。在三民主义之外，仍然有"全盘西化"与"中国本位文化"两种针锋相对的主张，此时中国思想界又一次生出"中国到哪里去"② 的追问。例如，胡适等人针对中西之别提出"我们走哪条路"③ 的疑问，邓演达在此时也基于阶级矛盾明确提出"中国到哪里去"④而批判国民党右派镇压民众运动的行为。实际上，南京国民政府时期吸收儒学的三民主义的实践道路，就是中国在这一历史

① 参见冯契主编：《中国近代哲学史》上册，北京：三联书店 2014 年版，第 475 页。
② 王懋和：《中国到那里去?》，见马芳若编《中国文化建设讨论集》下编，《民国丛书》第一编第 43 册，上海：上海书店 1989 年版，第 63~66 页。
③ 胡适：《我们走那条路?》，《新月》1929 年第 2 卷第 10 号。
④ 邓演达：《中国到那里去?》，《革命行动》1930 年第 1 期。

6

时期的主流方向。在国民党主导的三民主义政治实践的上升时期，以马克思主义为指导的无产阶级革命实践正处于低潮；其他主张显然并没有实践的空间，而只具有理论探索的意义。

在解放战争时期，中国的建设探索处在又一个意识形态抉择的历史关口。"中国向何处去"的道路选择，在这一时期首先表现为中国共产党和中国国民党之间的"两种中国之命运"①。其次，在中国共产党主张的新民主主义共和国的建设方案和国民党主张的三民主义共和国的建设方案之外，中国还出现了由自由派知识分子明确主张的"第三条道路"②的具有空想色彩的建设方案。这一时期在理论层面出现了三种主张并存的局面，而在实践层面真正决定国家命运的则是新民主主义与三民主义两大意识形态的争夺。此时中国工农群众是中国人口的多数派，是决定中国走向的决定性力量。解放战争的胜利就是中国共产党领导的工农群众的胜利，就是中国人民在新民主主义共和国和三民主义共和国之间的历史抉择。1949年全国解放后国民党主张的政治道路宣告终结，中国从此走上了由中国共产党领导的马克思主义的国家建设道路。

在20世纪80年代，我国在如何走中国特色社会主义道路的

---

① 毛泽东：《两个中国之命运（1945年4月23日）》，见中共中央毛泽东选集出版委员会辑：《毛泽东选集》第三卷，北京：人民出版社1991年版，第1025页。

② 参见张东荪：《一个中间性的政治路线：五月二十二日在天津青年会演讲稿》，《再生》1946年第1卷第180期；杨人楩：《自由主义者往何处去》，《知识与生活（北平）》1947年第2期。

问题上又一次陷入困顿。面对"是社会主义还是资本主义"的中国道路问题，许多人因对"文革"时期残酷的路线斗争心生恐惧，对"以经济建设为中心"的号召存有疑虑，普遍具有观望心理而使改革一度陷入停顿。① 在此前后改革开放的"总设计师"邓小平提出了"三个有利于"理论，暂时搁置了"姓资姓社"理论争议，进而推动了中国改革开放的步伐，创立了前无古人的中国特色社会主义市场经济体制。② 然而在国门大开之后，欧美文化与思想持续传入，部分青年知识分子曾一度迷失在"大陆文明"和"海洋文明"的理论模式之中，模拟大河入海的线性思维，于是产生"河殇"的悲观和对"海洋"文明的向往。③ 面对中西文明之差异，中国又一次出现了"我们走什么路"④ 的疑问。

在 21 世纪之初，作为文化自信的重要源泉、治国理政的重要思想资源，中华优秀传统文化的创造性转化与创新性发展路径逐渐成为官方和学界的共识；儒学作为中国传统社会的思想

---

① 参见马立诚：《交锋三十年：改革开放四次大争论亲历记》，南京：江苏人民出版社 2008 年版，第 136~139 页。

② 参见马立诚：《交锋三十年：改革开放四次大争论亲历记》，南京：江苏人民出版社 2008 年版，第 154~155 页。

③ 参见刘建军：《当代中国政治思潮》，上海：复旦大学出版社 2010 年版，第 67~72 页。

④ 相关讨论参见沙健孙、龚书铎主编：《走什么路：关于中国近现代历史上的若干重大是非问题》，济南：山东人民出版社 1997 年版；王学典：《把中国"中国化"：人文社会科学的近期走向》，上海：上海人民出版社 2017 年版，第 261 页。

结晶与政治遗产，其中蕴含的时代价值也正在被重新发掘。与此同时，中国理论界也已经鲜明提出"马克思主义基本原理与中华优秀传统文化相结合"的理论命题，这其中最重要的组成部分就是"马克思主义与儒学相融合"，因而两者之间已经走出了非此即彼的认知阶段。并且，随着 2017 年以来"中华优秀传统文化传承发展工程"的发布与实施，中华优秀传统文化也进入了新的发展阶段。在这一趋势的推动下，学术界出现了一种"中国必须再儒化"① 的声音，社会上关于全面复兴儒学的主张也屡见不鲜。这种新的思想变动，促使我们不得不从思想演进和理论探索的角度再一次思考：中国向何处去？

从宏观的视角来看，"中国向何处去"这个已经探索了百余年的问题，在今天仍具有重要的理论意义。近百年来，真正决定中国发展方向的，是意识形态的选择与实践。历史学科给予我们的深厚的历史感、广阔的历史视野和敏锐的历史洞察力，将为这个问题的回答提供一个不可替代的思考视角；"民国时期意识形态变迁"的选题或许能为这个问题的回答提供一个具体的案例式观察；多学科思维的方式或许有助于学术理论界突破自说自话的门派之见，突破学统、道统之类的宗法式束缚，共同为新时代中国思想与中国道路的发展建设添砖加瓦。

----

① 参见蒋庆、陈明、康晓光、余东海、秋风：《中国必须再儒化》，新加坡：世界科技出版公司 2016 年版。

具体到本选题中，在国家意识形态实践的意义上尝试改造、利用儒学而具有一定代表性的中央政府，则是民国时期袁世凯主导的中华民国北京政府和蒋介石主导的南京国民政府。在上述两个阶段中，中央政府皆试图以儒学作为意识形态重建的思想资源，进而为"中国向何处去"的问题作出理论上和实践上的回答。正是在这个意义上，对民国时期袁世凯主导的中华民国北京政府和蒋介石主导的南京国民政府利用、改造儒学的工作做一些清晰而准确的历史学的说明，从而对"民国时期意识形态"的发展趋向和基本得失做一下理论总结，具有一定的理论价值和现实意义。

二、相关学术史的回顾

从意识形态视角研究民国儒学史，是学术界的一个新动向，而"实事求是""让历史成为历史"的态度应是当下重写儒学史的理论前提之一。当下学术思想在发展中呈现出的某些特点，可以从学术史中寻找到原因；也只有从学术史发展的脉络中，才有可能理解当下思想发展的趋向。

（一）近百年来儒学评判问题的学术史考察

辛亥革命后随着民主共和思想的传入，作为传统中国意识形态的儒学就在某些特定环境下成为帝制复辟者、独裁统治者的一面旗帜；在中国共产党领导的新民主主义革命运动中，革命话语系统把儒学作为"封建文化"来批判。此时的儒学是新民主主义革命的"绊脚石"。新中国成立后较长一段时间理论界仍强调

"阶级斗争"，马克思主义理论家和史学家们在论述中国近现代史时，继承了革命年代对儒学的批判立场。改革开放以来，"文化热""国学热"重新兴起，有关民国儒学问题的研究在文化保守主义的范畴内得到推进；但在经济建设和古籍整理的热潮中，儒学只是无关时代宏旨的"路边石"。21世纪特别是2010年以来，儒学在"文化自信""中华优秀传统文化传承发展"的号召下重新被重视，中国学术界正在兴起儒学研究的热潮。在中国特色社会主义建设的新时代，儒学是构建中国特色哲学社会科学的宝贵思想资源，是探索中国道路、中国方案的理论"铺路石"。

1. 革命话语体系及其对儒学的"绊脚石"定位

在新民主主义革命时期，马克思主义理论家们顺应革命战争年代特殊的时代要求，坚持用唯物史观的观点研究中国近代以来的历史，分析民国社会的发展方向，进而为当时的政治斗争提供理论支撑。经典案例就是20世纪20年代末到30年代中期关于中国社会性质和社会史的论战。在这场影响深远的论战中，马克思主义理论家们以五种社会形态依次演进的社会发展规律为理论依据，认为当时的中国处于由封建社会向资本主义社会的过渡时期，同时又面临帝国主义列强的侵略，因此得出了中国革命的任务是"反帝反封建"、革命的对象是帝国主义列强、国内的地主阶级和带买办性质的大资产阶级的结论。[①] 20

---

① 参见《中国社会性质问题论战》《中国社会史的论战》，见《民国丛书》第二编第78~80册，上海：上海书店1991年版。

世纪 30 年代共产主义的知识分子陈伯达、艾思奇、何干之等人为反对日本奴化教育和国民党"愚民政策"又发起了"新启蒙运动"，特别强调要继承"五四运动'打倒孔家店'的口号"，又针对"科玄论战"提出"反对玄学鬼"的号召。[①]在新民主主义革命的过程中，"五四"新文化运动反传统的意义被逐渐强化。

到 1942 年，毛泽东在延安主持召开文艺工作座谈会时强调，文艺工作要服务于当下的政治斗争。[②]毛泽东在此前所作的《新民主主义论》一文中就提出了"文化战线"的理论，文中把中国近代以来"文化战线或思想战线"的斗争分作"五四"前和"五四"后两个历史时期："五四"前是"资产阶级的新文化和封建阶级的旧文化的斗争"[③]，但是对当下来说，旧的资产阶级民主主义文化已经腐化无力，已经被"外国帝国主义的奴化思想和中国封建主义的复古思想的反动同盟所打退了"[④]；"五四"以后的中国则是以"中国共产党人所领导的共产主义的文化思想"这支生力军为主力，"向着帝国主义文化和封建文化展开了

---

① 参见陈伯达：《国防总动员特辑：哲学的国防动员》，《读书生活》1936 年第 4 卷第 9 期；艾思奇：《新启蒙运动和中国的自觉运动》，《文化食粮》1937 年第 1 卷第 1 期。

② 参见毛泽东：《在延安文艺座谈会上的讲话（1942 年 5 月）》，见《毛泽东选集》第三卷，北京：人民出版社 1991 年版，第 848 页。

③ 毛泽东：《新民主主义论（1940 年 1 月）》，见《毛泽东选集》第二卷，北京：人民出版社 1991 年版，第 696 页。

④ 毛泽东：《新民主主义论（1940 年 1 月）》，见《毛泽东选集》第二卷，北京：人民出版社 1991 年版，第 697 页。

英勇的进攻"。① 这一时期的马克思主义理论家们普遍认为，在"五四"前封建主义复古思想的代表是袁世凯，"五四"以后与美帝勾结的大地主大资产阶级的代表是蒋介石。在中国共产党领导的新民主主义革命时期，共产党人对袁世凯的定位是"窃国大盗"，对蒋介石的定位是"人民公敌"，对儒学的理论定位是"封建文化"。毛泽东强调"革命不是请客吃饭"②，必须要明确我们的敌人和朋友，因此在新民主主义革命时期马克思主义理论家对袁世凯、蒋介石及儒学的这种理论定位是符合革命年代的政治斗争需要的。

　　新中国成立以来，在革命战争年代成长起来的马克思主义史学家们在马克思列宁主义、毛泽东思想的指导下，对中国历史进行重新书写。在民国史的书写方面，马克思主义史学家对1911 至 1919 年间的论述，以翦伯赞主编的《中国史纲要》③ 和胡绳的《帝国主义与中国政治》④ 为代表。上述著作以阶级分析法和五种社会形态理论贯穿其中，以人民群众的革命斗争为主线。对于 1911 至 1919 年间的历史，这些著作基本认为，在近代

---

① 　毛泽东：《新民主主义论（1940 年 1 月）》，《毛泽东选集》第二卷，北京：人民出版社 1991 年版，第 697 页。

② 　毛泽东：《湖南农民运动考察报告（1927 年 3 月）》，见《毛泽东选集》第一卷，北京：人民出版社 1991 年版，第 17 页。

③ 　参见翦伯赞主编：《中国史纲要》第四册，北京：人民出版社 1964 年版。

④ 　参见胡绳：《帝国主义与中国政治》，北京：人民出版社 1952 年版。此书虽首次出版于 1948 年，但在新中国成立后不断再版，产生了很大影响。

中国革命形势逐步高涨的过程中，袁世凯的洪宪帝制是逆这个潮流而动的，是必须进行彻底批判的；而康有为、梁启超、严复、徐世昌、劳乃宣等人都曾支持、参与袁世凯政权，都应该以封建地主阶级、顽固派视之。例如在侯外庐主编的《中国近代哲学史》中，孔教儒学就是"封建道德"，在袁世凯倡导下兴起的儒学运动的性质就是"意识形态领域里的尊孔复古逆流"①，而不合于革命大势的逆流，是必然要遭到人民唾骂和历史唾弃的。

1919年以后的民国史则被划归到中国现代史的范畴，其历史主线就是中国共产党人领导的、以工农群众为主体的、中国人民反帝反封建的斗争。因此1919年到1949年的"中国现代史研究的主要内容又局限于新民主主义革命史和中共党史，民国史只能作为陪衬被一笔带过"②。在新民主主义革命史和中共党史的研究视角中，蒋介石是国民党右派，是大地主、大买办资产阶级的利益代言人，是中国共产党领导的无产阶级新民主主义革命的对象；孙中山逝世后的三民主义就是戴季陶主义，蒋介石的"力行哲学"是"愚民政策""法西斯主义"；国民党政权利用儒学的一些政策是封建文化的反映，尊孔读经是"封建

---

① 参见侯外庐：《中国近代哲学史》，北京：人民出版社1978年版，第458页。

② 上述观点参见汪朝光：《民国政治史》，见曾业英主编：《五十年来的中国近代史研究》，上海：上海书店出版社2000年版，第45页。

教育"，是和"民主的科学的大众的新民主主义的文化"不相容的①，因此必须进行彻底的批判。南京国民政府中的蒋介石、戴季陶、陈立夫、孙科、宋子文，以及张君劢、胡适等人，在新中国成立前后被列为革命的对象。② 而且在新中国成立之后相当长的一段时期内，学界仍把"儒学"看作是需要批判、需要打倒的"封建文化"。甚至"文革"时期的"批儒"，也是在这一理论定位的延长线上发展的。

2. "以经济建设为中心"和对儒学的"路边石"定位

1978 年以来，中共中央放弃"以阶级斗争为纲"的口号，纠正了"文革"时期的错误思想，提出"解放思想，实事求是"的号召，作出"拨乱反正""改革开放"的历史决策。在这种情况下，史学界逐渐出现了一种"历史人物再评价"的研究热潮。对孔子的再评价③，直接影响到随后对民国时期的以"现代新儒家"为身份的梁漱溟、熊十力、冯友兰、马一浮等人的评价问题，也为国内学界接续海外现代新儒家的思想做了舆论上和知识上的准备。改革开放以来，史学界对近代史上的重要人物如慈禧、严复、林则徐、曾国藩、李鸿章、梁启超、袁世凯等人

---

① 参见中共中央党校中共党史教研室编：《三民主义历史文献选编》，北京：中共中央党校科研办公室 1987 年版，第 12~38 页。

② 《中共宣布"战犯"名单》，《中美周报》1948 年第 317 期。

③ 例如庞朴《孔子思想的再评价》、张岂之《真孔子与假孔子》等文章可以说是发时代之先声，稍后有李泽厚的《孔子再评价》、匡亚明的《对孔子进行再研究和再评价》等。这些文章可参见孔凡岭主编：《孔子研究》，见傅永聚、韩钟文主编：《20 世纪儒学研究大系》，北京：中华书局 2003 年版。

的历史作用进行了再评价，在维新运动、辛亥革命、五四运动、抗日战争等历史事件的研究上提出了一些新看法。虽然史学界在认识"革命与改良""侵略与开关"等一些理论问题上存在着不同主张，虽然对一些历史人物如李鸿章、袁世凯等人的评价出现了全面肯定的偏颇认识，但某些新主张、新观点的提出也在一定程度上推动了民国史研究的发展。①

民国史的研究领域出现了以李新、李宗一主编的《中华民国史》② 和张宪文主编的《中华民国史》③ 为代表的一系列成果，这一类的著作把 1911 年到 1949 年作为一个连续的历史阶段来叙述，对袁世凯、蒋介石时期的一些官方政策做了较详细的交代和学术化的评价。对五四时期"打倒孔家店"的评价，史学界在继续肯定其反对封建道德的正义性之外，也出现了一些否定性的观点。④ 因"五四时期"在中国近现代史上和儒学史上的特殊地位，对"五四时期"的评价和研究，实际上成为民国史研究领域的风向标。针对袁世凯、蒋介石时期的儒学运动，这一时期史学界的研究基本上仍是站在批判立场上加以分析的。⑤

---

① 参见沙健孙、龚书铎主编：《走什么路：关于中国近现代历史上的若干重大是非问题》，济南：山东人民出版社 1997 年版。

② 参见李新、李宗一主编：《中华民国史》，北京：中华书局 1981 年版。

③ 参见张宪文主编：《中华民国史》，南京：南京大学出版社 2005 年版。

④ 相关讨论参见吕明灼：《五四批孔真相——"打倒孔家店"辨析》，《齐鲁学刊》1989 年第 5 期。

⑤ 参见王跃：《北洋军阀统治时期社会意识变迁的趋势》，《近代史研究》1987 年第 3 期；吕明灼：《儒学与民国政治》，《文史哲》1995 年第 3 期等。

随着对外开放、经济体制改革、思想解放的逐步深入，20世纪80年代学界逐渐出现了一股文化研究的热潮，经济改革的深化促进了对传统文化的反思，对外开放的扩大使得国外的一些文化研究理论风靡一时。文化研究以及传统文化的研究，直接促进了对儒学的研究与反思。有学者认为，这个文化研究的热潮是从1984年开始的①，甘阳认为这个"八十年代文化热"持续了仅仅四年（1985—1988）②，郭齐勇认为这个文化热潮是以"对中国传统文化的深刻反思、重新评价和对中西文化的比较研究"③为内容的。1984年以后，直接反映并推动这个文化热潮的三股力量是中国文化书院、"走向未来"丛书和"文化：中国与世界"编委会。④针对中国传统文化在新时期的作用，学界在1984年前后出现了余英时、杜维明等学者主张的"儒学复兴"说，甘阳、金观涛等学者主张的"彻底重建"说，李泽厚等学者主张的"西体中用"说，以及张岱年、方克立、郭齐勇等学者主张的"综合创新"说等。1989年在复旦大学召开了以"儒家思想与未来社会"为主题的国际学术研讨会，在此次会议

---

① 刘志琴：《文化史》，见曾业英主编：《五十年来的中国近代史研究》，上海：上海书店出版社2000年版，第162页。

② 参见甘阳编：《八十年代文化意识》序言，上海：上海人民出版社2006年版。

③ 郭齐勇：《现代化与中国传统文化刍议》，《武汉大学学报（社会科学版）》1986年第5期。

④ 参见陈来：《思想出路的三动向》，见甘阳编：《八十年代文化意识》，上海：上海人民出版社2006年版，第541~547页。

上，与会学者就儒家思想与马克思的会通①，与华人社会现代化②，与个人主义、近代中国的自由学说③，以及忠君观念④和义利之辨⑤等一系列理论问题进行了深入的探讨；同时，与会学者在孔子思想的核心，汉代经学和宋明道学，以及近代儒学等一些学术问题上发表了意见。在此前后召开的一些以儒学为主题的学术会议，如 1987 年曲阜的"儒学国际学术讨论会"，1988 年新加坡的"儒学发展的问题及前景"国际研讨会，1992 年四川的"儒学及其现代意义"国际学术研讨会，1996 年北京的"儒学与中国文化现代化"学术讨论会等，对 90 年代兴起的文化保守主义思潮和随后的儒学史研究产生了一些影响。

从 20 世纪 80 年代的"文化热"到 90 年代的"国学热"，学界实际上形成了两条路径——居于主流地位的"回到乾嘉"的文献学方向和处于潜流的"文化保守主义"方向，这基本上也可以视作是儒学研究的两大取径。刘志琴认为："1989 年以后

---

① 谢遐龄：《孔、孟与马克思之会通处》，见复旦大学历史系、复旦大学国际交流办公室合编：《儒家思想与未来社会》，上海：上海人民出版社 1991 年版，第 87~88 页。

② 王沪宁：《儒家文明与华人社会的现代化》，见《儒家思想与未来社会》，上海：上海人民出版社 1991 年版，第 89~102 页。

③ 迈克尔·R. 马丁：《个人主义和儒家的道德理论》、冯契：《儒家的理想和近代中国的自由学说》，见《儒家思想与未来社会》，上海：上海人民出版社 1991 年版，第 33~48、1~7 页。

④ 宁可、蒋福亚：《中国古代的皇权和忠君观念》，见《儒家思想与未来社会》，上海：上海人民出版社 1991 年版，第 31~32 页。

⑤ 钱逊：《儒家义利、理欲之辨及其现代意义》，见《儒家思想与未来社会》，上海：上海人民出版社 1991 年版，第 49~59 页。

的文化史研究无疑进入了低潮，并且处于某种困境之中。"① 实际上这种现象在很大程度上是对来自国外的各种文化理论研究的低潮。方克立认为："'大陆新儒家'的呼唤，是文化保守主义已逐渐形成气候的一个重要标志，在 80 年代是听不到这种声音的。"② 但是在 20 世纪 90 年代"思想家淡出，学问家凸显"③ 的大背景下，"大陆新儒家"并不是学术舞台上的主角；1989 年之后，这个主角是"整理国故"的文献学。在经济建设的高速路上，90 年代社会上流传着"十亿人民九亿商，还有一亿待开张"的诙谐说法，在这种情况下并没有儒家思想的位置，在这一背景下儒学被遗弃道旁，于是儒学研究在文献整理的门类中得到延续。

以 1981 年《中共中央关于整理我国古籍的指示》为新时期的起点，北京大学、南开大学、山东大学、四川大学、吉林大学、北京师范大学等多所高校陆续设立了古籍所，培养了大批人才④；由于政策和资金的支持，出版界也掀起了古籍整理出版的热潮。从 20 世纪 90 年代到 21 世纪初，以高校为单位陆续开展了一系列大规模的古籍整理项目，儒学类有北京大学的"儒

① 刘志琴：《坚持科学和理性，走出文化史研究的低谷（提要）》，见《儒家思想与未来社会》，上海：上海人民出版社 1991 年版，第 103 页。
② 方克立：《略论 90 年代以来的文化保守主义思潮》，见沙健孙、龚书铎主编：《走什么路：关于中国近现代历史上的若干重大是非问题》，济南：山东人民出版社 1997 年版，第 149 页。
③ 语出李泽厚，见《二十一世纪（香港）》"三边互动"，1994 年 6 月号，总第二十三期。
④ 高晓伟：《高校古籍整理卅五年》，《中国出版史研究》2018 年第 1 期。

藏"，四川大学的"儒藏"，清华大学的"清华简"整理与释读，山东大学的"十三经注疏汇校"、"子海"和"全球汉籍合璧"等。因"文革"时期以及 80 年代末以来产生的对极端政治运动的抵触心理，"为学术而学术"的主张一时间成为学界的主流价值追求。这种情况反映到民国儒学史的研究领域，主要有三个方面的表现。其一，学界对一些上承乾嘉考据学传统的学者又重新重视起来，并对他们进行了再评价和再研究。如对胡适、顾颉刚、陈寅恪、王国维、傅斯年等人的研究，以及对古史辨派、史语所派等学派的发掘，一定意义上是考据学风盛行的产物。民间也逐渐出现了一股"民国热"，民国人物轶事广为流传，民国时期的一些知名学者被冠以"国学大师"的称号热捧。这一系列研究热点的形成，也促成了大陆史学界与港台史学界以及海外史学界的对接，为海外新儒家相关著作的传入创造了条件。

其二，对传统文化的反思促进了儒学史方面的研究。儒学史方面有庞朴主编的《中国儒学》①，姜林祥主编的《中国儒学史》②，朱维铮的《中国经学史十讲》③，黄宣民、陈寒鸣主编的《中国儒学发展史》④，汤一介、李中华主编的《中国儒学史》⑤

① 庞朴主编：《中国儒学》，上海：东方出版中心 1997 年版。
② 姜林祥主编：《中国儒学史》，广州：广东教育出版社 1998 年版。
③ 朱维铮：《中国经学史十讲》，上海：复旦大学出版社 2002 年版。
④ 黄宣民、陈寒鸣主编：《中国儒学发展史》，北京：中国文史出版社 2009 年版。
⑤ 汤一介、李中华主编：《中国儒学史》，北京：北京大学出版社 2011 年版。

等一系列著作。在近现代儒学研究方面有冯契主编的《中国近代哲学史》①，汤志钧的《近代经学与政治》②，宋仲福、赵吉惠、裴大洋的《儒学在现代中国》③，许全兴、陈战难、宋一秀的《中国现代哲学史》④，陈少明的《儒学的现代转折》⑤，干春松的《制度化儒家及其解体》⑥，徐庆文的《20世纪儒学发展研究》⑦以及方克立主编的《现代新儒学辑要丛书》⑧等。同时学界对"现代新儒家"熊十力、梁漱溟、牟宗三、冯友兰、张君劢等人也展开了较深入的研究，其中的一些研究成果集中在哲学领域。上述著作的问世，大大扩充了民国儒学问题的研究视野和研究内容，提出了儒学演化阶段划分的新标准（参见《中国近代哲学史》），提出了诸如儒学现代化（参见《儒学的现代转折》）、制度儒学（参见《制度化儒家及其解体》）等新的理论命题。

其三，"文化热"推动了中国近代文化史的研究。文化史研

---

①　冯契主编：《中国近代哲学史》，北京：三联书店2014年修订版。

②　汤志钧：《近代经学与政治》，北京：中华书局2000年版。

③　宋仲福、赵吉惠、裴大洋：《儒学在现代中国》，郑州：中州古籍出版社1991年版。

④　许全兴、陈战难、宋一秀：《中国现代哲学史》，北京：北京大学出版社1992年版。

⑤　陈少明：《儒学的现代转折》，沈阳：辽宁大学出版社1992年版。

⑥　干春松：《制度化儒家及其解体》，北京：中国人民大学出版社2012年修订版。

⑦　徐庆文：《20世纪儒学发展研究》，济南：山东文艺出版社2010年版。

⑧　方克立主编：《现代新儒学辑要丛书》，北京：中国广播电视出版社1992—1996年版。

究领域的龚书铎①、焦润明②、章开沅③、耿云志④、冯天瑜⑤、丁伟志⑥等诸多学者都有文化史方面的专著问世。其中，张昭军、孙燕京主编的《中国近代文化史》以近代政治史的线索为主，把近代文化的演变划分为"求变""中体西用""戊戌""清末十年""五四""南京国民政府""抗战""新民主主义"八个时期⑦，对每个时期的主要文化事件和思想派别进行了基本的叙述。这一时期儒学在"文化保守主义"的归类下逐渐发展成为一个独立的研究领域，直接以文化保守主义为题的近代文化史著作有胡逢祥的《社会变革与文化传统：中国近代文化保守主义思潮研究》⑧、何晓明的《返本与开新：近代中国文化保守主义新论》⑨ 等。在胡逢祥的著作中，晚清时期的中体西用和

---

①　龚书铎主编：《中国近代文化概论》，北京：中华书局 1997 年版。

②　焦润明：《中国近代文化史》，沈阳：辽宁大学出版社 1999 年版。

③　章开沅：《离异与回归：传统文化与近代化关系试析》，北京：中国人民大学出版社 2010 年增订版。

④　耿云志：《近代中国文化转型研究导论》，成都：四川人民出版社 2008 年版。

⑤　冯天瑜：《中国文化近代转型管窥》，北京：商务印书馆 2010 年版。

⑥　丁伟志：《中国近代文化思潮》，北京：社会科学文献出版社 2011 年版。

⑦　张昭军、孙燕京主编：《中国近代文化史》，北京：中华书局 2012 年版。

⑧　胡逢祥：《社会变革与文化传统：中国近代文化保守主义思潮研究》，上海：上海人民出版社 2000 年版。

⑨　何晓明：《返本与开新：近代中国文化保守主义新论》，北京：商务印书馆 2006 年版。

国粹思潮，"五四"时期的东方文化派和学衡派以及其后的中国本位文化运动，"五四"新文化运动之后兴起的现代儒学复兴思潮，都被作为文化保守主义思潮的重要发展阶段和流派来论述。在文化保守主义的研究思路下，在中国近现代史的研究上长期"失踪"的、以中国传统文化为立足点的一批学者和学派被再次"发现"：如以刘师培、章太炎、邓实等为代表的国粹派，以杜亚泉、章士钊、陈嘉异等为代表的东方文化派（包括对梁启超、梁漱溟的相关论著的研究），以吴宓、梅光迪、柳诒徵等为代表的学衡派，以王新命、何炳松、陶希圣等为代表的中国本位文化派等。学术界对现代新儒家的研究也日趋深入。同时，近代中国革新派与保守派的文化论战也被纳入学者的视野，如科玄论战研究、东西方文化论战研究、中国本位文化建设问题论战研究等。对民国时期儒学相关问题的研究，在儒学史、文化史等研究方向上取得了较大进展。

3. 中国特色哲学社会科学建构和对儒学的"铺路石"定位

2012 年以来，中共中央对中华优秀传统文化的提倡态度更加鲜明，明确指出中华优秀传统文化是构建中国特色哲学社会科学的三方资源之一[①]，强调"中国共产党人始终是中国优秀传统文化的忠实继承者和弘扬者"[②]。具体到当下的中国学术界，

---

① 习近平：《在哲学社会科学工作座谈会上的讲话（2016 年 5 月 17 日）》，人民网 2016 年 5 月 19 日。

② 习近平：《中国共产党人始终是中国优秀传统文化的忠实继承者和弘扬者》，《党建》2014 年第 10 期。

儒学以及传统文化正逐渐成为学界的重要研究内容，中国大陆与港台地区及海外儒学一脉的第三代"现代新儒家"的对话、合作也日趋频繁。于是儒学迎来了新的历史机遇期，中国学术界在哲学界的带动下逐渐形成了"九科治儒"①、"百家争鸣"的新局面，"整个中国的精神气候、文化气候、学术气候……正在朝着更加本土化的方向发展"②。20世纪90年代兴起的以儒学复兴为主要指向的文化保守主义，由潜流逐渐成为学界的研究热点，蒋庆等人因旗帜鲜明地主张儒学复兴，曾一度被视为"大陆新儒家"的代表人物；杜维明、贝淡宁等一批海外儒学研究者在中国学界正受到热捧。政治理论上的回溯直接促成了"文化保守主义"研究取向的井喷式发展，儒学毫无疑问已经成为构建中国特色哲学社会科学的宝贵思想资源。

新的思想形势促进了儒学研究热潮的形成。在2010年前后成立的中国人民大学国学院、山东大学儒学高等研究院、武汉大学国学院等一批高校科研院所因得风气之先，正逐渐成为儒学研究的中心。在山东举办的历届"世界儒学大会""尼山世界文明论坛"，也正在一步步地扩大其世界影响。在儒学史研究领域，2014年12月于山东大学举行了"'重写儒学史'与'儒学现代化版本问题'"学术研讨会（这次研讨会是国家社科基金

---

① 王学典：《十八大以来儒学变迁之大势》，《中华读书报》2017年12月13日。

② 王学典：《中国向何处去：人文社会科学的近期走向》，《清华大学学报（哲学社会科学版）》2016年第2期。

项目"马克思主义与儒学"的子课题之一），与会学者干春松提出的"在 20 世纪，儒家先是失去了其持续了近两千年的独占性价值的地位，后来又不断成为其他意识形态竞争中的一种变量"的观点，是对 20 世纪儒学的一个基本的定位①；任剑涛认为，重写儒学史必须"挣脱古代史意识形态制约"②；崔罡从"一般思想史研究范式"出发，讨论了儒学史书写的还原与重构。③ 与会学者的一系列讨论，无疑将对今后儒学史的书写和儒学的研究产生重要影响。

马克思主义与儒学的关系问题也成为学术界的一个研究热点。近些年来学界汤一介④、方克立⑤、郭齐勇⑥、贝淡宁⑦等学

① 干春松：《儒法斗争和儒教：意识形态化历史叙事中的儒家》，见许嘉璐主编：《重写儒学史——"儒学现代化版本"问题》，北京：人民出版社 2015 年版，第 2 页。

② 任剑涛：《重写儒学史与古代史意识形态》，见许嘉璐主编：《重写儒学史："儒学现代化版本"问题》，北京：人民出版社 2015 年版，第 119 页。

③ 崔罡：《还原与重构——试论重写儒学史的必要性与可能性》，见许嘉璐主编：《重写儒学史："儒学现代化版本"问题》，北京：人民出版社 2015 年版，第 296~306 页。

④ 汤一介：《传承文化命脉　推动文化创新——儒学与马克思主义在当代中国》，《中国哲学史》2012 年第 4 期。

⑤ 方克立：《关于马克思主义与儒学关系的三点看法》，《高校理论战线》2008 年第 11 期。

⑥ 郭齐勇：《儒学与马克思主义中国化及中国现代化》，《马克思主义与现实》2009 年第 6 期。

⑦ 贝淡宁：《儒家学说与社会主义的和解?》，见范瑞平、贝淡宁、洪秀平主编：《儒家宪政与中国未来》，上海：华东师范大学出版社 2012 年版，第 234~245 页。

者围绕相关问题在持续探索，国家层面也在以国家社科基金项目的形式加大对这一重大理论问题研究的支持力度。[①] 这一问题是当下学术理论研究与国家社会治理的重要结合点，是在批驳西方民主政治道路、历史虚无主义等谬误中逐渐成熟起来的思想进路。[②]

（二）意识形态视角下的民国儒学问题研究

在新时代构建中国特色哲学社会科学的过程中，以儒学为代表的中华优秀传统文化是重要的思想资源之一，是在理论上探索"中国向何处去"、进而重构中华文明的"铺路石"。那么，儒学是什么[③]，就是一个亟须辨明的问题。在革命战争年代，毛泽东对"封建文化"就已经有非常深刻的判断——它是"思想体系和社会制度"。毛泽东指出："封建主义的思想体系和社会制度，是进了历史博物馆的东西了。资本主义的思想体系和社会制度，已有一部分进了博物馆（在苏联）；其余部分，也已'日薄西山，气息奄奄，人命危浅，朝不虑夕'，快进博物馆

[①] 具有代表性的是全国人大常委会原副委员长许嘉璐主持的国家社科基金项目"马克思主义与儒学"以及清华大学陈来教授主持的中宣部"马克思主义理论研究和建设工程"暨国家社科基金重大项目"中华优秀传统文化的创造性转化与创新性发展"。

[②] 关于对西方民主政治道路、普世价值、历史虚无主义、新自由主义经济学的批判，参见求是杂志社编：《正本清源观万象：关于意识形态领域重大问题的辨析》，北京：学习出版社2017年版。

[③] 当下学界存在着从哲学、宗教、社会学等角度解释儒学的一系列成果，杨国荣教授发文指出："以儒学的某一方面作为儒学的全部内容，往往很难避免儒学的片面化。"参见杨国荣：《何为儒学？——儒学的内核及其多重向度》，《文史哲》2018年第5期。

了。"① 这里的"封建主义的思想体系和社会制度",这种封建的半封建的文化,主要指的是以儒学为代表的旧礼教旧思想,"凡属主张尊孔读经、提倡旧礼教旧思想、反对新文化新思想的人们,都是这类文化的代表"②。儒学在帝制时代从来都不仅仅是书斋里的学问,也不仅仅是一种思想体系;儒学发挥的作用是"以经术明治乱"③,进而对国家和社会的运作作出基本安排。用今天的话说,儒学是一种意识形态。这是马克思主义理论家们对儒学做出的基本判断。新中国成立后的相当长一段时间内,学术界基本沿用了这一判断。

从学术研究的方面来看,改革开放以来在民国政治思想史的研究上也取得了新的进展,有一些成果从意识形态视角观察儒学在近代中国的命运。

政治思想史的研究视角涉及了对民国儒学发展脉络的认识。这方面的著作主要有彭明、程啸主编的《近代中国的思想历程:1840—1949》④,吴雁南等主编的《中国近代社会思潮(1840—

① 毛泽东:《新民主主义论(1940年1月)》,见《毛泽东选集》第二卷,北京:人民出版社1991年版,第686页。
② 毛泽东:《新民主主义论(1940年1月)》,见《毛泽东选集》第二卷,北京:人民出版社1991年版,第695页。
③ 章炳麟著,徐复注:《訄书详注》,上海:上海古籍出版社2017年版,第161页。
④ 彭明、程啸主编:《近代中国的思想历程:1840—1949》,北京:中国人民大学出版社1999年版。

1949)》①，田海林主编的《中国近代政治思想史》② 和俞祖华、王国洪主编的《中国现代政治思想史》③ 等。以阶级和政治立场做思想划分标准的代表性著作有陈哲夫、江荣海、谢庆奎、张晔主编的《现代中国政治思想流派》④ 等。以时间为主线、以思想流派作区分、述评颇为详细的有陈旭麓主编《五四以来政派及其思想》⑤，高军、王桧林、杨树标主编《中国现代政治思想评要》⑥，高瑞泉主编《中国近代社会思潮》⑦，朱义禄、张劲《中国近现代政治思潮研究》⑧ 等。这些在改革开放以来陆续出现的政治思想史研究著作，基本上把近代中国历史上有一定影响的政治流派都纳入了研究视野，是后学展开进一步研究的必不可少的基

---

① 吴雁南等主编：《中国近代社会思潮：(1840—1949)》，长沙：湖南教育出版社 2011 年第 2 版。

② 田海林主编：《中国近代政治思想史》，济南：山东大学出版社 1999 年版。

③ 俞祖华、王国洪主编：《中国现代政治思想史》，济南：山东大学出版社 1999 年版。

④ 陈哲夫、江荣海、谢庆奎、张晔主编：《现代中国政治思想流派》，北京：当代中国出版社 1999 年版。

⑤ 陈旭麓主编：《五四以来政派及其思想》，上海：上海人民出版社 1987 年版。

⑥ 高军、王桧林、杨树标主编：《中国现代政治思想评要》，北京：华夏出版社 1990 年版。

⑦ 高瑞泉主编：《中国近代社会思潮》，上海：上海人民出版社 2007 年版。

⑧ 朱义禄、张劲：《中国近现代政治思潮研究》，上海：上海社会科学院出版社 1998 年版。

础。因此，史学界在有关民国儒学史上的民初孔教会运动①，五四新文化运动②，三民主义的学说与实践③，国民党统治思想的儒化④，南京国民政府乡村建设运动⑤等一系列个案研究，以及对袁世凯⑥、孙中山⑦、蒋介石⑧等历史人物的研究方面都有较大的进展。

---

① 宋淑玉：《近代中国尊孔读经的历史考察》，山东师范大学硕士学位论文，1999 年；韩华：《民初孔教会与国教运动》，四川大学博士学位论文，2003 年。

② 有关"五四"时期的研究，一直是近现代史领域的热点。这方面的成果主要有彭明：《五四运动史》，北京：人民出版社 1998 年版；陈平原：《触摸历史与进入五四》，北京：北京大学出版社 2005 年版；杨念群：《"五四"九十周年祭：一个"问题史"的回溯与反思》，北京：世界图书出版公司 2009 年版；欧阳哲生：《五四运动的历史诠释》，北京：北京大学出版社 2012 年版；杨华丽：《"打倒孔家店"与"五四"：以新文化—新文学运动为中心》，新北：花木兰文化事业有限公司 2012 年版；杨剑龙：《"五四"新文化运动与基督教文化思潮》，上海：上海人民出版社 2012 年版等。以及耿云志、罗志田、许纪霖、王奇生、陈方正、左玉河、孙郁、姚中秋、白彤东等诸多学者的相关论述。

③ 贺渊：《三民主义与民国政治》，北京：社会科学文献出版社 2002 年第 3 版。

④ 吕厚轩：《接续"道统"：国民党实权派对儒家思想的改造与利用（1927—1949）》，济南：山东人民出版社 2013 年版。

⑤ 王先明：《走近乡村——20 世纪中国乡村发展论争的历史追索》，太原：山西人民出版社 2012 年版。

⑥ 唐德刚：《袁氏当国》，台北：远流出版事业股份有限公司 2002 年版，第 131~136 页；马勇：《袁世凯帝制自为的心路历程》，《学术界》2004 年第 2 期。

⑦ 王杰等：《孙中山研究》，参见曾业英主编《近五十年来的中国近代史研究》，上海：上海书店出版社 2000 年版，第 516~525 页。

⑧ 陈铁健、黄道炫：《王学及其现代命运》，《历史研究》1994 年第 4 期。

改革开放以来史学界较早出现的从意识形态视角研究民国儒学问题的成果当推吴江的《中国封建意识形态研究——儒家学说述评》。作为马克思主义理论家的吴江，对"中国封建意识形态"的儒家学说的发展演变及其在近代中国的历史作用有着独到而深刻的理解。书中把"意识形态"基本作为"统治思想"的近义词来使用。吴江认为，"中国两千余年的封建社会的统治思想是儒家学说"，"儒家学说在为中国封建宗法等级制度和君主专制制度服务的过程中逐步形成和发展起来，它能适应各个时期统治阶级的需要，是一个善于兼容并蓄、融汇各家学说而又自成系统的罕见的官方学说"①。在本书第八篇"封建社会的解体与儒学统治地位的终结"中，作者把中国两千年封建社会行将解体称作"天崩地解"，作者认为封建社会的解体表现在思想学术上，就是儒学"定于一尊"的地位基本结束；儒学在这种独尊地位结束以后，又表现出种种变异和力图适应新潮流的趋势。作者提出或进一步解释了"如果说辛亥革命从政治制度上标志着儒学统治地位的开始终结，但真正宣告儒学统治地位终结的还是'五四'新文化运动""从各方面肃清这一封建意识所留给我们的影响，对于我们决非轻而易举"② 等一系列判断，这些观点在今天仍掷地有声。

---

① 吴江：《中国封建意识形态研究——儒家学说述评》，兰州：兰州大学出版社 2003 年版，第 3 页。本书初版于 1992 年。

② 吴江：《中国封建意识形态研究——儒家学说述评》，兰州：兰州大学出版社 2003 年版，第 216、221 页。

　　金观涛、刘青峰在著作《开放中的变迁——再论中国社会超稳定结构》① 中用"超稳定系统"理论来把握近代社会的变迁，详细分析了对外开放条件下近代中国社会结构转化的"传统一体化解体—意识形态更替—新一体化结构建立"三个环节。这个意识形态的更替，实际上就是儒学意识形态的解体、马克思主义的新意识形态一体化结构建立的过程。作者在具体论述中把意识形态细分为伦理道德之价值观、合理社会模式之社会观和对自然万物解释之哲学观三个子系统，由此提出了意识形态局部认同危机和意识形态全面危机，以此来分析传统一体化结构解体至重新整合过程中意识形态的作用。作者把中国近代意识形态的解体与整合过程分为洋务运动时期的意识形态认同危机、清末新政至辛亥革命时期以儒学为核心的一体化结构解体、北洋政府时期社会整合危机、新文化运动时期的意识形态更替以及国民大革命后国共两党重建新一体化结构的努力等几个阶段。在传统一体化结构解体至重新整合的过程中，意识形态与政治结构的关系经历了由合到分、再由分到合的演变。

　　傅静的博士论文《意识形态与近代中国社会变革》② 从近代以来"中国向何处去"的探索出发，详细论述了 1840—1949 年

---

　　① 参见金观涛、刘青峰：《开放中的变迁——再论中国社会超稳定结构》，北京：法律出版社 2010 年版。

　　② 参见傅静：《意识形态与近代中国社会变革》，山东大学博士学位论文，2005 年。

间意识形态与中国社会发展之间的关系。文中认为五四前是封建地主阶级意识形态逐步消亡、资产阶级意识形态日趋强势的过程，社会政治制度也由封建专制向民主共和演变；五四时期意识形态多元化，呈现马克思主义、自由主义和儒家思想文化三足鼎立的局面，此时的中国社会正处于选择的历史关头；五四后是新儒家、自由主义、三民主义、马克思主义四大意识形态之争，在这种局面下，只有马克思主义中国化的新民主主义理论，真正抓住了中国社会的三大主题——独立、民主、富强，因而取得了最终胜利。

苏双碧在《意识形态和中国近代化》中坚持认为，封建社会的意识形态对中国近代化的历史进程的阻力一直很大，"历史的进程是被旧的文化、落后的意识形态拉了后腿"[①]。在这一总的认识之下，文章着重讨论了嘉道年间"经世致用"和"师夷长技"思想、洋务时期"中体西用"思想、戊戌时期改良主义思想、国粹派守旧思想及五四新文化时期的新旧思想斗争等几个阶段。作者认为，直至五四时期中国才兴起了与封建专制主义彻底决裂的新思潮。作者关于封建社会的意识形态（主要指儒学）的基本观点是：虽然"五四"后马克思主义开始成为改造中国、推动中国近代化的进步思潮，但封建专制主义的意识形态并没有从此销声匿迹，在很长一段时间里，它变换面孔一次又一次地重新出现在中国的政治文化舞台上。其中肃清封建

---

① 苏双碧：《意识形态和中国近代化》，《东南学术》1998 年第 3 期。

意识并非轻而易举、它又变换面孔重新出现等论断显然是针对前一时期的历史事件而发的。

高华观察了中国社会转型的政治、经济和意识形态基础，认为儒家意识形态是传统中国治国安邦的基本原则，内在于中国人的心理深层，维系着君主专制制度，起着阻碍中国向现代社会转变的作用。关于中国现代化的经验教训，其论述主要围绕着中国以外的现代化模式对中国变革起着巨大的示范影响；注入了变革因素的民族主义为中国现代化提供了强大动力；近代以来形成的"中学为体，西学为用"的思维和选择方式，严重阻碍了中国变革的全面展开等三个方面展开。①

此外，有一些从意识形态视角进行的对具体历史时期或人物个案的研究，如郭若平的《塑造与被塑造："五四"阐释与革命意识形态建构》②、朱庆跃、杨晓伟的《"五四"后中国早期马克思主义者意识形态宣传的思维视角》③、王晓梅、徐舒映的《民国时期的知识分子与政党及其意识形态》④，徐树英《民国时期政党意识形态的主导地位解析》⑤，何建国、周武的《孙中

①　高华：《近代中国社会转型的历史教训》，《战略与管理》1995年第4期。

②　郭若平：《塑造与被塑造："五四"阐释与革命意识形态建构》，北京：社会科学文献出版社2014年版。

③　朱庆跃、杨晓伟：《"五四"后中国早期马克思主义者意识形态宣传的思维视角》，《北方论丛》2010年第2期。

④　王晓梅、徐舒映：《民国时期的知识分子与政党及其意识形态》，《东岳论丛》2010年第2期。

⑤　徐树英：《民国时期政党意识形态的主导地位解析》，《社会科学辑刊》2007年第2期。

山著作的植入与国民党三民主义教育》①，于维君的《蒋介石与国民党意识形态》②，吕厚轩、马望英的《"戴季陶主义"与国民党实权派的意识形态》③ 等。上述个案研究充实了民国儒学与意识形态转型问题的细节，具有参考价值。

正是当下的中国所面临的时代问题，要求我们必须适时调整对儒学的理论定位，进而还原儒学在中国历史上的本来面目，如此才能恰当地评估儒学的思想资源在历史上发挥的作用。儒学由"绊脚石"到"路边石"，再到"铺路石"的角色转变过程，是中国人民已经走过的近百年的政治道路所决定的，这不是儒学自身或者任何个人所能左右的。在新时代，中国的建设发展需要儒学的思想资源，但我们不能因此否定革命战争年代对儒学的批判和经济建设时期对儒学的漠视，而应该辩证地、历史性地评价曾对儒学作出"封建文化"和"文化保守主义"的理论定位，这也是"以发展的眼光看问题""圣协时中"的应有之义。从意识形态视角观察儒学，将有利于我们更好地理解儒学的思想特点，从而让儒学在构建中国特色哲学社会科学、探索中国道路与中国方案的过程中发挥其应有的价值。

---

① 何建国、周武：《孙中山著作的植入与国民党三民主义教育》，《求索》2013 年第 9 期。

② 于维君：《蒋介石与国民党意识形态》，《绵阳师范学院学报》2013 年第 4 期。

③ 吕厚轩、马望英：《"戴季陶主义"与国民党实权派的意识形态》，《北方论丛》2008 年第 4 期。

三、"意识形态"及相关概念说明

解释世界与改造世界的语意指向在意识形态概念中是并重的，这几乎成为世界范围内对这一概念的普遍认知。《不列颠百科全书》中认为，意识形态概念"实践的因素与理论的因素具有同等重要的地位；它是一种观念体系，旨在解释世界并改造世界"①。因意识形态概念的复杂性，在学界基本认识的基础上使用"意识形态"概念及赋予"意识形态"概念新的意涵时，有必要对"意识形态"概念的产生、流变、传入中国的历史过程及其特点做一些基本的梳理论证，以期取得一些概念使用上的共识。同时，在使用"意识形态""帝制儒学""保守主义""双轨规则"等相关概念时，本书赋予上述概念一些新的涵义。在此有必要对"意识形态"等上述相关概念作专门说明。

（一）意识形态概念的产生、演变及其中国传播

意识形态概念是西方哲学发展过程中的产物，属于认识论的范畴，在其概念发展初期，带有浓厚的西方哲学的逻辑思辨色彩。意识形态的概念外壳与自由主义、马克思主义思想实质的结合，标志着意识形态由理论领域走向实践领域，逐渐开启了近代政治思想史上一个意识形态独领风骚的时代。其伴随着马克思主义传入中国，并在中国 20 世纪现代化国家的建设过程

---

① 《不列颠百科全书》国际中文版编辑部编译：《不列颠百科全书：国际中文版》第 8 卷，北京：中国大百科全书出版社 2007 年修订版，第 322 页。

中发挥了重大的历史作用。

1. 意识形态概念的产生及马克思主义语境下的意识形态概念

意识形态概念产生于对思维进行反思的逻辑学，发展于理性概念产生之后，是西方哲学发展到认识论阶段的产物。"意识形态的自觉得益于如下事实：第一，认识论的崛起；第二，科学的发达；第三，对宗教的普遍不满。"[①] "意识形态" 在 18 世纪末法国学者特拉西那里首次使用，指的是 "一种学习理论，一种描述人心中不是由感官经验形成的抽象观念起源的理论"[②]。因而这是一个基于认识论而产生的概念。这一概念的创造者特拉西，最初是在 "有关观念的科学" 意义上使用 "意识形态" 概念的："如果人们只考虑主题，也许可以把这门科学称为意识形态；如果人们只考虑它的方法，则可以称它为普通语法；而如果人们只考虑它的意图，则可以称它为逻辑学。［……］这门有关观念的科学既包括关于这些观念的表达的科学，也包括关于这些观念的起源的科学。"[③] 而稍后黑格尔对逻辑学的发展和对 "异化" 理论的改造创新，培根 "四相假说" 的提出都对意

---

① 季广茂：《意识形态》，桂林：广西师范大学出版社 2005 年版，第 25 页。

② （美）克拉莫尼克、（美）华特金斯著，章必功译：《意识形态的时代》，上海：同济大学出版社 2006 年版，第 2 页。

③ （法）德·特拉西著：《意识形态的要素》（巴黎，1817，第 3 版），第 4 页脚注；转引自（德）曼海姆著，霍桂桓译：《意识形态和乌托邦：知识社会学引论》，北京：中国人民大学出版社 2013 年版，第 77 页。

识形态概念的演变产生了重要影响。①

　　黑格尔对意识形态的认识，在其理论演化史中具有承前启后的重要作用。黑格尔认为法国的意识形态学（Idéologie）"是一种抽象的形而上学，是对于最简单的思维规定的一种列举和分析。这些思维规定并没有得到辩证的考察，反之它们的材料是从我们的反思和思想里取得的，而包含在这种材料中的各种规定又必须在材料中得到证明"②。同时，黑格尔明确提出了宗教也是一种意识形态的判断，"宗教是意识的一种形态，正如真理是为了所有的人，各种不同教化的人的。但对于真理的科学认识乃是这种意识的一特殊形态"③。黑格尔对意识形态概念发展的贡献主要体现在他的异化理论中。正是黑格尔的理论探索，使得马克思、恩格斯在使用意识形态概念时，充分意识到虚假意识形态中人的异化问题。④

　　①　卡尔·曼海姆和俞吾金都论述了这一观点。相关讨论参见（德）曼海姆著，霍桂桓译：《意识形态和乌托邦：知识社会学引论》，北京：中国人民大学出版社2013年版，第66~67页。另见俞吾金：《意识形态论》，上海：上海人民出版社1993年版，第15~16页。

　　②　参见（德）黑格尔著，贺麟译：《历史哲学讲演录》第四卷，北京：商务印书馆2009年版，第238页。

　　③　参见（德）黑格尔著，贺麟译：《小逻辑》第二版序言，上海：上海人民出版社2009年版，第38页。

　　④　关于马克思、恩格斯对异化理论的理解和运用，参见马克思、恩格斯：《德意志意识形态》，见《马克思恩格斯全集》第三卷，北京：人民出版社1960年版，第38~39页。

卡尔·马克思在 1837 年 3 月已经接触到"意识形态"一词。① 根据相关资料，马克思在 1844 年（或之前）就已经读到特拉西的《意识形态原理》（1826 年巴黎版）一书。关于特拉西的这本书及其相关的内容，马克思在写于 1844 年上半年的《詹姆斯·穆勒〈政治经济学原理〉一书摘要》和《1844 年经济学哲学手稿》中有大量引用。② 并且，马克思在《剩余价值理论》中，曾专门讨论了德斯杜特·德·特拉西伯爵"关于利润起源的庸俗见解。宣称'产业资本家'是唯一的最高意义上的生产劳动者"的观点。③ 这说明马克思已经注意到了特拉西的相关理论，并且对意识形态概念有了一定了解。

在马克思主义的辩证唯物论创立的过程中，黑格尔的以绝对精神作为世界本源的思辨的唯心主义体系受到马克思的无情批判。从批判宗教开始，层层剥去虚幻的意识形态，露出这个世界的真实本质——物质经济的过程，也就是一个去蔽的过程，就是一个克服认识假像的过程。对于这个批判的过程，柯尔施说得比较明确："马克思的发展可以被总结如下：首先，他在哲学中批判了宗教；然后，他在政治上批判了宗教和哲学；最后，

---

① 参见侯惠勤等：《马克思主义意识形态论》，南京：南京大学出版社 2011 年版，第 81~82 页。

② 参见马克思：《詹姆斯·穆勒〈政治经济学原理〉一书摘要》，《1844 年经济学哲学手稿》，见《马克思恩格斯全集》第四十二卷，北京：人民出版社 1979 年版，第 25、110、146 页。

③ 参见马克思：《〈资本论〉第四卷·剩余价值理论》，见《马克思恩格斯全集》第二十六卷，北京：人民出版社 1972 年版，第 277 页。

他在经济学上批判了宗教、哲学、政治和所有其他意识形态。"①
对宗教等各种意识形态的批判就成了把颠倒的世界观再颠倒过
来的第一步，而重建符合一个真实的物质经济基础的世界观的
过程，就是建立辩证的唯物主义的过程。

在重建唯物主义的物质决定精神的过程中，批判黑格尔
的"绝对精神"理论具有意识形态批判的意味。马克思、恩
格斯认为"整个历史的基础"，是"从直接生活的物质生产
出发"的，与"生产方式相联系的，它所产生的交往形式，
即各个不同阶段上的市民社会"；"然后必须在国家生活的范
围内描述市民社会的活动，同时从市民社会出发来阐明各种
不同的理论产物和意识形式。"唯物的历史观彻底否定了黑
格尔的"绝对精神"的展开理论，"历史并不是作为'产生
于精神的精神'消融在'自我意识'中，历史的每一阶段都
遇到有一定的物质结果、一定数量的生产力总和，人和自然
以及人与人之间在历史上形成的关系，都遇到有前一代传给
后一代的大量生产力、资金和环境"②。这就重新建立起了物
质与精神关系的新认识。

关于意识形态，马克思和恩格斯都认为，"中世纪只知道一
种意识形态，即宗教和神学。但是到了十八世纪，资产阶级已

---

① 参见（德）卡尔·柯尔施著，王南湜、荣新海译：《马克思主义和哲
学》，重庆：重庆出版社1989年版，第44页注释。
② 参见马克思、恩格斯：《德意志意识形态》，见《马克思恩格斯全集》
第三卷，北京：人民出版社1960年版，第42~43页。

经强大得足以建立他们自己的、同他们的阶级地位相适应的意识形态了"①。恩格斯也从历史的角度清楚地说明了宗教、意识形态和资产阶级革命之间的关系——"当路德的宗教改革在德国已经蜕化并把德国引向灭亡的时候，加尔文的宗教改革却成了日内瓦、荷兰和苏格兰共和党人的旗帜，使荷兰摆脱了西班牙和德意志帝国的统治，并为英国发生的资产阶级革命的第二幕提供了意识形态的外衣"②。

同时马克思、恩格斯提出了"资产阶级的意识形态"的说法，并且马克思和恩格斯同时使用了"资产阶级自由主义"一词，"因此当这种强有力的资产阶级自由主义的实践以恐怖统治和无耻的资产阶级钻营的形态出现的时候，德国小资产者就在这种资产阶级自由主义的实践面前畏缩倒退了"③。马克思、恩格斯对它因阶级利益的狭隘性而产生的欺骗性做了彻底的批判——"资产者的假仁假义的虚伪的意识形态用歪曲的形式把自己的特殊利益冒充为普遍的利益"④，"法律、道德和宗教，在

---

① 恩格斯：《路德维希·费尔巴哈和德国古典哲学的终结》，见《马克思恩格斯全集》第二十一卷，北京：人民出版社 1965 年版，第 328 页。

② 恩格斯：《路德维希·费尔巴哈和德国古典哲学的终结》，见《马克思恩格斯全集》第二十一卷，北京：人民出版社 1965 年版，第 350 页。

③ 参见马克思、恩格斯：《德意志意识形态》，见《马克思恩格斯全集》第三卷，北京：人民出版社 1960 年版，第 213~214 页。

④ 马克思、恩格斯：《德意志意识形态》，见《马克思恩格斯全集》第三卷，北京：人民出版社 1960 年版，第 195 页。

他看来全都是掩蔽资产阶级利益的资产阶级的偏见"①。

　　显然，马克思恩格斯已经把自由主义作为资产阶级的统治原则。但在马克思、恩格斯这里尚未发现"自由主义意识形态"的提法，这是因为"意识形态"一词尚未具有"统治原则"或"国家治理的思想体系"的含义。他们认为："在康德那里，我们又发现了以现实的阶级利益为基础的法国自由主义在德国所采取的特有形式。不管是康德或德国市民（康德是他们的利益的粉饰者），都没有觉察到资产阶级的这些理论思想是以物质利益和由物质生产关系所决定的意志为基础的。"②

　　需要特别注意的是，《Die deutsche Ideologie》也可以译为"德意志思想体系"。"马克思和恩格斯用作书名的'德意志意识形态'一词，原文是《Die deutsche Ideologie》，这个词有其特殊的含义，它是指当时德国条件下出现的一种特殊的哲学思潮，它的代表是当时在政治经济上十分软弱并沉溺于幻想的德国资产阶级和小资产阶级的思想家。他们把意识、思想同客观物质世界，同政治经济关系割裂开来，认为人类的主要任务是摆脱思想的统治，而不是消灭陈腐的社会政治制度。"③但总的来看，马克思和恩格斯对"意识形态"概念的批判方向逐渐由认知上

①　马克思、恩格斯：《共产党宣言》，见《马克思恩格斯全集》第四卷，北京：人民出版社1965年版，第477页。文中的"他"代指无产者。
②　参见马克思、恩格斯：《德意志意识形态》，见《马克思恩格斯全集》第三卷，北京：人民出版社1960年版，第213页。
③　参见马克思、恩格斯：《马克思恩格斯全集》第三卷译后记，北京：人民出版社1960年版，第741~742页。

的虚假性转向了利益上的虚伪性①，使这一概念带有现实政治斗争的锋芒，并延续至今。

应该认识到，直到马克思、恩格斯的时代，特别是在马克思恩格斯关于意识形态的讨论中，对意识形态仍持批判、否定的理念，即主要集中在批判资产阶级意识形态虚假性方面。虽然马克思、恩格斯直接指导了许多国家的工人运动，虽然有巴黎公社政治实践的尝试，但此时无产阶级并未成功掌握政权并且尚未具有进行政权建设的经验。更为关键的是，马克思主义作为无产阶级的意识形态这一判断此时尚未提出，马克思主义作为意识形态的理论建构也尚未完成。虽然这一时期的共产主义是以科学的理论形态存在的，但是它尚未经受实践的检验。因此，马克思、恩格斯的意识形态理论也只具有理论意义，而尚未具有现代意义上的政权建设的实践经验。

对意识形态正面意义的重新建构，主要是由列宁和斯大林完成的。列宁继承了马克思、恩格斯对资产阶级意识形态批判的一面，并结合共产主义政权的建设需要，进一步鲜明地强调意识形态在阶级对立和阶级斗争中的作用，并首次把马克思主义（共产主义科学）称为"科学的意识形态"②。这是意识形态概念使用上的第一次影响深远的大转折，即不再作为认识领域

---

① 参见季广茂：《意识形态》，桂林：广西师范大学出版社2005年版，第30页。

② 列宁：《唯物主义与经验批判主义》，见《列宁全集》第十四卷，北京：人民出版社1957年版，第96页。

内的虚幻的东西来批判，而是作为指导不同阶级进行阶级斗争的武器来捍卫或批判。

列宁在领导革命斗争的过程中认为："既然谈不到由工人群众在其运动进程中自己创立的独立的思想体系，那么问题只能是这样：或者是资产阶级的思想体系，或者是社会主义的思想体系。这里中间的东西是没有的（因为人类没有创造过任何'第三种'思想体系，而且在为阶级矛盾所分裂的社会中，任何时候也不可能有非阶级的或超阶级的思想体系）。"① 列宁在这篇文章中认为，工人阶级单靠自身的自发性力量，只能产生工联主义的意识，而这意味着工人运动继续受资产阶级思想奴役，因此俄国社会民主党必须具有社会主义的意识形态自觉性。"对社会主义思想体系的任何轻视和任何脱离，都意味着资产阶级思想体系的加强。"② 为了进一步明确无产阶级的阶级意识以区别于资本主义政权建设，列宁也在稍后明确指出："无产阶级的党是一个自由的联盟，建立这个党就是为了同资产阶级'思想'（原注：应读作：意识形态）做斗争，为了捍卫和实现一种明确

---

① 列宁：《怎么办?》，见《列宁全集》第六卷，北京：人民出版社1986年版，第38页。括号内容为原文。在这里列宁继承了考茨基的无产阶级的阶级意识必须由马克思主义知识分子从外部灌输的主张。参见曹天予：《权力与理性：世界中的马克思主义与自由主义》，上海：华东师范大学出版社2016年版，第18~19页。

② 列宁：《怎么办?》，见《列宁全集》第六卷，北京：人民出版社1986年版，第38页。

的世界观，即马克思主义的世界观。"①

斯大林作为列宁的继任者，也努力把社会主义（马克思主义，即列宁所说的共产主义科学）转化为官方的意识形态。应当承认，在斯大林时代，这种转化是取得了一定功效的。在斯大林那里，明确了自由主义和社会主义的对立："现代社会生活的轴心是阶级斗争。在这个斗争进程中，每个阶级都以自己的思想体系为指南。资产阶级有自己的思想体系，这就是所谓自由主义。无产阶级也有自己的思想体系，大家知道，这就是社会主义。"② 斯大林认为："社会主义分成三个主要派别：改良主义、无政府主义和马克思主义。"在此文中，斯大林以批驳无政府主义理论的方式阐明了马克思主义作为无产阶级意识形态的科学性。

列宁和斯大林完成了意识形态的概念外壳和马克思主义、自由主义的思想实质之间的结合，现代意义上的"意识形态"开始以完整而明晰的面貌出现。有学者认为："作为一种政治思潮和智识传统，作为一个在理论和实践上与众不同的思想流派，自由主义的出现不早于 17 世纪。实际上，自由主义的（liberal）一词第一次被用来指称一种政治运动，只

---

① 人民出版社 2013 年出版的《列宁全集（增订版）》把此处的"思想体系"译成了"意识形态"。参见列宁：《论"前进派分子"的派别组织》，见《列宁全集》第十九卷，北京：人民出版社 1989 年版，第 309 页。

② 斯大林：《无政府主义还是社会主义？》，见《斯大林全集》第一卷，北京：人民出版社 1953 年版，第 271 页。

是 19 世纪的事情——1812 年它为西班牙的自由党所采纳。"①
作为现代意义上的意识形态的自由主义，早在 1776 年即开始
发挥实际的政治作用。虽然后来的政治学家们把 1776 年称作
"意识形态时代的元年"②，虽然"法国大革命标志着自由主义
登上世界政治舞台。自由主义登上世界政治舞台是意识形态上
的一项重大抉择"③，但这一概念与自由主义的首次结合，还是
在列宁和斯大林这里。

更重要的是，在列宁那里，"意识形态"一词实现了语义上
的真正转向，从哲学上的认识论概念转向了政治学和社会学意
义上的思想体系概念，从马克思恩格斯的批判资产阶级意识形
态虚幻性转向了列宁斯大林的建立无产阶级的意识形态，从侧
重认识世界转向了侧重改造世界。随着社会主义政治实践的不
断推进和与自由主义意识形态斗争的不断展开，"意识形态"概
念的政治意味不断掩盖其原本的哲学意味，不断增添政治斗争
的锋芒，成为政治实践中极重要的领域之一。

世界上第一个社会主义国家的建立，使列宁、斯大林的意
识形态理论在苏联获得了官方理论的地位。但匈牙利、德国、
意大利等一些国家正处于自由主义和马克思主义两大意识形态

---

① （英）约翰·格雷著，曹海军、刘训练译：《自由主义》导论，长春：
吉林人民出版社 2005 年版，第 1 页。

② 参见（美）克拉莫尼克、（美）华特金斯著，章必功译：《意识形态
的时代》，上海：同济大学出版社 2006 年版，第 10~11 页。

③ （美）伊曼努尔·华勒斯坦等著，郝名伟、张凡译：《自由主义的终
结》，北京：社会科学文献出版社 2002 年版，第 95 页。

斗争的前沿，从 20 世纪 20 年代初期开始就渐渐产生了不同于"正统马克思主义"的一些学派，后人称为"西方马克思主义"。他们自称是研究马克思主义，实际上是向着不同于列宁主义的方向，也在某些方面不同于马克思、恩格斯之正统派的方向，把马克思主义的学术研究大大向前推进了。他们"不仅关心纯哲学问题，而且更关注社会政治理论问题"①，"对当代资本主义批判的重点在于文化及意识形态方面"②。

"西方马克思主义"等流派对意识形态概念也进行了一些理论探索：匈牙利的哲学家卢卡奇在《历史与阶级意识：关于马克思主义辩证法的研究》③（1923）一书中，把意识形态基本等同于自觉的阶级意识；德国的柯尔施提出"意识形态专政"概念，并批判了苏联无产阶级专政名义下的"精神压迫制度"④；葛兰西特别强调意识形态的实践功能，提出"意识形态领导权"⑤ 的理论；法兰克福学派提出"科学技术就是意识形态"

---

① 陈振明、陈炳辉、骆沙舟：《"西方马克思主义"的社会政治理论》，北京：中国人民大学出版社 1996 年版，第 1 页。

② 陈振明、陈炳辉、骆沙舟：《"西方马克思主义"的社会政治理论》，北京：中国人民大学出版社 1996 年版，第 31 页。

③ （匈）卢卡奇著，杜章智、任立、燕宏远译：《历史与阶级意识：关于马克思主义辩证法的研究》，北京：商务印书馆 2009 年版。

④ （德）卡尔·柯尔施著，王南湜、荣新海译：《马克思主义和哲学》，重庆：重庆出版社 1989 年版，第 80~87 页。

⑤ （意）安东尼奥·葛兰西著，曹雷雨等译：《狱中札记》，北京：中国社会科学出版社 2000 年版，第 213~214 页；另参见俞吾金：《意识形态论》，上海：上海人民出版社 1993 年版，第 243 页。

的命题①；"结构主义的马克思主义"的代表人物法国的阿尔都塞于 1970 年提出"意识形态国家机器"的概念②等。

意识形态的自由主义与马克思主义之间的对立是 20 世纪产生的重大思想事件。出生于匈牙利的曼海姆在 20 世纪 30 年代就发现，"追溯资产阶级思想的意识形态的基础并且因此而败坏其名声，已经不再仅仅是社会主义思想家们才具有的特权"。意识形态批判正逐渐成为一个有力武器，坚持任何一种意识形态观点的群体，"都运用这种武器来反对其他所有各种群体。所以，我们正在进入一个崭新的社会发展和学术发展的时代"③。而意识形态批判的常用方式就是宣称对方意识形态的"虚假性"。

从世界史的视角来看，马克思主义和自由主义两大意识形态在世界政治实践上的对立开始于苏俄政权的建立。而在世界范围内最早公开宣布是共产主义的敌人并采取行动的，是法西斯主义政权。1936 年 11 月，德日签订《德日反共产国际协议》称："日本帝国政府及德国政府认为，共产国际（即第三国际）之目的在采取一切手段以破坏及威胁现存的国家；深信忽视共

---

① 代表人物包括霍克海默、马尔库塞和哈贝马斯。参见陈振明、陈炳辉、骆沙舟：《"西方马克思主义"的社会政治理论》，北京：中国人民大学出版社 1996 年版，第 144 页。

② 参见陈振明、陈炳辉、骆沙舟：《"西方马克思主义"的社会政治理论》，北京：中国人民大学出版社 1996 年版，第 281~282 页。

③ （德）曼海姆著，霍桂桓译：《意识形态和乌托邦：知识社会学引论》，北京：中国人民大学出版社 2013 年版，第 81 页。

产国际对于各国国内关系的干涉，不但将危及其国内安宁及社会福利，且将威胁全世界的和平，为协力防止共产主义的破坏起见，协议如下……"① 1937 年 11 月意大利加入这个协议，更进一步宣称："鉴于意大利自法西斯政权建立以来以不屈不挠的决心与此危险斗争，将共产国际排斥于其领土之外，现已决定与具有保卫自己及反共产国际的同样决心的德国和日本联合起来对付共同敌人。"② 不同意识形态之间从此被赋予直接对抗、甚至付诸战争的斗争锋芒。

显而易见，苏俄社会主义国家建立以后，上述军事集团之间的对立及其斗争趋向背后都有意识形态之间直接对抗的因素，这同时也极大地激发了自由主义世界研究"意识形态"问题的热情。加缪在 1946 年较早提出"意识形态终结"的论断，认为意识形态已经走向了自我毁灭。法国的雷蒙·阿隆③和美国的丹尼尔·贝尔④继承并发展了这一理论。东欧剧变后，共产主义意识形态危机彻底暴露出来，自由主义世界开始欢呼自由主义作为"意识形态"在全球的胜利，意识形态终结论再度成为备受关注的焦点。

---

① 《德日反共产国际协议》，见《国际条约集：1934—1944》，北京：世界知识出版社 1961 年版，第 111 页。

② 《关于意大利加入德日反共产国际协议的议定书》，见《国际条约集：1934—1944》，北京：世界知识出版社 1961 年版，第 153 页。

③ 参见（法）雷蒙·阿隆著，吕一民、顾杭译：《知识分子的鸦片》，南京：译林出版社 2012 年版。

④ 参见（美）丹尼尔·贝尔著，张国清译：《意识形态的终结：五十年代政治观念衰微之考察》，南京：江苏人民出版社 2001 年版。

美籍日裔学者弗朗西斯·福山在 1989 年发表《历史的终结》一文，1992 年又在这篇文章的基础上写出了专著，即《历史的终结与最后的人》①。弗朗西斯·福山继承了英国首相撒切尔夫人"别无选择"的口头禅，宣称人类除了自由主义，已经没有别的选择了，进而宣称自由主义民主的理念已经无可匹敌，人类历史的演进过程已经走向完成，因此而构成历史的终结。塞缪尔·亨廷顿尽管不同意福山关于自由主义最终获胜的过于乐观的判断，但也认为意识形态的斗争已经结束，将来全球范围内的冲突将是文明形态的冲突。② 即使自由主义世界对作为意识形态的马克思主义持排斥态度，但是自由主义理论家哈耶克在《法律、立法与自由》里也明确提到，"每一种社会秩序都是以一种意识形态为基础的"③。可见，"意识形态"及其实践性含义作为一个影响深远的概念还是在自由主义世界中得到了广泛接受。

　　虽然自由主义世界的意识形态终结论的主要矛头是强调苏联的马列主义意识形态的终结，但自由主义世界的知识分子也同样意识到了自由主义本身的一系列问题，并为自由主义自身的命运深感忧虑。在极具代表性的《自由主义的终结》一书中，伊曼努尔·华勒斯坦等人提出了这样一种观点："自由主义作为一种有效

---

① 参见（美）弗朗西斯·福山著，陈高华译：《历史的终结与最后的人》，桂林：广西师范大学出版社 2014 年版。
② 参见（美）塞缪尔·亨廷顿著，周琪等译：《文明的冲突与世界秩序的重建》，北京：新华出版社 2010 年版。
③ （英）哈耶克：《法律、立法与自由》，邓正来等译，北京：中国大百科全书出版社 2000 年版，第 83 页。

的政治规划已是日薄西山，在资本主义世界经济结构性危机的影响下在日益衰落。［……］人们已不再需要什么意识形态来处理这种状况所导致的后果了。"① 既然自由主义作为一种意识形态的有效性在丧失，也即自由主义在政治规划上的有效性"日益衰落"，那么意识形态效用的终结也就意味着自由主义的终结。虽然作者对自由主义的这一处境持悲观态度，但是这部著作还是充分表现出了自由主义思想世界对"意识形态"概念基本指向的认同。

此外，作为一种"政治策略"的意识形态概念，不晚于1938年就已经传入到伊斯兰世界。伊斯兰教逊尼派"穆斯林兄弟会"的官方刊物《向导》在1938年公开宣称："伊斯兰是一种广泛的意识形态，它有能力创建一种能为它的信仰者规范政治、经济、社会生活的制度。"② 可见意识形态概念也广泛地传播到了阿拉伯世界。

2. 意识形态概念在中国的传播及其词义流变

由上述讨论可见，意识形态是具有认识世界与改造世界双重语义指向的重要概念，中国在最初引入意识形态概念时，就是专注于意识形态概念的现实作用。中文语境马克思主义意识形态概念的传播，伴随着意识形态（即观念形态）概念"上层建筑""阶级斗争""再造社会"等在民国时期中文语境中的层累过程。

---

① （美）伊曼努尔·华勒斯坦等著，郝名伟、张凡译：《自由主义的终结》，北京：社会科学文献出版社2002年版，第91页。

② （巴基斯坦）德里布·希罗著，阿卜杜·哈米德译：《现代伊斯兰原教旨主义》（阿文版），开罗：埃及图书总局1997年版，第119页；转引自蔡伟良：《埃及与穆斯林兄弟会》，《阿拉伯世界研究》2012年第1期。

意识形态概念在以马克思的"《政治经济学批判》导言"为载体经由日本传入中国的初期，以"社会经济基础"之上的"法制上政治上的建筑物"①的意涵实现了与民初混乱政局的理论对接。中国"左翼"作家群体在无产阶级革命文学运动中对意识形态的阶级属性的强调，促进了意识形态概念与阶级斗争理论与中国无产阶级革命实践的结合。毛泽东提出的以新民主主义文化"再造社会"的中间环节理论，是意识形态"改造世界"语义指向在中国革命实践经验下的重大理论创新。

2.1 意识形态概念初入中国及其中译词的多样性

意识形态概念的传入，是马克思主义在中国传播过程中最重要的内容之一。根据现已掌握的文献，"意识形态"一词在中文语境中最早出现②，是陈溥贤对马克思在1859年出版的"《政治经济学批判》导言"（时人称之为"《经济学批评》序文"）中的一段话的转译："这种生产关系的总和，构成社会上经济的构造，就是社会真正的基础，这是构造法制上政治上的建筑物的真正基础，又是适应社会的意识形态的真正基础。"③陈溥贤

---

① （日）河上肇：《马克思研究·马克思的唯物史观》（录晨报），渊泉（陈溥贤）译述，《新青年》1919年第6卷第5号。

② 对英文"Ideology"一词的翻译，在此前编著的字典如《英华字典》（1866—1869）、《英华大词典》（1908）、《商务书馆英华新字典》（1913）中，已经有"意论、意知""观念学""思想学"等解释。参见李晔、张苹：《"意识形态"术语源流及汉语语境中的演化研究》，《党史研究与教学》2021年第2期。

③ （日）河上肇：《马克思的唯物史观》（录晨报），渊泉（陈溥贤）译述，《新青年》1919年第6卷第5号。

在 1919 年发表于《晨报》上的《马克思的唯物史观》的文章，节译于河上肇的《马克思的社会主义的理论体系》，稍后被《新青年》的"马克思研究专号"转载。

意识形态概念传入中国初期所意指的主要内容，就是指代与物质的经济的社会基础对应的、政治法律艺术哲学伦理等内容之统称的上层建筑。这一时期李大钊在使用"精神的构造"、李达在使用"社会的自觉"时，所表达的也正是这两层指意。而陈溥贤、李大钊在 1919 年对"意识形态"一词的使用，已经清楚地表明"社会的意识形态，是指现在社会上所流行的思想上精神上的主义风潮"，是"法制上政治上的建筑物"。① 因此陈溥贤、李大钊 1919 年对意识形态概念的介绍和使用，可以作为意识形态概念传入中国的标志性起点。

"意识形态"作为一个完全外来的词汇，在原有中文文献中找不到可以与之对应的词汇表达。而且在这一概念从日本传入中国的初期，中日、日德译词之间并未形成稳定的对应关系②，中译词也尚未形成固定的表述。此时意识形态概念的翻译已经

---

① （日）河上肇：《马克思研究·马克思的唯物史观》（录晨报），渊泉（陈溥贤）译述，《新青年》1919 年第 6 卷第 5 号。

② 据张秀琴教授考证，日本学者河上肇在日译文中以日语"意识形态"对应了德语中的"意识形式"，而以"观念上的形态"对应了德语中的"Ideologie"，因此中文语境中首先出现的"意识形态"一词并不是马克思所使用的德语"Ideologie"，德语"Ideologie"在日文中的准确译法是"观念上的形态"。直到 1926 年，由椭田民藏、森户辰男翻译的日文版《德意志意识形态》，才把观念形态与译音的"イデオロギー"作为同义词使用。参见张秀琴：《马克思意识形态概念理解史》，北京：人民出版社 2018 年版，第 287~289 页。

出现音译与意译并存的情况，如果把意识形态概念的音译和意译的名词或词组也都纳入考察范围，民国时期出现的有代表性的部分相关译词如下：

中译词	例句	责任者	出处
意识形态	这种生产关系的总和，构成社会上经济的构造，就是社会真正的基础，这是构造法制上政治上的建筑物的真正基础，又是适应社会的意识形态的真正基础。	河上肇著，渊泉译述	《马克思的唯物史观》（录晨报），《新青年》1919年第6卷第5号。
观念上的形态	我们要观察这种变动，我们要先明白这两种的区别。就是以自然科学能够研究的经济的生产条件，所发生的物质的变化；与人人意识这种冲突，下决战的决心的那些法制上政治上艺术上以及哲学上的形态——简单说来就是观念上的形态——是不可不区别的。	河上肇著，渊泉（陈溥贤）译述	《马克思的唯物史观》（录晨报），《新青年》1919年第6卷第5号。

（续表）

中译词	例句	责任者	出处
精神的构造	人类社会生产关系的总和，构成社会经济的构造。这是社会的基础构造。一切社会上政治的，法制的，伦理的，哲学的，简单说，凡是精神上的构造，都是随着经济的构造变化而变化。我们可以称这些精神的构造为表面构造。	李大钊	《我的马克思主义观（上）》，《新青年》1919 年第 6 卷第 5 期。
社会的自觉	这个关系，就是适应于那社会物质的生产力发展程度的生产关系。这生产关系的总和，成为社会上经济的构造，是作成法律上政治上建筑物的真实基础，又生出与此相适应的某种社会的自觉。	郭泰著，李达译	《唯物史观解说》附录，上海：中华书局 1921 年版，第 4 页。
观念学	所谓永久不变的真理还有更不完全的第三组科学，就是研究人类生存条件，社会状况，立法和政治形式的历史科学，与由是而有的观念学的上部构造如哲学，宗教，美术之类。	李维汉	《观念史观批评（续第三号）》，《新时代》1923 年第 1 卷第 4 号。

（续表）

中译词	例句	责任者	出处
观念的形态	喻之建筑，社会亦有基址（Basis）与上层（Uberbau）。基址是经济的构造，即经济关系，马氏称之为物质的或人类的社会的存在。上层是法制、政治、宗教、艺术、哲学等，马氏称之为观念的形态，或人类的意识。	李大钊	《马克思的历史哲学与理凯尔的历史哲学》（1923年9月至1924年上半年），见《李大钊全集》第四卷，第328页。
社会思想	社会情绪随那社会动向的变迁而流转，自然各成流派，自为阶段。每一派自成系统的"社会思想"（идеология）必有一种普通的民众情绪为之先导，从此渐渐集中而成统系的理论；然此种情绪之发扬激厉，本发于社会生活及经济动向的变化，所以能做社会思想的基础而推进实际运动。	瞿秋白	《灰色马与俄国社会运动》，《小说月报》，1923年第14卷第11期。

（续表）

中译词	例句	责任者	出处
精神工具	社会心理，一部分直接受经济关系的规定，别部分受生长于经济关系之上的社会政治制度的规定，社会心理同时又是物质生产的"精神工具"。无阶级的社会里，社会心理是共同组织劳动时的副产物，亦是组织劳动时的手段；有阶级的社会里，社会心理是治者阶级指挥受治阶级的催眠术，或者是受治阶级反抗治者阶级的兴奋剂。	瞿秋白	《社会科学概论》，长沙文化书社1924年版，第45页。
社会意象学	在十年间，许多劳动阶级的理想家，蒲力汗诺夫也是其中之一，用马克思的犁几乎耕了社会意象学（译者注：或译观念学）的全领域，——蒲力汗诺夫以好探究的智力贯穿了社会的多层建筑物，他用马克思的X光线照了自然界，并照了重要社会制度的发达，——就中也照了艺术。艺术是意象学的范围。	瓦勒夫松著，任国桢译	《蒲力汗诺夫与艺术问题》，见《苏俄的文艺论战》，北京北新书局，1927年第二版（1925年初版），第63页。

（续表）

中译词	例句	责任者	出处
意德沃罗基	（我们的文学运动现在的）内容——小资产阶级的意识形态（Ideologie 意德沃罗基）	成仿吾	《从文学革命到革命文学》，《创造月刊》1928 年第 1 卷第 9 期。
观念形态	我们知道，一切的观念形态（Ideologie），都由社会的下层建筑所产生。然而此地有一种辩证法的交互作用，我们不能把它看过。就是，该社会的结构，复为此等观念形态所组织，所巩固。	李初梨	《怎样地建设革命文学》，《文化批判》1928 年第 2 号。
社会意识	"意特沃罗儿"（Ideologie）这一语，如果照字面解释，原应该是观念学底意思（正如 Psychologie 为心理学，Biologie 为生物学一样）。但是通常所说"意特沃罗儿"却不作观念学底意思解，而是作观念及概念自身解，或如前面所述，包括地作社会意识自身解……普通使用的名词……还有"文化"（Kultur）一个名词，更正确地说，还有"精神文化"一个名词。	波格达诺夫著，陈望道、施存统译	《社会意识学大纲（上卷）》，上海大江书铺 1929 年版，第 2~3 页。

（续表）

中译词	例句	责任者	出处
意德渥洛奇	"十月"主张苏维埃社会的普罗列塔里亚独裁。然而在文化艺术的领域内，承认普罗列塔里亚还没有着"自己的东西"，意德渥洛奇及形式还都是"借来的"的事实。	黑田辰男作，杨骚译	《革命十年间苏俄的诗的轮廓·九·"十月"结社的事情》，《语丝》1930年第5卷第48期。

通过对"《政治经济学批判》导言"节译的方式而传入中国的意识形态概念，在初入中国时只含有"经济基础的对应物"与"法制上政治上艺术上以及哲学上的形态"[1] 的统称这两层意思，李大钊所谓"精神的构造"则清楚地表明了他对意识形态的这两层意义的理解。陈溥贤的解释更为简单明晰——"'社会的意识形态'，是指现在社会上所流行的思想上精神上的主义风潮，人类一切关于意识的状态而言"。[2] 所以在1922年之前，凡是引用"《政治经济学批判》导言"而提及意识形态一词的，大多未超出这两层意思。李大钊的"精神的构造"用法，也是在探究民初政局混乱缘由的问题意识引导下强调经济组织与意识形态的关系："依马克思的唯物史观，社会上法律、政治、伦理等精神的构造，

---

[1] （日）河上肇：《马克思的唯物史观》（录晨报），渊泉（陈溥贤）译述，《新青年》1919年第6卷第5号。

[2] （日）河上肇：《马克思的唯物史观》（录晨报），渊泉（陈溥贤）译述，《新青年》1919年第6卷第5号。

都是表面的构造。他的下面，有经济的构造作他们一切的基础。经济组织一有变动，他们都跟着变动。"① 即使被称为"马克思主义播火者"的李汉俊，已经能够在论述中较为熟练地运用这一词汇，但也并未赋予它更多的意义——在以唯物史观探寻中国混乱缘由的讨论中，意识形态概念的这两层意义已经足够说明问题了。②

　　1921 年中国共产党成立以后，旅居国外并具有共产主义倾向的留学生纷纷回国——例如李维汉于 1922 年底自法国、瞿秋白于 1923 年自苏俄回到中国——这就从法国或苏俄带回来了具有法、俄色彩的马克思主义革命理论。意识形态概念在中国的传播也随之呈现出突破"1859 年序言"、日俄欧三方译法并存等新的特点。在 1923 年到 1927 年之间，除留日学生群体中的范寿康③、施存统④、何松

---

①　李大钊：《再论问题与主义》（1919 年 8 月 17 日），中国李大钊研究会编注：《李大钊全集》第三卷，北京：人民出版社 2006 年版，第 6 页。

②　相关讨论参见李汉俊：《我们如何使中国底混乱赶快终止?》，《民国日报》1922 年 1 月 1 日。

③　文集中范寿康译述的《马克思的唯物史观》一文中也已经说明，是根据日本河上肇《社会问题研究》第三册《马克思主义的理论体系》译述的，社会的意识形态就是说：社会中所行的思想上精神上之主义思潮及其他关于人类意识的状态。参见范寿康、施存统、化鲁译述：《马克思主义与唯物史观》，商务印书馆 1924 年版，第 5 页。

④　由苏联波格达诺夫著，陈望道、施存统合译的《社会意识学大纲》于 1929 年首次出版，陈望道在译者序言中表示，"译时是施先生用的力较多"，因此意识形态的用法很可能是施存统的翻译。在 1930 年《社会意识学大纲》的译本中，"意识形态"的使用频率已达到 164 次。参见［苏联］波格达诺夫著，陈望道、施存统合译：《社会意识学大纲》，上海：大江书铺 1930 年版。

龄①、周佛海②、李培天③等人继续相对固定地使用"意识形态"的表述之外，这一时期也出现了李维汉的"观念学"，瞿秋白的"社会思想"以及"精神工具"，任国桢的"社会意象学"等（见上表）新的意译形式。多种翻译方式出现的背后，显然是翻译者之间不同的留学背景在发挥作用。具体到对"意识形态"这一概念的翻译上，旅法的李维汉所使用的"观念学"的译法，毫无疑问更贴近于"意识形态"概念的创造者德·特拉西在观念论哲学上的原意。李维汉接受了自拿破仑以来法国对"意识形态家"（即李维汉所说的观念

---

① 何松龄翻译了河上肇译著《唯物史观研究》上篇的第一、二、三章，分别为《经济学批评序中之唯物史观公式》《唯物史观公式中之一句》《唯物史观中所谓"生产""生产力""生产关系"的意义》，在介绍意识形态时也引用了《政治经济学批判》导言中的表述：这些生产关系的总和，构成社会之经济的构造；这经济的构造，是法制上政治上的上部建筑物所借以存立的真实的基础。而且一定的社会意识形态也是和这基础相适应的。参见何松龄等译述：《唯物史观研究》，上海：商务印书馆1926年版，第7页。

② 波格达诺夫著的《经济科学大纲》，先后有了周佛海1926年商务印书馆中译本、施存统1927年新青年社中译本以及施存统1930大江书铺中译本（施存统的《经济科学大纲》译本再版了3次以上，影响很大），书中均已使用"意识形态"。

③ 李培天较为完整地翻译了河上肇1919年在日本信州和东京作的关于近世经济思想的演讲，命名为《改订近世经济思想史论》于1927年由学术研究总会发行。书中第三讲为《加尔·马克思》，介绍了社会主义经济学、唯物史观、资本主义的经济组织之批评、社会民主主义等内容，在书中唯物史观部分中3次使用"意识形态"一词。本书关于"意识形态"的统计数字皆出自"瀚文民国书库"（www.hwshu.com）。该书库同时提供了部分相关民国版图书的查阅服务，在此一并表示感谢。

论者）的批判态度，以及法国共产主义者的观点①，所以李维汉是在否定的意义上使用"观念学"概念的——他把历史科学与观念学称为"更不完全的第三组科学"，由观念学发展而来的观念史观"是抽象科学底演绎法对于历史学科不幸的应用"。李维汉认为，观念论者从"观念或影像是一个或数个简单的或联合的感觉作用底记忆底结果"或"某些观念由于天赋"的认识出发，把一些抽象观念如"数、原因、真、善、美、正义、平等、博爱、自由、人道、人格、国家等"视作生命，"把观念当做社会底原动力"，却不承认观念"不产生历史的史实，却是社会现象底结果，社会现象于他自己变化时创造之，修改之，刷削之"这一基本事实。② 也就是说，李维汉关于观念学的批评，是在进一步阐释马克思关于资产阶级"虚假意识"观点的理路上进行的，此时李维汉的"观念学"尚没有列宁的"共产主义意识形态"的正面意义。

---

① 李维汉在法国勤工俭学期间，正是通过华法教育会的《旅欧周刊》、旅法华工会的《华工旬刊》、法共的《人道报》等刊物以及一些法语的共产主义小册子来了解社会主义学说的。当时无政府主义和工学主义还有很大影响，列宁的革命理论在旅法团体中尚处于初步认识的翻译介绍阶段，这项译介工作主要是蔡和森等人完成的。参见李维汉：《回忆与研究》，北京：中共党史出版社 2013 年版，第 10~12 页。

② 以上内容参见李维汉：《观念史观批评》，《新时代》1923 年第 1 卷第 2、3、4 号。

旅俄的瞿秋白①对意识形态的"社会思想""精神工具"的译法，则更符合苏俄国内的马克思主义的理论面貌，特别在一定程度上受到了列宁与布哈林②的影响。布哈林在普列汉诺夫对心理与意识形态做出明确区分的基础上，更进一步地提出："观念形态学是凝结的社会心理学。［……］实际的历程是社会观念形态学的逐渐的自社会心理学的凝聚，固结和结晶。社会心理学的改变的结果自然有社会观念形态学的改变与之相应。"③此处观念形态学就是意识形态的另一中文译词。而瞿秋白在《社会科学概论》中把社会建筑"一分为三"，划分为社会思想（哲学与科学）、社会心理（宗教、艺术、道德、法律等）、社会制度④，同时特别强调"各种社会思想都是这些社会心理的反映，综合而成较有系统的"⑤。瞿秋白

---

① 瞿秋白1917年考入北洋政府外交部部立俄文专修馆学习俄文，1920年以《晨报》特派记者身份赴苏俄，1923年应陈独秀要求回国参加革命。大革命失败后担任中共中央临时政治局常委，1928年为组织并参加在莫斯科召开的中共六大再次赴苏联，1930年受共产国际委派回国。参见张秋实：《解密档案中的瞿秋白》，北京：东方出版社2011年版。

② 布哈林作为列宁之后的苏共最重要的理论家，被认为是列宁与斯大林之间的理论桥梁，"布哈林的事业跨过布尔什维主义史上的一个时期，即布尔什维主义的意识形态还处于过渡状态的时期"。参见［美］悉尼·海特曼：《列宁和斯大林之间：尼古拉·布哈林》，载苏绍智等主编：《世界评布哈林》，北京：东方出版社1988年版，第12页。

③ ［苏联］布哈林：《社会心理学与社会观念形态学》，武者译，《明天》1929年第2卷第7期。

④ 瞿秋白：《社会科学概论》，长沙：文化书社1924年版，第77~78页。该版本参见《民国丛书》第一编第14册，上海：上海书店1989年版。

⑤ 瞿秋白：《社会科学概论》，长沙：文化书社1924年版，第45页。

对意识形态的这种理解与布哈林的相关论述如出一辙①，而把意识形态作为阶级斗争的"精神工具"的认识，正是列宁提出的向工人灌输阶级意识等系列主张的翻版。正是因马克思列宁主义多种输入渠道的并存，才导致了这一阶段意识形态概念传播过程中多种中译词并存的局面。

　　意识形态概念中译词的复杂性和不确定性，在革命文学运动时期得以逐步扭转。早在中国革命文学运动的发起性文章《从文学革命到革命文学》中，成仿吾就已大声疾呼："我们要努力获得阶级意识，我们要使我们自己的媒质接近农工大众的用语"，进而使大众获得无产阶级的"意德沃洛基"。② 当无产阶级文艺理论通过创造社、太阳社创办的一系列刊物在中国产生巨大影响的时候，日语中的意识形态、观念形态及其音译"意德沃洛基"等译词也随之席卷中国文坛。意译的"观念形态"与音译的"意德沃洛基"这两种译法在中国的风行，与中国无产阶级革命文学的兴起有着共同的渊源，即"在中国突起勃兴的革命文艺，他的模特儿完全是日本，所以实际上仅是日文无产文学运动的一个支流。这并不仅是因为中国革命文学的大将都是留日学生；就在'普洛特利亚特''意德沃洛基'的口

----

　　① 德里克甚至认为，瞿秋白的《社会科学概论》是布哈林《历史唯物主义》的"中文改编本"。参见［美］德里克：《革命与历史：中国马克思主义历史学的起源，1919—1937》，翁贺凯译，南京：江苏人民出版社 2008 年版，第 28 页。
　　② 成仿吾：《从文学革命到革命文学》，《创造月刊》1927 年第 1 卷第 9 期。

号以及理论及创作底形式与内容之根据上，也可以看出了"①。
显然"普洛特利亚特""意德沃洛基"是 1928 年中国兴起的革
命文学运动中最响亮的两个口号。由瞿秋白、郑超麟等人主持
的中共机关刊物《布尔塞维克》翻译发表了《共产国际第六次
世界大会宣言》②，以及布哈林在共产国际六大上做的《国际形
势与共产国际之任务》③ 的大会报告。在这一系列文章中，苏联
马克思主义理论家对"帝国主义的意识形态"的批判，对资本
主义内部的"改良主义的意识形态""社会民主派的意识形态"
的分析，与无产阶级革命文学一道，为陷入低谷、急需理论指
导的中国革命注入了新的活力。"意识形态""观念形态"也就
逐步取代了其他译词，成了相对固定的表述。正是创造社的成
仿吾、李初梨以及鲁迅等人在革命文学运动时期稳定地使用了
"观念形态"的中文表述，这一相对准确的中文译名才在相当长
的时间内与"意识形态"的表述并驾齐驱。④

---

① 胡秋原：《日本无产文学之过去与现在》，《语丝》1929 年第 5 卷第 34
期。

② 《共产国际第六次世界大会宣言》，《布尔塞维克》1928 年第 2 卷第 1
期。

③ ［苏联］布哈林：《共产国际第六次大会的总结》，《布尔塞维克》
1928 年第 2 卷第 1 期。

④ 1934 年出版的《新名词辞典》（邢墨卿编，新生命书局版）中的"意
识形态"词条解释为："'意识形态'或'观念形态'即人类的观念之中所造
成的存在物——社会心理社会思想被条理化了而适应于一定社会生产关系之精
神生产的体系。如哲学、科学、艺术、道德、法制、宗教等便都是观念上的各
种形态。"

2.2 革命文学运动与意识形态概念阶级属性的凸显

对意识形态概念中阶级斗争的"精神工具"指意的强调，是苏俄语境中的特有现象，它源于列宁对马克思主义理论的发展："既然谈不到由工人群众在其运动进程中自己创立的独立的意识形态，那么问题只能是这样：或者是资产阶级的意识形态，或者是社会主义的意识形态。这里中间的东西是没有的（因为人类没有创造过任何'第三种'意识形态，而且在为阶级矛盾所分裂的社会中，任何时候也不可能有非阶级的或超阶级的意识形态）。"①

苏俄语境中意识形态的阶级斗争指意在中国传播的特殊性在于，此时中国"左翼"作家对文艺领域彻底的阶级斗争的宣传是直接承袭了苏俄的革命理论的，从而跨过了日本的中转过程。需要强调的是，日本学者对马克思主义的早期宣传并不是特别注重阶级斗争学说。河上肇就对马克思主义的社会关系理论缺乏注意，在讨论生产关系时"只字未提阶级"②。在永田广志《唯物史观讲话》的中译本中，永田广志虽然认识到"意识形态一方面在根本上为社会的存在所规定，一方面还同时对它起反用，因此成为参加社会过程的相对能动的一个契机"③，但

①　列宁：《怎么办?》（1901 年秋至 1902 年 2 月），见中共中央马克思恩格斯列宁斯大林著作编译局编译：《列宁全集》第六卷，北京：人民出版社 2013 年增订版，第 38 页。

②　参见［美］德里克：《革命与历史：中国马克思主义历史学的起源：1919—1937》，翁贺凯译，第 27~28 页。

③　（日）永田广志：《唯物史观讲话》，阮均石译，桂林：新知书店 1939 年版，第 303 页。

也只是强调劳动者的"生活和斗争却可以使他固有的阶级意识形态成长"。① 永田广志试图以世界观来统合意识形态——"各个时代，更正确地说各种阶级意识形态底形态，也互相在关联着统一着，形成为一个全体"，这个全体就是世界观。② 据此可以看到，一部分日本学者即使服膺阶级分析与意识形态理论，但并不赞同阶级斗争的立场。对意识形态阶级斗争的强调，是列宁—布哈林—斯大林一派的主张（普列汉诺夫—托洛茨基是弱化意识形态阶级对立的另一派）。③

在中文语境中，最早明确赋予"意识形态"概念阶级属性的是瞿秋白。当瞿秋白把苏俄的马克思列宁主义社会学理论引入中国的时候，意识形态概念也随之出现了不同于日本语境的词义属性。与之前李大钊、李汉俊、李维汉等笼统地指称上层建筑为"精神的构造"不同，瞿秋白第一次把社会建筑细分为

---

① （日）永田广志：《唯物史观讲话》，阮均石译，桂林：新知书店1939年版，第296页。

② （日）永田广志：《唯物史观讲话》，阮均石译，桂林：新知书店1939年版，第303页。

③ 在民国初年的中文语境中，对阶级斗争理论的接纳，并不等同于对意识形态阶级斗争的认同。李大钊在《我的马克思主义观》中就已经认识到马克思的"阶级竞争说，与他的唯物史观有密切关系"（《新青年》1919年第6卷第5期），但是在民国时期的石英译《农民与革命》（N. I. Ulianov著，上海沪滨书店1918年版）、陈国榘译《布尔什维主义的心理》（施罗戈著，商务印书馆1920年版），施存统译《马克思主义和达尔文主义》（班纳科支原著，商务印书馆1921年版），恽代英译《阶级争斗》（柯祖基著，新青年社1921年版）等译著中，阶级斗争理论尚未与意识形态概念明确结合在一起。

社会思想、社会心理、社会制度三个层次，这里作为意识形态同义词的"社会思想"，具体是指哲学与科学。① 正是在这个划分的基础上，瞿秋白在使用"精神工具"指称"意识形态"相关内容时，已经明确地把"精神工具"的阶级属性引入到中文语境中："旧社会里新阶级的势力膨胀，自然创造自己阶级斗争的'精神工具'：发现新政治理想，鼓励群众的社会心理，凡此一切都不过新阶级取得政权的预备——革命工具不完备，当然革命难以成功，所以政治理想及社会心理当然是革命及其他变革的必要的助缘。"② 瞿秋白在苏俄期间系统学习过唯物辩证法，听过列宁演讲，曾认为列宁是"无产阶级革命的指挥者""二十世纪世界无产阶级的工具"。③ 1923年回国后，瞿秋白参加斯大林著的《论列宁主义之基础》的翻译工作，并著有《列宁之思想》一文，是当时国内对列宁思想理解较为深入的理论家。④ 因此中文语境中列宁主义意识形态概念的阶级斗争意义的彰显，瞿秋白可谓是首倡者。

① 参见瞿秋白：《社会科学概论》，长沙：文化书社1924年版，第46~47、77页。
② 瞿秋白在书中同样使用了"精神上的武器"的说法。参见瞿秋白：《社会科学概论》，长沙：文化书社1924年版，第37~38页。
③ 瞿秋白：《历史的工具——列宁》（1924年3月9日），见《瞿秋白文集》（政治理论编）第二卷，北京：人民出版社1988年版，第487、486页。
④ 列宁主义的著作首次进入中文语境是在1920年。参见（德）李博：《汉语中的马克思主义术语的起源与作用：从词汇—概念角度看日本和中国对马克思主义的接受》，赵倩、王草、葛平竹译，北京：中国社会科学出版社2003年版，第97~98页。

　　中国文艺界对意识形态阶级属性的普遍认同要略晚于瞿秋白，是在翻译苏俄的文艺政策并在革命文学运动中逐步形成的。1925 年出版的由任国桢根据俄文版杂志翻译的《苏俄的文艺论战》，介绍了苏联文艺界"纳巴斯徒"派的主张，该派明确提出"艺术有阶级的性质，艺术是宣传某种政略的武器"①。虽然早在1923 年郭沫若就提出"要在文学之中爆发出无产阶级的精神"②，但此时文学的阶级性问题未能形成一种广泛共识。而到《苏俄的文艺论战》于 1927 年再版前后，中国文艺界对于文艺是否具有阶级属性的问题已经有了较为广泛的讨论。③ 意识形态的阶级斗争属性，内含有"我们与他们"④ 的身份认同的区分，这种区分是明确阶级身份的重要依据。

　　中国"左翼"文艺界认为，发动革命文学的目的是寻找新兴阶级——无产阶级解放和成长的道路，因唯物史观的社会形态理论揭示了新兴阶级的光明前途，所以应对无产阶级文艺理论怀有充分的信心，"也只有和历史的进行取同样的步伐的艺

---

　　① 任国桢译：《苏俄的文艺论战》小引，北京：北新书局 1927 年版，第 6 页。

　　② 郭沫若：《我们的文学新运动》，载郭沫若著作编辑出版委员会编：《郭沫若全集》文学编第十六卷，北京：人民文学出版社 1989 年版，第 5 页。

　　③ 相关讨论可见日归：《无产阶级专政和无产阶级的文学》、麦克昂：《英雄树》、鲁迅：《文学的阶级性》，见《"革命文学"论争资料选编（上）》，北京：人民文学出版社 1981 年版，第 24~27、77、605 页。

　　④ 参见（美）克拉莫尼克、华特金斯：《意识形态的时代》，章必功译，上海：同济大学出版社 2006 年版，第 7 页。

术，才能够唤喊牠（它——原文如此）的明耀的光芒。"①，到"左联"成立时，文艺界"左翼"已经有相当一部分人基本上认同"文学是革命的前驱，在革命的时代必然有一个文学上的黄金时代"②，"文学是社会改造运动的一种工具"③，"无产阶级的文艺是倾向社会主义的文艺"④ 等一系列主张。中国的"左翼"作家群体形成这样一种宣传无产阶级文艺的共识，真正开始于 1928 年。大量年轻的"左翼"作家自日本回国⑤，从而把日本无产阶级文艺引入中国，就是在 1927 年底。"1928 年是中国普罗文学主张它的存在权的年头"⑥，而普罗文学正是作为"普罗底一种武器"而传入中国的。这一时期意识形态概念与"普罗"大众的结合，是意识形态概念与阶级斗争理论相协调、

---

① 《中国左翼作家联盟的成立》，《拓荒者》1930 年第 1 卷第 3 期。

② 郭沫若：《革命与文学》，见《郭沫若全集》文学编第十六卷，北京：人民文学出版社 1989 年版，第 33 页。

③ 丁丁：《文艺与社会改造》，见《"革命文学"论争资料选编（上）》，北京：人民文学出版社 1981 年版，第 68~69 页。

④ 麦克昂：《英雄树》，见《郭沫若全集》文学编第十六卷，北京：人民文学出版社 1989 年版，第 47 页。

⑤ 在成仿吾的邀请下，李初梨、冯乃超、彭康、朱镜我、李铁声等留日学生在 1927 年底回国（稍后王学文、傅克兴、沈起予等人也陆续回国）参加改革创造社、宣传无产阶级文学的工作。参见郑伯奇：《创造社后期的革命文学活动》，见《中国文学史资料全编·创造社资料（下）》，北京：知识产权出版社 2010 年版，第 738~739 页。

⑥ 林伯修：《1929 年急待解决的几个关于文艺的问题》，《海风周报》1929 年第 12 期。相关研究参见赵新顺：《太阳社研究》，北京：中国社会科学出版社 2010 年版，第 43 页。

并从理论走向实践的里程碑事件。

意识形态概念的这种阶级属性，在成仿吾、郭沫若、鲁迅、李初梨等人推动无产阶级革命文学运动过程中得到了进一步强调。第一次国共合作所促成的国民大革命的浪潮，激发了具有时代敏感性的文学家们的革命意识和理论自觉。郭沫若、成仿吾等人的"革命文学"口号的提出，与稍后的一批激进文艺青年对日本无产阶级革命文艺的引入，都是对这一革命时代意识的反映——蒋介石、汪精卫对无产阶级革命运动的镇压不仅未中断这一趋势，反而使得"左翼"文学家们更清楚地意识到通过文艺文学手段宣传无产阶级的阶级意识、推动无产阶级革命运动的必要性和迫切性。成仿吾在大革命失败后旗帜鲜明地继承日本无产阶级文艺运动的阶级自觉性，提出"驱逐资产阶级的'意德沃罗基'在大众中的流毒与影响，获得大众"① 的主张，从而为传入中国的意识形态概念进一步从文艺领域明确了阶级斗争的意涵。

在中共宣传部的推动下②，到"左翼作家联盟"成立时，一部分"左翼"作家已经具有清晰的宣传无产阶级的阶级意识的革命自觉，所以才能够在大革命进入低潮时明确提出"我们文

---

① 成仿吾：《从文学革命到革命文学》，《创造月刊》1927 年第 1 卷第 9 期。

② 1928 年前后中国共产党的文化政策对"左翼"文学发展的作用，参见卢毅：《二十世纪三十年代左翼文学兴盛原因再考察》，见《中共党史研究》2020 年第 3 期。

学运动的目的在求新兴阶级的解放［……］确立马克斯主义的
艺术理论及批评理论［……］从事产生新兴阶级文学作品"①
的主张。"左联"成立大会确定的艺术立场是反封建阶级、反资
产阶级、反小资产阶级，立足点就是无产阶级艺术，"我们不得
不站在无产阶级的解放斗争的战线上，攻破一切反动的保守的
要素"②。日本无产阶级革命文学和苏俄文艺理论的大量传入，
促使我国"左翼"作家群体几乎同时接受了"文艺具有阶级性"
"文艺为阶级斗争服务"这两大观点——"文学是阶级斗争的强
有力的武器。在阶级社会里的文学不能是中立的，它一定积极
的效力于某一阶级"③，"一切文艺，是宣传，只要你一给人看。
［……］用于革命，作为工具的一种，自然也可以的"④。此时
"左联"作家群体的文艺理论已经"布尔什维克化"了，并几乎
同时提出了建立无产阶级的阶级意识的主张。而关于"文艺是
否有阶级属性""文艺能否为阶级斗争的革命服务"的争论，是
在"左翼"作家群体旗帜鲜明地提出上述主张之后才出现的。⑤
"左翼"作家群体对于"布尔什维克化"的无产阶级革命文学理

---

①　《中国左翼作家联盟的成立》，《拓荒者》1930 年第 1 卷第 3 期。
②　《中国左翼作家联盟的成立》，《拓荒者》1930 年第 1 卷第 3 期。
③　《中国左翼作家联盟的成立》，《拓荒者》1930 年第 1 卷第 3 期。
④　鲁迅：《文艺与革命》，见《"革命文学"论争资料选编（上）》，北京：人民文学出版社 1981 年版，第 328 页。
⑤　关于文艺是否具有阶级属性的争论一直在持续，到 20 世纪 30 年代，瞿秋白、周扬与胡秋原、杜衡仍就文艺的阶级性、真实性与倾向性之间的关系等问题展开论战。参见谭好哲：《文艺与意识形态》，济南：山东大学出版社 2000 年版，第 165~171 页。

论的认同和宣传，与此时中共党内理论家们从苏联引入列宁主义的革命理论具有相同的革命关切。

在大革命失败后，中国共产党开始独立领导武装斗争的理论支撑之一，就在于摆脱了"二次革命"论的"无产阶级夺取政权的条件还不成熟""应取消革命运动"[①] 之类的认识；而在中国无产阶级独立的阶级意识的逐步明确、无产阶级意识形态革命共识的形成过程中，文艺界"左翼"作家群体的革命文学运动发挥了重要作用。文艺界"左翼"作家群体对意识形态的阶级斗争属性的大力宣传，是在国民大革命失败、无产阶级的共产党被国民党打压的情况下，为中国无产阶级的独立自主的革命道路的形成所做的理论上的探讨和宣传上的铺垫。

2.3 毛泽东与意识形态概念的"再造社会"含义

如果说中文语境中意识形态的"上层建筑之上层建筑""凝结的社会心理学"等尚且属于解释世界的范畴，"意识形态底阶级性"已经部分带有以意识形态概念通过阶级斗争来改造世界的语意，那么真正使意识形态在中文语境中具有"改造社会"概念含义的人，则应该是毛泽东。虽然以意识形态塑造新社会是马克思列宁主义的基本特征，列宁也早在 1902 年就明确提出

---

① 主张取消无产阶级的独立的革命运动，服从于国民党领导下的"统一战线"，实际上是苏联共产党对中国的指示。1927 年的失败不仅使得斯大林纠正这种错误的指示，进而中国也逐步取得了军事上独立领导武装斗争，文化上宣传无产阶级的阶级意识的党内共识。关于苏共党内的争论，参见（美）罗伯特·文森特·丹尼尔斯：《革命的良心：苏联党内反对派》，高德平译，北京：北京出版社 1985 年版，第 438～442 页。

了以无产阶级的世界观改造世界的观点，但是在中文语境中明确提出和系统阐释意识形态概念这一意涵的，或许还要以毛泽东"社会意识形态是理论上再造出现实社会"①的认识为起点。

毛泽东对意识形态"再造社会"功能的认识，是建立在意识形态阶级属性的基础上的。早在组织新民学会时期，毛泽东等一批先进青年就已经有"改造中国与世界"②的理想，但是关于改造中国的方法尚在探索之中。从逻辑脉络上来看，毛泽东确立"改造中国"方案的探索过程，是首先树立共产主义的社会理想，经由对阶级斗争的认识，然后发展到以马克思主义理论（包括意识形态理论）作为"再造社会"蓝图的过程。而充分认识到意识对物质的反作用，是探索意识形态"再造社会"方法的认识基础。

20世纪30年代毛泽东对意识形态的论述相对零散，总的来说是从阶级与社会形态的差别上来认识不同阶级意识形态在塑造新世界上的矛盾，因而着重强调"哲学是一定阶级的意识形态的集中表现"③。毛泽东在《读李达著〈社会学大纲〉一书的批注》中认为："由于希腊奴隶经济的向下发展而产生的深刻的

---

① 毛泽东：《读李达著〈社会学大纲〉一书的批注》（1938年1月—3月），见中共中央文献研究室编：《毛泽东哲学批注集》，北京：中央文献出版社1988年版，第210页。

② 毛泽东：《致蔡和森等》（1920年12月1日），见中央文献研究室编：《毛泽东书信选集》，北京：中央文献出版社2003年版，第2页。

③ 毛泽东：《读艾思奇编〈哲学选辑〉一书的批注》（1939年5月以后），见《毛泽东哲学批注集》，北京：中央文献出版社1988年版，第310页。

阶级分化与斗争，引起贵族主义与民主主义之意识形态的斗争，前者便以观念论哲学为其基础。"① 如果承认阶级的更替是社会形态演进的基本动力这一马克思列宁主义的基本原理，那么阶级斗争是阶级更替过程中的必然现象。所以毛泽东坚决主张"一切文化或文学艺术都是属于一定的阶级，属于一定的政治路线的。为艺术的艺术，超阶级的艺术，和政治并行或互相独立的艺术，实际上是不存在的"②。意识形态理论是树立在阶级斗争的基本原则之上的，即使是在强调其建设性一面时，也带有浓重的斗争意味。

意识形态属于社会意识的范畴，社会意识形态之所以能够影响到社会存在，必须通过人民群众才能转化为物质的力。"阶级、政党主要是凭借其意识形态理论，通过逻辑的推导，首先在观念上初步勾勒出了一个理想的蓝图，对选择作出预后估计，然后选择最为有利的方案执行"③。作为"思想体系和社会制度"的意识形态之所以能够产生"再造社会"的物质的力，至少应存在着两个理论上的基础。其一，意识形态的引导作用必须建立在一定的政治经济的基础之上，而不能超越政治经济的发展阶段。"没有资本主义经济，没有资产阶级、小资产阶级和

① 毛泽东：《读李达著〈社会学大纲〉一书的批注》（1938 年 1 月—3月），见《毛泽东哲学批注集》，北京：中央文献出版社 1988 年版，第 225～226 页。

② 毛泽东：《在延安文艺座谈会上的讲话》（1942 年 5 月），见《毛泽东选集》第三卷，北京：人民出版社 1991 年第 2 版，第 865 页。

③ 朱兆中：《中国社会意识形态建设纵论》，上海：上海人民出版社 2003年版，第 35 页。

无产阶级，没有这些阶级的政治力量，所谓新的观念形态，所谓新文化，是无从发生的”①，即“一定的文化（当作观念形态的文化）是一定社会的政治和经济的反映”。② 这是毛泽东论及“观念形态”“思想体系”“思想文化”时反复强调的一点。③ 正是从这一点出发，毛泽东认为：“至于新文化，则是在观念形态上反映新政治和新经济的东西，是替新政治新经济服务的。”④也就是说，文学文艺以及“作为观念形态的文化”只有通过推动政治、经济的革新，要积极地为政治服务，发挥“帮助群众推动历史前进”的作用，它才能够发挥其“再造社会”的功效。

意识形态必须通过某一阶级的力量起作用，意识形态的阶级属性决定了它再造社会的方式和方向。毛泽东明确提出，若要以新文化（即新观念形态）为新政治新经济服务，必须首先打倒旧文化即旧意识形态。中国的旧文化是帝国主义文化与半封建文化，“不把这种东西打倒，什么新文化都是建立不起来的”。⑤ 因而阶级斗争是确立新意识形态以建设新政治、新经济

---

① 毛泽东：《新民主主义论》（1940 年 1 月），见《毛泽东选集》第二卷，北京：人民出版社 1991 年第 2 版，第 695 页。

② 毛泽东：《新民主主义论》（1940 年 1 月），见《毛泽东选集》第二卷，北京：人民出版社 1991 年第 2 版，第 663 页。

③ 相关讨论参见俞吾金：《意识形态论》，上海：上海人民出版社 1993年版，第 218 页。

④ 毛泽东：《新民主主义论》（1940 年 1 月），见《毛泽东选集》第二卷，北京：人民出版社 1991 年第 2 版，第 695 页。

⑤ 毛泽东：《新民主主义论》（1940 年 1 月），见《毛泽东选集》第二卷，北京：人民出版社 1991 年第 2 版，第 695 页。

的手段之一，同时，共产主义也是意识形态斗争的必然归宿。毛泽东强调："共产主义是无产阶级的整个思想体系，同时又是一种新的社会制度。这种思想体系和社会制度，是区别于任何别的思想体系和任何别的社会制度的，是自有人类历史以来，最完全最进步最革命最合理的。[……]中国的民主革命，没有共产主义去指导是决不能成功的。"① 在马克思主义社会形态演化规律下，新民主主义革命时期仍存于中国的帝国主义文化与半封建文化是必然要被淘汰的。在这个社会演进的过程中，意识形态是以阶级斗争的方式更替，以共产主义为趋向的，那么主导这一演化趋向的力量只能是无产阶级，只有无产阶级才是顺应这一发展趋向的新生力量。

毛泽东强调以意识形态作为"再造社会"的"思想体系和社会制度"，并不是不顾具体情势、具体阶段的全盘照搬。毛泽东对意识形态理论的突出贡献在于，提出在改造社会的进程中可以存在一个居于资本主义和共产主义意识形态之间的、与新民主主义革命阶段相配合的、可以长期存在的意识形态发展的中间环节。这个由现实需要创造出来的意识形态中间环节的理论，其指意是国家层面的、建设性的。②

---

① 毛泽东：《新民主主义论》（1940 年 1 月），见《毛泽东选集》第二卷，北京：人民出版社 1991 年第 2 版，第 686 页。

② 对于这一认识，郁建兴解释为："就意识形态是国家的实践的观念而言，马克思的意识形态理论是从属于他的国家理论的。"参见郁建兴：《意识形态：一种政治分析——马克思意识形态概念新论稿》，《东南学术》2002 年第 3 期。

　　毛泽东在剖析民国时期的政治经济发展阶段时指出:"中国现在的革命任务是反帝反封建的任务,这个任务没有完成以前,社会主义是谈不到的。"① 与此相适应的"无产阶级领导的人民大众的反帝反封建的文化",在意识形态的发展阶段上既不是资本主义的,也不是社会主义的。"就整个社会来说,我们现在还没有形成这种整个的社会主义的政治和经济,所以还不能有这种整个的社会主义的国民文化。"② ——此时意识形态所应具有的基本面貌,则是与新民主主义革命时期"殖民地、半殖民地、半封建的社会形态"③,与"各革命阶级联合专政"④ 的国体相适应的,"以无产阶级社会主义文化思想为领导的人民大众反帝反封建的新民主主义"⑤。这一独特的意识形态面貌得以确立,也正是由各革命阶级联合专政的政治体制决定的。毛泽东认为:"就国民文化领域来说,如果以为现在的整个国民文化就是或应该是社会主义的国民文化,这是不对的。这是把共产主义思想体系的宣传,当作了目前行动纲领的实践;把用共产主义的立

　　① 毛泽东:《新民主主义论》(1940 年 1 月),见《毛泽东选集》第二卷,北京:人民出版社 1991 年第 2 版,第 683 页。
　　② 毛泽东:《新民主主义论》(1940 年 1 月),见《毛泽东选集》第二卷,北京:人民出版社 1991 年第 2 版,第 705 页。
　　③ 毛泽东:《新民主主义论》(1940 年 1 月),见《毛泽东选集》第二卷,北京:人民出版社 1991 年第 2 版,第 666 页。
　　④ 毛泽东:《新民主主义论》(1940 年 1 月),见《毛泽东选集》第二卷,北京:人民出版社 1991 年第 2 版,第 677 页。
　　⑤ 毛泽东:《新民主主义论》(1940 年 1 月),见《毛泽东选集》第二卷,北京:人民出版社 1991 年第 2 版,第 706 页。

场和方法去观察问题、研究学问、处理工作、训练干部，当作
了中国民主革命阶段上整个的国民教育和国民文化的方针。"[①]
这个区分，实际上是提出了适应意识形态过渡阶段的一种必要
方法。

毛泽东指出的意识形态在阶级差别与改造社会的概念含义
基础上存在一个阶级合作的过渡形态的可能性，实质上是对列
宁斯大林的意识形态斗争理论的一个巨大突破，也是对意识形
态"再造社会"模式的一种新探索，是在"布尔什维克化"的
口号之上创造出的具有中国特色的意识形态建设理论。[②] 同时，
对"作为观念形态的文化"的继承性的强调，也是对意识形态
阶级斗争理论绝对化的一种新的补充。正因毛泽东在意识形态
领域的理论创造，意识形态概念的"再造社会"呈现出了与苏
联模式不同的面貌，为中国新民主主义革命道路、为无产阶级
革命转入社会建设阶段做了理论上的准备。

概要来说，在马克思主义意识形态传入中国过程中，意识
形态概念的"上层建筑"含义回答的是民初政局混乱缘由及如
何解决的问题，"阶级斗争"回答的是中国无产阶级革命能否、
怎样继续进行的问题，"再造社会"回答的是新民主主义社会如

[①]　毛泽东：《新民主主义论》（1940 年 1 月），见《毛泽东选集》第二
卷，北京：人民出版社 1991 年第 2 版，第 705 页。

[②]　陈锡喜指出，"毛泽东创立的具有中国风格和气派的马克思主义话语
体系"吸收融合了中华民族文化传统中的优秀元素和中国民俗文化和社会心
理。参见陈锡喜：《马克思主义：意识形态和话语体系》，上海：华东师范大学
出版社 2011 年版，第 193~200 页。

何实现的问题，对这三大问题的回答一定意义上贯穿了中国共产党在革命年代的理论发展史。由此可以看到，意识形态在民国时期的词义流变，更多的是我国对这一外来概念的接受过程，还未完全上升到赋予其新意义的阶段。今天我们对意识形态概念的认识，正是通过民国时期传入的上述意涵尤其是"上层建筑""阶级斗争""再造社会"等主要含义，经由新中国成立以来七十余年的历史演变得来的。在不同的历史阶段，意识形态概念自有不同的指意被强调、被选择性表达出来。"阶级斗争"在新中国成立后的一段时间内被特别强调，严重干扰了中国社会主义建设事业的开展；改革开放以来意识形态"虚假性"判断随着西方政治学说而传入，一度成为西方民主思想进入中国的急先锋。显而易见，虽然不同时期我国对意识形态概念各种意涵的强调不同，但意识形态概念的"改造世界"含义是一以贯之的。

社会实践的发展必然会推动理论的进步，随着我国社会主义建设事业的发展，中国特色社会主义理论体系也不断发展完善，意识形态概念也随之出现符合时代要求的新意涵。历史地看，我国当下对意识形态概念的主流理解，已经褪去有关"观念科学""虚假意识"的认识，并且正在弱化"阶级斗争"的矛盾斗争属性，在"再造社会"的基础上赋予其"顶层设计"这一新的时代意义。意识形态概念的这一演化过程与发展趋向，是马克思主义"社会存在决定社会意识"的基本原理在"意识形态"概念方面的反映。由此，民国时期意识形态概念词义流

变的基本史实，是取得意识形态概念共识、推动其新指意衍生
的认识基础。

（二）意识形态、帝制儒学及双轨规则等概念说明

从以上讨论可见，由德·特拉西创造的意识形态概念，在
黑格尔、马克思、恩格斯、列宁、斯大林、李大钊、毛泽东等
不同历史时期的理论家那里概念内涵的变化清晰可见。意识形
态理论作为一种社会意识理论，随着时代背景和政治局势的要
求而变化的历史事实，有力证明了历史唯物主义"社会存在决
定社会意识"论断的科学性。充分发挥主观能动性，积极推动
社会意识顺应社会存在的变化，从而发挥社会意识对于社会存
在能动的积极的反作用，这是符合马克思主义的。而对人民群
众社会实践的历史经验和教训的总结，也必须上升到理论高度，
才能更好地指导今后的社会建设实践。

上述意识形态概念含义演变发展的历史告诉我们，意识形
态概念的不同意涵及其实践指向是呈现出阶段性特点的，其含
义变化与社会实践的具体要求相适应。因而研究意识形态概念
应该意识到，顺应社会发展阶段的变化，恰当处理不同阶级的
意识形态间的关系，以符合时代要求的意识形态理论实现对全
社会、全民族的精神引导作用，才能充分发挥意识形态理论对
国家发展的指导作用。当今国际政治局势和国家建设所面临的
历史任务，也要求我们必须有充分的理论自觉，努力实现有利
于国家发展、文明复兴的理论创新。当代中国学者应自觉站在

人民和国家的立场上，推动"意识形态"理论的第二次意义转折。① 努力对这一概念的语义和理论体系进行符合时代要求的"损益"，从而构建"国家意识形态"概念，是实现意识形态理论创新的初步尝试。

首先，"意识形态"概念的指意对象是客观存在的。恩格斯认为："在现代历史中，国家的愿望（意志——笔者注）总的来说是由市民社会的不断变化的需要，是由某个阶级的优势地位，归根到底，是由生产力和交换关系的发展决定的。［……］它（指国家——笔者注）的存在和发展归根到底都应该从社会的经济生活条件中得到解释。"② 因此我们可以发现，社会存在决定社会意识，经济基础决定上层建筑；但上层建筑并不同于经济基础，产生于社会存在的社会意识也具有相对独立性。国家产生的基础是个人的、物质的生活方式，但国家并不是这种个人的物质生活方式本身。国家统治意志在总体上和根本上反映这种物质生产方式、交往形式，但是也不可能亦步亦趋、完全一致地跟随着物质的生产方式和交往形式的变化而变化。马克思和恩格斯彻底地批判了国家统治意志和物质生产方式、交往形式的关系的另外一个方面，即脱离了物质的生产方式和交往形

---

① 在这一方面刘建军教授等学者做出了有益的理论探索。刘建军认为，意识形态由理论基础、时代框架、价值核心和外围观念四个功能部分或构件组成。参见刘建军：《文明与意识形态》，北京：中华书局 2011 年版，第 52 页。

② 恩格斯：《路德维希·费尔巴哈和德国古典哲学的终结》，见《马克思恩格斯全集》第二十一卷，北京：人民出版社 1965 年版，第 345~346 页。

式的意识形态。"国家一旦成了对社会的独立力量，马上就产生了新的意识形态。这就是说，在职业政治家那里，在公法理论家和私法法学家那里，同经济事实的联系就完全消失了。"① 这种脱离了经济事实和社会存在的意识形态，就脱离了它产生和赖以存在的母体，而只是在人们的头脑中以纯粹思维的形式独立地发展，就必然是无根基的和虚幻的。

很显然，国家相对于社会的独立——因而也就是相对于经济事实的独立，是这种意识形态虚假性产生的重要原因。"国家作为第一个支配人的意识形态的力量出现在我们面前。社会创立一个机关来保护自己的共同利益，免遭内部的和外部的侵犯。这种机关就是国家政权。它刚一产生，对社会来说就是独立的，而且它愈是成为某个阶级的机关，愈是直接地实现这一阶级的统治，它就愈加独立。"② 马克思和恩格斯是在否定的意义上强调这种愈来愈严重的独立的，因此也就否定了在这种国家独立于社会的条件下产生的新的意识形态了。

但是，这里马克思和恩格斯也指出了一个显而易见的判断，即国家是高于（或不同于）社会的存在形式。这决不是说国家是独立于社会之外的，恰恰相反，它是立足于社会经济基础之上的，因此它不能独自产生新的意识形态。但国家并不是社会

---

① 恩格斯：《路德维希·费尔巴哈和德国古典哲学的终结》，见《马克思恩格斯全集》第二十一卷，北京：人民出版社 1965 年版，第 347 页。

② 恩格斯：《路德维希·费尔巴哈和德国古典哲学的终结》，见《马克思恩格斯全集》第二十一卷，北京：人民出版社 1965 年版，第 347 页。

本身，作为社会创立的一个机关，作为市民社会的上层建筑，它立足于社会的基础之上而不同于社会本身的特点，就必然导致国家的意识形态立足于社会意识形态的基础上，而带有某些不同于社会意识形态的特点。马克思和恩格斯批判的是已经脱离经济事实、脱离生产方式和交往形式的、完全服务于某个阶级因而完全独立于整个社会之外的意识形态，在现阶段并没有否定国家及其所具有的统治意志。根据马克思和恩格斯的观点，我们可以进一步提出：体现这种统治意志的意识形态能否同经济基础、社会的生产关系和交往形式紧密相连，同广大人民不断变化的需要紧密相连，同社会各主要阶级的意识形态紧密相连并保护社会共同利益，是判定某一国家意识形态是科学还是虚假的标准之一。

其次，"国家意识形态"概念与"意识形态"概念是有区别的。"国家意识形态"概念的意义指向是描述从人民群众的社会实践中来、能够指导国家发展方向的思想体系和社会制度，其最高理想是对人间秩序的全面安排。从政治学视角来看，意识形态的重要作用之一，就是对中央政权控制区域内的政治秩序和社会治理做出方向性的规划。意识形态是在实践中成熟的，是在某些理论家的理论探索与人民群众的社会实践互动过程中逐渐成长、成熟起来的，其最大价值之一就在于能够正确指导人类的社会实践；意识形态是直接立足于社会实践的理论探索和经验总结，不是某些理论家的主观臆造，这是意识形态和处于思想状态的学说理论的根本差异。但并不是所有的意识形态都能够上升为国家意识形态。

以人类历史上的意识形态实际发展阶段和其理论涵盖面而论，大致可分为初生状态、不完全状态和完全状态三大类。可用图例大致表示如下。

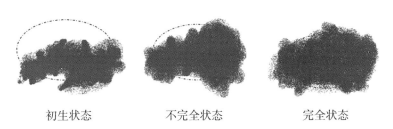

初生状态　　　　　不完全状态　　　　　完全状态

图中虚线表示的是国家意识形态的理论范围，阴影部分表示某一意识形态在实际上的作用范围。在一般情况下，在某一政治力量主导下的意识形态上升为国家意识形态的过程中，必须旗帜鲜明地排斥其他意识形态，以便为自己开辟出一条道路；而一旦其成为国家意识形态，其为了巩固自身地位，就必须妥善处理与各派政治力量、与各种政治主张的关系，就不得不为了政局的稳定和社会矛盾的缓和而作出某些利益让步和政策调整。也就是说，在阶级消亡之前，虽然国家具有阶级性，但是仍不得不顾及其他阶级的正当利益。因此，国家治理的超阶级性体现在国家意识形态领域，即国家意识形态必须在一定程度上具有一定的超越阶级的特性，这是由国家意识形态的实践性决定的。

本书所称的"国家意识形态"（State Ideology），是指处于完全状态下的意识形态。以这个划分为大致的衡量标准，则在迄今为止的人类历史上，大约只有三种处于或曾经处于完全状态的意识形态，即传统中国的儒学，欧美的自由主义和苏联、当代中国的马克思主义。而作为国家意识形态意义上的儒学，在当代世界已经不是一个现时的存在，但它作为一种思想资源，仍在发挥作用。不完全状态的意识形态的典型案例是具有精神引导作用的宗教，其在政治领域采取的是政教合一的形式，以教会秩序代替政治制度，以精神性的信仰把现世生活引向彼岸世界。其典型代表如欧洲中世纪的基督教、古代印度的佛教、中东地区的伊斯兰教等。

虽然意识形态概念诞生于 18 世纪的法国，但其概念含义存在已久。从人类历史进程来看，"大道之行""上帝之城""无形之手""无产阶级世界观"等类似提法都有一个共同指向，即人类社会的运行存在着一定的规则。所不同的只是，这个规则可能来源于圣人意志、上帝意志或群众意志，并以各种形式在人类社会中表现、传承和发展着。从世界历史进程来看，产生于人类社会的各种意识形态作为一种精神力量而存在，但它一旦问世并反过来与现实世界发生二次关联，会影响世界历史的进程，并且永远成为世界历史长河的一部分。如果剥去其外衣，则意识形态的本质就是试图对人类社会某一领域的运行作出安排；处于成熟阶段的国家意识形态，是试图对某一地域范围内的人间秩序作出全面安排。①

---

① "儒学不只是一种单纯的哲学或宗教，而是一套全面安排人间秩序的思想系统"。参见《现代儒学的困境》，见《现代儒学的回顾与展望》，北京：三联书店 2004 年版，第 54 页。

本书认为，理想中的"国家意识形态"就必须同时具有涵盖各主要政治主张的理论包容性和在实践策略上的可操作性，其实践追求就是安排国家秩序。理论包容性要求某一国家意识形态在横向上能够"联合一切可以联合的力量"以及在纵向上的与时俱进；策略可操作性要求某一意识形态必须同时兼顾价值正义性和历史正当性，价值正义性以确保"名正言顺"从而使其有光明的发展前途，历史正当性以确保"合于时宜"从而使其能够在实然与应然之间架起桥梁。同时必须强调的是，这种意识形态的秩序安排是方向性的，而不是具体的操作计划。国家意识形态呈现出的应该是一般性原则，而不应该是限制个人与社会的条条框框，在此意义上来讲，国家意识形态与法律有着本质区别。所以国家意识形态的存在不应该是一种限制，不应该成为"精神压迫制度"，而应该是对国家发展方向的前瞻，整个国家因这种前瞻和设计而具有上下一体的社会架构、稳定的政治方向以及国家治理理论的可塑空间。国家意识形态必须对国家发展道路、社会资源分配、个人生存与发展需要等作出全面的方向性安排，因此总体来说国家意识形态必须具有前瞻性与正义性、全局性与统筹性、方向性与理论开放性等特点；必须在张弛之间寻求一种恰当的平衡，给予国家、社会、个人充分的自发活动空间。国家意识形态过于松弛可能会导致国家发展方向不明确从而削弱国家凝聚力，过于收紧可能会导致国家社会矛盾激化而失去政治向心力。

帝制儒学意识形态（Imperial Confucianism）是指在秦至清

代的中国帝制社会时代，以儒家学说与法家学说为理论来源并用以维持帝制政治架构的社会制度和思想体系。帝制儒学意识形态是本书尝试重新建构的一种政治学概念。在帝制儒学意识形态形成、演变过程中，主要由法家完成的帝制秩序是帝制社会体制运行的核心和主导，是意识形态的制度主体；儒学作为一种政治思想始终发挥着辅助和部分引领作用，是意识形态的理论主体。为配合乡里宗族—郡县官僚—中央皇帝的政治体制①，帝制儒学衍生出乡约家训—忠孝纲常—圣王的理论与之适应。仅就中央政权的设计而论，"事在四方，要在中央。圣人执要，四方来效"是基本理念，因而"圣人当位"、政令通达是天下大治的基础。"治人"高于"治法"，圣人（皇帝）是帝制架构设计的中心，也是儒学实现现世理想的中心。圣人以德能或宗法正其位，圣王意志不能通达是天下混乱的根本原因。虽然对圣人（皇帝）德行的纠正在汉代以天人感应说为主，在宋代以内圣人格修养为主，但圣王理想作为帝制儒学意识形态的理论重心是一直未变的。② 作为两千多年帝制社会的意识形态，帝制儒学的思想内涵是随时代需要而不断变化的，儒学也曾在魏晋时期受玄学的影响，在唐宋时期受佛学冲击，在晚清时期遭

---

① 刘泽华称之为"以王权为中心的权力系统"，参见刘泽华：《中国政治思想史集》第三卷，北京：人民出版社 2008 年版，第 2 页。

② 相关论述参见金观涛、刘青峰：《开放中的变迁——再论中国社会超稳定结构》，北京：法律出版社 2010 年版，第 12~16 页；萧公权：《中国政治思想史》，北京：商务印书馆 2017 年版，第 100~124、398~400 页。

西学冲击。自汉武帝"罢黜百家，独尊儒术"以来，儒学的思想内涵虽然几经变化，儒学与帝制社会相辅相成的国家意识形态的地位却一直没有被替换。直至清帝国覆灭之前，儒学一直是中国帝制时代国家意识形态的主流。帝制的国家治理形态和政治运作模式不变，作为国家意识形态的儒学的地位就未曾被推翻。这正是帝制社会的士大夫所宣称的"天不变，道亦不变"①在政治领域的表现。这一点是儒学与中国其它思想流派的重大区别。

保守主义（Conservatism）在本书中是指一种维持现状或者具有复古倾向的政治主张。保守主义公认的奠基之作是埃德蒙·柏克的《反思法国大革命》，他在书中这样表达自己的观点："摧毁古老的思想和人生规则会带来无法估量的损失。从它们坍塌的那一刻起，我们便失去了帮助我们自我治理的罗盘，同时也不再了解我们应该驶向哪一个港口。"②因此他明确主张，"我们希望保存一个建构完备的教会、一个建构完备的王朝、一个建构完备的贵族制度、一个建构完备的民族体系，并让它们都停留在目前的程度上，不想肆意加深扩大"③。从这里我们可以看到，所谓保守主义，是一种维持现存制度的主张，是与彻

---

① 董仲舒：《贤良对策》，见范晔：《后汉书·董仲舒传》，北京：中华书局 1962 年版，第 2519 页。

② （英）埃德蒙·柏克著，张雅楠译：《反思法国大革命》，上海：上海社会科学院出版社 2014 年版，第 92 页。

③ （英）埃德蒙·柏克著，张雅楠译：《反思法国大革命》，上海：上海社会科学院出版社 2014 年版，第 107~108 页。

底打破现状的、激进的革命主张相对的。它并不能独立地成为一种"建构完备的"意识形态。其极端主张的表现形式是要毫不更改地维持现状，就相当于毛泽东所指的"顽固派"了。因此，评判保守主义与激进主义，是以社会现状为坐标的。①

另外，本书首次提出并使用了双轨规则（Binary Rule）理论。这一理论的思想渊源是中国古代典籍《淮南子》中"知义而不知宜"的相关论述。"昔者有扈氏为义而亡，知义而不知宜也。""义者，循理而行宜也。"② 循此认识，《淮南子》强调的"知义而不知宜"，其基本思想立场是试图达到义与宜的二者兼顾。这一思想映射到意识形态方面，义是指价值正义性，宜则是历史正当性。转型时期的意识形态必须同时满足历史正当性和价值正义性，须兼顾义与宜的双重规则。意识形态的重塑与实践也必须如火车一般在此双轨上运行。历史正当性是某意识形态得以维持和实现的现实基础，它的来源是一个国家历史上意识形态的理论特质和实践状态，以及它的群众基础。价值正义性是一种意识形态得以存在和实践的发展前景，它指向的是一种被广大人民认可的、可实现的理想状态。

近代中国的转型过程，也同时是儒学意识形态逐步崩溃、自由主义传入中国、马克思主义传入中国并逐步上升为国家意

---

① 对保守主义这种意义的使用借鉴了时人的观点。相关讨论参见《中国近代思想史上的激进与保守》，见《现代儒学的回顾与展望》，北京：三联书店 2004 年版，第 9～11 页。

② 《淮南鸿烈·解卷·齐俗训第十一》，《四部丛刊》本。

识形态的过程。中国自鸦片战争以来持续受到外来力量的冲击，国家政权无力消化来自外部力量的渗透，国内各阶层的力量对比也在急剧发生变化。清朝政权的覆灭直接导致传统的意识形态——儒学在政治实践中的命运终结。各种政治力量前仆后继地试图重组国家政权，并且都有在政权建设过程中探索意识形态的尝试。

本书立足于历史学科，意在说明意识形态在民国时期的转变，即在中国社会变革的时代背景下，帝制时代以儒学为核心的国家意识形态崩溃以后，两种主要的国家主导力量在重建意识形态方面所做的尝试。在这一历史时期，儒学是作为意识形态重建的重要思想资源而发挥作用的。民国时期意识形态的两次重建，是帝制时代儒学的照搬，还是在自由主义政治理想的影响下，在马克思主义冲击下的现代化改造？要回答这个问题，则需要回到历史现场。

四、论证思路及主要观点

在绪论部分中，本书意在从"中国向何处去"的问题意识出发来切入主题，并以意识形态理论作为观察包括儒学在内的思想演化的基本局势。因儒学的复兴，是当代中国的一个新动向。这个新动向使得一批学者从学理的角度出发，欲借鉴儒学的思想资源来寻求中国某些现实问题的解决方案。儒学逐渐呈现出一种走出学界、指导社会现实的趋向。同时，当下中国学界也承认自由主义民主政治仍具有一定程度的价值正义性，因而可供国家治理借鉴的思想资源呈现出三方并存的态势。

　　历史上或者外来的任何思想主张，都不可能为中国当下问题的解决提供现成的答案，儒学自然也无法例外。从历史学的学科思维出发，以"意识形态"演化的视角重新审视民国时期两个中央政府（即袁世凯主导的中华民国北京政府和蒋介石主导的南京国民政府）对儒学的利用和改造，则能够看到作为意识形态的儒学在中华民国北京政府时期、南京国民政府时期所表现出的一系列理论优势以及不合时宜之处。仅靠哲学界的从理念到理论的探索是无法充分总结借鉴儒学近代探索的理论成果的，因而这一历史学的思考进路和经验总结是哲学领域对儒学的理论探索所不能替代的。在理论探索的层面上，以"意识形态"的视角来观察、分析民国时期两个中央政府对儒学的利用及重建过程，能够为我们探索当代儒学复兴的正确方向、进而从理论上回答"中国向何处去"的问题提供借鉴。

　　第一章主要讨论北洋军阀控制下的中华民国政府初期对儒学的态度变化。辛亥革命以后，自由主义挟革命余威获得了极高的价值正义性，帝制儒学的意识形态正统地位受到剧烈冲击。"二次革命"爆发，袁世凯打击了以自由主义民主政治为理想的革命势力，并以尊孔为旗帜走上了保守主义的政治道路。此时以传统儒学为意识形态的保守主义政治道路在实践层面上尚未能区分中央集权与帝制集权的差别，在理论层面上尚未能在平等民主思潮中完成从传统到现代的转型；因而由尊孔复古到恢复帝制的保守主义政治道路使儒学丧失了意识形态上的正义性。

第二章讨论的是在新文化运动时期意识形态重塑的过渡期的基本局面。正是在这一时期随着马克思主义的传入，中国基本形成了三方意识形态并存、斗争乃至交融的基本态势。新文化运动时的新式知识分子们，以彻底的破旧立新姿态"打孔家店"，期望塑造出新思想、新国民、新国家。

自由主义民主平等思想在民国初年的传播打击了儒学意识形态的价值正义性，为马克思列宁主义传入中国创造了条件；同时在客观上促进了作为意识形态的儒学的理论更新，产生了以梁漱溟、熊十力、冯友兰、马一浮为代表的第一代现代新儒家，并由此催生了儒学与民主科学相结合的理论发展路径。但因儒学意识形态现代化与自由主义本土化的具体道路仍在初步探索中，所以1916年以后的北洋军阀控制下的中华民国政府的意识形态建设实际上处于迷茫状态。

第三章探讨重新统一中国的南京国民政府对儒学的取舍改造以及重塑三民主义意识形态的问题。从意识形态演化视角来看，民国时期真正取代儒学意识形态地位的，是由孙中山创造的以自由主义民主政治为制度框架，以儒学政治思想为精神内核的三民主义意识形态。三民主义意识形态经过戴季陶和蒋介石的理论补充和政治实践，借鉴融纳儒学的程度不断加深；又随着国民党在全国统治范围的扩大而逐步上升为国家意识形态。在抗战时期，南京国民政府对三民主义与儒学相融合的理论探索和政治实践也因没有明晰和确定的指导思想，而逐渐迷失了方向。

　　余论部分则在探讨中华民国北京政府、南京国民政府两个时期吸收儒学和重塑意识形态的基本经验与教训的基础上，初步提出了当代中国对儒学进行创造性转化、创新性发展的可能性方向的设想。从民国时期的历史经验来看，当下对儒学的理论再造，应告别帝制儒学的泥淖、走出宋明心学的体系。充分总结近代以来的意识形态建设经验，也顺应意识形态融合的历史发展趋势。这或许可以成为当代中国对儒学进行创造性转化和创新性发展的一个可行的方向。

第一章

儒学在中华民国政府初期意识形态中的浮沉

近代以来，儒学的国家意识形态地位受到了巨大冲击，这个冲击来自挟裹着坚船利炮之威的另一种较为成熟的意识形态——自由主义。辛亥革命之后，儒学的国家意识形态地位随着清朝的崩溃而丧失，自由主义意识形态真正以完整的理论面貌登上中国的政治舞台。

在中华民国政府初期（1912—1916）的意识形态重建过程中，儒学与自由主义呈现出此消彼长的基本发展态势。虽然自由主义意识形态在全社会的影响力于波动中上升，但仍然无力规划中国的国家建设方向；在这一时期儒学依旧影响着民国政治的发展轨道，其具体表现就是袁世凯保守主义道路的复兴。因此这一时期儒学在国家意识形态建设中呈现出衰退与起伏的状态。

一、辛亥革命后自由主义的传入及其对帝制儒学的排斥

在以孙中山、黄兴等为首的革命党人的长期努力下，辛

亥革命前后自由主义民主政治才得以作为独立意义的意识形态进入中国。革命先行者孙中山在实行革命的过程中构建的三民主义革命理论，一方面吸收了明末以来"反清复明"的民族革命思想，另一方面也吸收了自由主义意识形态民主革命的内容。

由革命党人主导建立的南京临时政府的政权组织原则，较为清晰地体现在《中华民国临时政府组织大纲》《中华民国临时约法》等文献中。正如前辈学者们所评价的，这是一部资产阶级性质的宪法，或者换句话说，这是一部在资产阶级的建国理想即自由主义意识形态的指导下产生的宪法。并且毋庸讳言，自由主义民主共和观念正是通过孙中山等革命党人所主张的资产阶级建国理想而传入中国的。正是新的政权和自由主义意识形态的确立，引发了对中国传统儒学意识形态的排斥。

(一)"临时约法"与自由主义意识形态的传播

武昌首义后，组建政权、统一国家的问题迫在眉睫。革命党人在此前并没有任何组织国家政权的经验，三民主义的理论建构此时尚未成熟，尚不能对政治新秩序的确立做出明确安排。革命党人在面临组建新政权的任务时借鉴的是世界上已有的自由主义民主政治的政权组织方式，而与帝制不同的且为革命党人所向往的，就是欧美式的民主政治制度。革命党人在此前所着力宣传的，也正是"欧美之法"。

脱胎于自由主义的三民主义此时只是作为一种革命理论而存在。所以三民主义在这一阶段首先明确的是革命对象、革命目标："民族革命的原故，是不甘心满洲人灭我们的国，主我们的政，定要扑灭他的政府，光复我们民族的国家。这样看来，我们并不是恨满洲人，是恨害汉人的满洲人。"① 孙中山认为民权主义是政治革命的根本，而政治革命的最终结果，就是要"建立民主立宪政体"②；关于民生主义，孙中山也是从革命的角度出发的："我们实行民族革命、政治革命的时候，须同时想法子改良社会经济组织，防止后来的社会革命。"③ 此时孙中山主张的三民主义，本质上是革命的三个目标："我们革命的目的是为众生谋幸福，因不愿少数满洲人专利，故要民族革命；不愿君主一人专利，故要政治革命；不愿少数富人专利，故要社会革命。这三样有一样做不到，也不是我们的本意。"④

这一时期的三民主义还只是民族国家、民主政治、社会经济建设三方面的聚合，三者在孙中山的理论体系中各有其独立的指向和实施依据。从孙中山早期思想到成熟时期思想的转变，在一定意义上就是由主张革命到主张建设的转变。在孙中山的三民主义中，最初形成的是民族主义，然后是民权主义，最后

---

① 孙中山：《在东京〈民报〉创刊周年庆祝大会的演说（1906 年 12 月 2 日）》，见《孙中山全集》第一卷，北京：中华书局 2011 年第 3 版，第 325 页。
② 孙中山：《在东京〈民报〉创刊周年庆祝大会的演说（1906 年 12 月 2 日）》，见《孙中山全集》第一卷，北京：中华书局 2011 年第 3 版，第 325 页。
③ 孙中山：《在东京〈民报〉创刊周年庆祝大会的演说（1906 年 12 月 2 日）》，见《孙中山全集》第一卷，北京：中华书局 2011 年第 3 版，第 326 页。
④ 孙中山：《在东京〈民报〉创刊周年庆祝大会的演说（1906 年 12 月 2 日）》，见《孙中山全集》第一卷，北京：中华书局 2011 年第 3 版，第 329 页。

是民生主义。① 如果说民族主义是各民族平等的国家建设理想，那么民权主义就是自由主义意识形态的民主政治理想。事实上在清末时期，组织起义最有号召力的就是民族主义和民权主义。武昌首义之后，以湖北军政府名义传檄各省响应独立的檄文中就有"黄汉与清贼不两立。[……]本军政府爱举义旗，剿除胡贼。[……]汉族兴亡，在此一举"② 等句。

在辛亥革命后的南京临时政府时期，真正处于国家意识形态地位的是自由主义。第一部具有宪法性质的文献是南京临时政府时期的《中华民国临时政府组织大纲》，它根据自由主义国家的一般原则，对临时大总统、参议院、行政各部的产生及权限做了规定。这部由各省都督的代表制定的，带有联邦性质的组织法，虽然在今天看来过于简陋，且有多种弊端，但是它规定"临时大总统由各省都督府代表选举之"，"参议院以各省都督府所派之参议员组织之"③，确立了选举总统即"民主"的价值正义性。它直接废除了《钦定宪法大纲》所宣称的"大清皇帝统治大清帝国万世一系，永永尊戴"，"君上神圣尊严，不可

---

① 参见干春松主编：《中国政治哲学史》第三卷，北京：中国人民大学出版社 2017 年版，第 302 页。

② 湖北军政府：《檄各督抚电》，见中国史学会主编：《中国近代史资料丛刊·辛亥革命（五）》，上海：上海人民出版社 2000 年版，第 142 页。

③ 《中华民国临时政府组织大纲（1911 年 10 月 13 日）》，第 1、2 页，见沈云龙主编：《近代中国史料丛刊续编》第八十一辑《中华民国宪法史料》，台北：文海出版社 1974—1982 年版。

侵犯"① 的帝制统治原则，否定了皇位世袭的继承制度，从根本上否定了儒学意识形态"三纲五常""君君臣臣"的政治社会秩序。这种民主政治主张的背后，是对传统帝制社会尊卑等级制度的彻底否定。

在自由主义的理念中，人人生而平等，"独立的、拥有资产的、理性的原子化个人，是历史的主体，是整个人类历史的出发点"②。虽然辛亥革命并不能真正使这种自由观念在中国人民心中落地生根，却以自由、民主的名义在中国开辟了一条新的道路。自此以后，"自由""民主"也成为一部分知识分子梦寐以求的价值信仰。③ 因此，辛亥革命标志着中国由君权社会开始进入民主社会，这在中国政治史上具有划时代的意义。

民国元年 3 月公布的《中华民国临时约法》，较为完整地体现了自由主义意识形态的特点，即这部约法的民族资产阶级宪法性质。第一章总纲确立了主权在民的原则，"中华民国之主

---

① 《钦定宪法大纲（光绪三十四年八月初一）》，见张晋藩、曾宪义：《中国宪法史略》，北京：北京出版社 1979 年版，第 296 页。

② 曹天予：《权力与理性：世界中的马克思主义与自由主义》，上海：华东师范大学出版社 2016 年版，第 7 页。

③ 在欧洲思想史的演进中，自由和民主并不是天生一体的。在很长一段时期内，自由观念与民主观念各行其道。相关内容参见殷海光：《中国文化的展望》，北京：中华书局 2016 年版，第 401~411 页。后来的一些自由主义者试图在理论中寻求自由与民主的互补和平衡，如悉尼·胡克和杜威等人。而二战后"民主"一词在自由主义世界中真正大行其道，其中一个重要因素是对抗斯大林体制下的共产主义世界的理论需要，另一重要因素是以凯恩斯为代表的强调国家干预的新自由主义的成熟。相关内容参见顾肃：《自由主义基本理念》，南京：译林出版社 2013 年修订版，第 152~155 页。

权，属于国民全体"。"中华民国以参议院临时大总统国务员法院，行使其统治权"。① 虽然临时约法规定参议院权重于临时大总统是"因人立法"，目的是为了限制袁世凯的权力，但无论是总统制，还是内阁制，都是"欧美之法"的成例。第二章规定了"中华民国人民一律平等"，人民享有"保有财产及营业，言论，著作，刊行，集会，结社，书信秘密，居住迁徙，信教"等自由权和各项政治权利，并规定了人民的义务。确立了立法、行政、司法三权分立的原则。② 这种仿"欧美之法"的民主共和政体，是孙中山所主张的民权主义的实现形式。

"今者由平民革命以建国民政府，凡为国民皆平等以有参政权。大总统由国民公举。议会以国民公举之议员构成之。制定中华民国宪法，人人共守。"③ 并明确宣称国民革命"虽纬经万端，要其一贯之精神则为自由、平等、博爱"④。在南京临时政府中，革命党人是居于主导地位的，而孙中山在革命党中一直是领路人的角色。在临时大总统的选举中，独立17个省中有16

<hr />

① 《中华民国临时约法（1912 年 3 月 11 日）》，第 1 页；见沈云龙主编：《近代中国史料丛刊续编》第八十一辑《中华民国宪法史料》，台北：文海出版社 1974—1982 年版。

② 《中华民国临时约法（1912 年 3 月 11 日）》，第 2~4 页，见沈云龙主编：《近代中国史料丛刊续编》第八十一辑《中华民国宪法史料》，台北：文海出版社 1974—1982 年版。

③ 孙中山：《中国同盟会革命方略（1906 年秋冬间）》，见《孙中山全集》第一卷，北京：中华书局 2011 年第 3 版，第 297 页。

④ 孙中山：《中国同盟会革命方略（1906 年秋冬间）》，见《孙中山全集》第一卷，北京：中华书局 2011 年第 3 版，第 296 页。

个省选举孙中山①，因此孙中山在南京临时政府中的地位是毋庸置疑的。自由主义意识形态通过资产阶级领导的辛亥革命，进而组织政府，制定约法，第一次在中国上升为国家意识形态。

虽然辛亥革命开启了中国政治道路由帝制向共和的转变过程，但"民主共和"这种新的政治方向在南京临时政府时期的中华民国，还只是曙光初露，远未达到兴盛的程度。初入中国、以"民主共和"为外在表现形式的自由主义意识形态，虽然在南京临时政府的主持下以宪法的形式确立了其价值正义性，但是无论从社会经济结构、政治势力对比、民众心理，还是民众政治参与能力上来说，中国都尚未具备实行"欧美之法"的实际条件。

自由主义意识形态既在南京临时政府时期上升为国家意识形态，它就必然试图在政治实践中以自上而下的方式推行。而中国原有的较为成熟的意识形态——儒学，就必然成为其推行的最大阻力。1905年废除科举制，使儒学逐渐丧失了制度保障和文化向心力；1911年辛亥革命，终结了儒学在意识形态上的优势地位。"上层建筑的上层建筑"虽然已经转变，但"上层建筑"与"经济基础"以及社会行为习惯、民众心理仍受传统意识形态的支配。在这种状态下，南京临时政府为推行以"自由、平等、博爱"为要旨精神的自由主义意识形态，就必然要排斥

①　参见张宪文：《中华民国史》第一卷，南京：南京大学出版社2005年版，第92页。

"三纲五常"的儒学意识形态。这一时期政体改革似乎比较顺利，礼仪服饰改革也没有多大阻力。两大意识形态在民国初年的矛盾冲突，主要集中在教育领域的读经之争和信仰领域的拜孔之争等方面。

（二）南京临时政府的教育改革及其对儒学的冲击

辛亥革命后自由主义意识形态挟革命之威迅速传播，自由、平等、民主思想在教育以及宗教领域的影响是这一过程的集中体现。而在上述领域，自由主义的传播与儒学的自救，是这一时期意识形态领域的基本特点。

教育领域的新旧更替并不是自辛亥革命开始的。早在清政府时期，就已经在西学体系的冲击下开始逐步进行学制改革。废私塾，设学堂；增设科学、洋文课程，引进文理医工的西学体系；及至 1905 年废除科举制。虽然如此，但经学在《奏定学堂章程》所规定的教育体系中的主导地位一直没有动摇。

教育领域的改革并不自南京临时政府始，晚清时期的教育改革虽然受新式学堂的影响，但是仍最大程度保留了"中国经史之学"的教育内容。1903 年，由张百熙、荣庆、张之洞制订的《奏定学堂章程》规定，学堂立学宗旨"均以忠孝为本，以中国经史之学为基"[1]。张百熙等认为："若学堂不读经书，则是尧舜禹汤文武周公孔子之道，所谓三纲五常者尽行废绝，中国

---

[1]　张百熙、荣庆、张之洞：《重订学堂章程折》，见舒新城编：《中国近代教育史资料》上册，北京：人民教育出版社 1981 年版，第 195 页。

必不能立国矣。学失其本则无学，政失其本则无政。其本既失，则爱国爱类之心亦随之改易矣。安有富强之望乎?"① 考虑到学堂的教学特点，《章程》对传统的读经方法做了一些合乎实际的修改——"现办中小学堂，科学较繁，晷刻有限。若概令全读《十三经》，则精力日力断断不给，必致读而不能记，记而不能解，有何益处。且泛滥无实，亦非治经家法。兹为择切要各经，分配中小学堂内。"② 清末学制改革虽引进西学，但以读经而传承三纲五常思想，以强调君臣父子之义而巩固帝制等级秩序的意图是一以贯之的。这是南京临时政府主张教育改革的基本背景。

南京临时政府成立之后，国民政府即以蔡元培为临时政府教育总长。蔡元培在全国临时教育会议上报告开会缘由时认为："中国政体既然更新，即社会上一般思想，也随之改革。此次教育会议就是全国教育改革的起点。"蔡元培也明确意识到了君权社会与民主社会的教育差别："君主时代之教育方针，不从受教育者本体上着想，用一个人主义或用一部分人主义，利用一种方法驱使受教育者迁就他之主义。民国教育方针应从受教育者本体上着想，有如何能力，方能尽如何责任；受如何教育，始能具如何能力。"③ 在蔡元培的主持下，南京临时政府教育部制

---

① 张百熙、荣庆、张之洞：《学务纲要》，见舒新城编：《中国近代教育史资料》上册，北京：人民教育出版社1981年版，第200页。

② 张百熙、荣庆、张之洞：《学务纲要》，见舒新城编：《中国近代教育史资料》上册，北京：人民教育出版社1981年版，第201页。

③ 上引《特别记事：临时教育会议日记》，《教育杂志》1912年第4卷第6号。

定了新的教育宗旨，"注重道德教育，以实利教育、军国民教育辅之；更以美感教育完成其道德"①。蔡元培在此前就公开发表了自己对新教育方针的观点，认为军国民教育、实利主义教育、公民道德教育、世界观教育、美感教育"五者，皆今日之教育所不可偏废者也"②。临时政府教育部颁布的教育宗旨即以蔡元培的主张修改而来。

蔡元培认为，民国新教育宗旨与清朝颁布的教育宗旨"忠君、尊孔、尚公、尚武、尚实"相比，"尚武，即军国民主义也。尚实，即实利主义也。尚公，与吾所谓公民道德，其范围或不免有广狭之异，而要为同意"③。因此新教育宗旨最大的变化，在于明确提出废除忠君尊孔。"忠君与共和政体不合，尊孔与信教自由相违。"废忠君尊孔的教育宗旨，就是在教育上废三纲五常。蔡元培等明确意识到，受尊孔读经的、忠君尽孝的、以"三纲五常"为内容的教育的国民，所具有的只能是侍君侍父、遵圣循规的"能力"，所能尽的责任只能是维护一姓一朝之传承，在清末的具体表现就是忠于清廷，认"大清帝国万世一系"为天下正统。因此，"忠君""尊孔"是不能存在于新生的中华民国中的，也绝对无法和"民权""共和"兼容。在蔡元培

---

①　《教育部公布教育宗旨令》，《教育杂志》1912 年第 4 卷第 7 号。

②　蔡元培：《对于新教育之意见（1912 年 2 月 8 日）》，见《蔡元培全集》第二卷，杭州：浙江教育出版社 1997 年版，第 14 页。

③　蔡元培：《对于新教育之意见（1912 年 2 月 8 日）》，见《蔡元培全集》第二卷，杭州：浙江教育出版社 1997 年版，第 16 页。

等人的设想中，取代三纲五常的，就是来自法国的自由、平等、亲爱理念。"何谓公民道德？曰法兰西之革命也，所标揭者，曰自由、平等、亲爱。道德之要旨，尽于是矣。"①

在一破一立中，蔡元培也注意到了新旧衔接的必要性，因此用儒学的内容对此做了解释——"自由者，'富贵不能淫，贫贱不能移，威武不能屈'是也，古者盖谓之义。平等者，'己所不欲，勿施于人'是也，古者盖谓之恕。友爱者，'己欲立而立人，己欲达而达人'是也，古者盖谓之仁"②。南京临时政府教育部颁布的教育宗旨令首重道德教育，而国民道德为"自由、平等、亲爱"，自由主义的精神就成了"公民道德的纲领"。③依据新教育宗旨，教育部又衍生出"小学读经科一律废止"等具体规定，在这种风气下教育会议中和社会上又出现"学校不拜孔子"之类的讨论。

辛亥革命之后，在自由主义意识形态的"民主""自由"等观念的冲击下，旧式的教育体系全面崩溃，连"经学"这块最重要的也是最后的"保留地"都要保不住了。自由主义意识形态在教育领域的表现，集中在教育宗旨的改革和废止前清教材、废止小学读经的规定以及"学校不拜孔子"的讨

---

① 蔡元培：《对于新教育之意见（1912年2月8日）》，见《蔡元培全集》第二卷，杭州：浙江教育出版社1997年版，第10页。

② 蔡元培：《自写年谱》，见《蔡元培全集》第十七卷，杭州：浙江教育出版社1998年版，第461页。

③ 蔡元培：《自写年谱》，见《蔡元培全集》第十七卷，杭州：浙江教育出版社1998年版，第461页。

论方面。

南京临时政府教育部废止读经的缘由，教育部的通令表述很清楚：凡各种教科书，务合乎共和民国宗旨。清学部颁行之教科书，一律禁用，"如学校教员，遇有教科书中不合共和宗旨者，可随时删改"，紧接着下一条即规定"小学读经科，一律废止"。①既然读经不符合新的教育宗旨，又因其宣扬的三纲五常思想与"共和宗旨"不合，因此废止读经在自由主义立场和逻辑上来看是毫无问题的。由此可见，废止读经背后的理论依据之一就是"民主共和"思想。与此同时，在南京临时教育会议上，广东教育司司长、基督教徒钟荣光以及萧友梅提出了"学堂不准供奉宗教及神牌位偶像"等议案八条，稍后南京临时政府教育会议于7月15日也讨论了"学校不拜孔子"案。提案者认为，前朝学堂"有拜孔子仪式，孔子非宗教家，尊之自有其道；教育与宗教不能混合为一；且信教自由，为宪法公例，不宜固定一尊"②。这是自由主义及宗教自由立场下对儒学意识形态地位的重大冲击。

南京临时政府的教育改革是在民国政权新立、内政混乱，南北分裂、全国政局动荡的状态下进行的。其大刀阔斧的改革举措毫无疑问是想"毕其功于一役"，这就必然会招致仍有强大

---

① 《中华民国教育部普通教育暂行办法通令》，《教育杂志》1912年第3卷第10号。
② 《特别记事：临时教育会议日记》，《教育杂志》1912年第4卷第6号。

势力的保守派的反对。民国初年读经运动和孔教运动的高涨，其主要刺激性因素之一就是南京临时政府教育部的教育宗旨改革及其一系列新举措。

（三）儒学意识形态在读经与拜孔问题上的激烈抗争

民国初年的读经运动和孔教运动，其实质是儒学意识形态以民间自发的形式对自由主义意识形态的冲击所做的回应，因其都具有尊孔复古的文化保守主义性质而被一些学者合称为"尊孔读经运动"。两者在民国初年的具体诉求确有不同，但孔教运动和读经运动的发轫，在很大程度上受蔡元培和南京临时政府教育部"废经""不拜孔子"的刺激。① 随着康有为、陈焕章等人领导的孔教运动的开展，两种主张逐渐融合为尊孔读经运动。这里为了认识上的清晰，宜以两者的运动主旨为标准做理论探讨上的区分。

民国初年读经运动是对教育部"小学读经科一律废止"的响应。与此针锋相对的是，读经运动的倡导者们所强调的也正是经书中的纲常伦理，以及在君臣、父子、夫妇关系之下由忠孝思想所规定的社会秩序。在主张读经的传统知识分子看来，从个人来说，"六经为身心性命日用彝伦之要旨，无日可缺无人可废"②。从社会来说，"中国数千年来扶伦纪、

---

① 参见房德龄：《儒学的危机与嬗变：康有为与近代儒学》，台北：文津出版社1992年版，第189页。

② 梁士贤：《论今日学校急宜恢复读经》，《孔教会杂志》1913年第1卷第9号。

植纲常，所以相维相系使师师黄种得休养生息于亚洲大陆者，皆懔遵经训之力也。盖法律诛奸惩恶仅能治于已然，经训杜渐防微实能治于未然"①。废止读经，其必然结果就是废除中国原有的社会秩序。这一点在主张废孔与主张尊孔的双方争论中是非常明确的。

一般认为，民国初年孔教运动的最早活动者是康有为的弟子陈焕章。而陈焕章创立孔教会的公开主张则出于康有为信中的指示："近者大变，礼俗沦亡，教化扫地，非惟一时之革命，实中国五千年政教之尽革，进无所依，退无所据。顷并议废孔教，尤为可骇，若坠重渊，渺无所属。呜呼痛哉！自吾中国以来，未危变若今之甚者也。虽然，时变之大者，必有夫巨子出济艰难而救之，今其时也。吾欲复立孔教会以振之。"② 信中数次提及的"议废孔教"，应当是指临时教育会议上钟荣光等人的"不拜孔子"提案。此类提案有两个依据，其一是孔子非宗教家，即儒学不是宗教；其二是宗教信仰自由，不能用国家行政的力量强制遵从。因信仰自由，而不能把某一宗教或学说定于一尊，这在新文化运动时再次热烈争论起来。而对于儒学是否是宗教的讨论，自此以后也是旷日持久却未有定论。其争论发生的源头正在此处。

---

① 《北京孔社呈请大总统准予村塾读经原稿》，《宗圣汇志》1913 年第 1 卷第 4 号。

② 康有为：《致仲远书（1912 年 7 月 30 日）》，见上海市文物保管委员会编：《康有为与保皇会》，上海：上海人民出版社 1982 年版，第 369 页。

　　"学校不拜孔子"案经过再三讨论，议员们认为"若将此案明白宣布，恐起社会上无谓之风潮；只须于学校管理规程内删除此节，则旧日仪式，自可消灭于无形。遂议决此案不成立"①。此案主要提议者之一钟荣光的"学堂不准供奉宗教及神牌位偶像"的主张，被认为"似不专指一教，然现在各学校只奉祀孔子。照此议案，实含废黜孔教之意"。"强抑孔教，力助耶教之进行，窥其意旨，无非欲藉政治之势力而拓教权。"于是广东教育总会，省议会等多次开会议决，"亟行纠举，以正其罪"②。

　　儒学一经废除科举制的削弱，再经政体革命的打击和更深层次的以"自由、平等、亲爱"代替"三纲五常"的思想更化，仿佛已经无所依傍，就要分崩离析了。"儒家的观念如血液贯通在传统中国的整个制度设置中，因此任何的涉及制度层面的变革同时也构成对于儒家观念本身的冲击，并最终摧毁儒家作为国家意识形态的合法性。"③ 然而作为一种较为成熟的意识形态，儒学与其孕育的整个政治生命体共存亡，因而儒学的衰退过程也不可能一蹴而就。

---

　　① 《特别记事：临时教育会议日记》，《教育杂志》1912 年第 4 卷第 6 号。
　　② 以上参见《粤人声讨钟荣光废孔之公案》，《孔教会杂志》1913 年第 1 卷第 1 号。
　　③ 参见干春松：《制度化儒家及其解体》，北京：中国人民大学出版社 2012 年修订版，第 340 页。

二、保守主义道路下帝制儒学的复兴及其制度化转型

自由主义意识形态挟革命之余威、以民主为先锋在中国开出一条道路，儒学意识形态也不得不暂避其锋芒。然而儒学意识形态孕育出的生命体虽然屡受冲击，却不可能在自由主义的一击之下彻底崩溃。在民国初年，儒学对政治制度设计、社会人心依然具有一定的规范引导效用。

（一）意识形态领域旧已破新未立的失序状态

以孙中山为首的革命党人用民族主义推翻清朝政权，用民权主义摧毁君主专制，欲"毕其功于一役"。武昌首义之后，中国南方局势的演变确实实现了政权与政治制度的革命。破旧之后，新局面的建设却并不如人意。南北议和之后，参议院选举袁世凯为临时大总统。原南方革命军在名义上归南京留守黄兴节制。黄兴虽然无心争权，并在裁兵工作完成后即辞职，但南方革命党的势力并未因此消失。南北虽议和，南北方政治势力仍泾渭分明。这种局面一直持续到二次革命后。

在君主专制被推翻、民主共和制得以确立以后，民权（或民主）一时间挟革命之威获得了价值正义性，"自由""平等"等观念也因之大行其道。倡导行"欧美之法"的革命党，羡慕欧美以民主政体而上下一体、国强民富，却并未深刻理解欧洲社会自由、民主背后的法的精神和基督教新教以"意志自由"向善的伦理要求。在中国普通百姓心中，皇帝就是王法的象征，是帝制时代社会规则的核心。有学者明确指出："然而问题在

于，中国毕竟有几千年君主专制的历史，当时绝大多数的中国人毕竟尚不具备民主共和的知识和经验，因此，天子一旦从人们的心目中消失，中国的政治生活不可避免地乱了套。"① 甚至在"民主""自由"的号召下，孔子的"圣人之教"也不必遵从了。

新秩序未及建立，而旧伦理已被抛弃。此时"在制度化儒家被解构之后，统治的合法性由权威性和神秘性转向理性化，在这种转化过程中，民众对新的社会控制方式的敬畏和信任减弱了，进而新的政权缺乏其本该具有的权威性"②。根据孙中山后来的反思以及教"国民之学步"③ 的设想，和蔡元培在北京作的关于民主共和观念的演讲，民国初年民主共和不得实现的问题并不是因为民众对新的社会秩序的不敬畏和不信任，而是民众尚不能了解这种新的"民主"秩序及其行为规则，更勿论去实行了。因此，民主共和的新政权"缺乏其本该具有的权威性"的结论在一定程度上是正确的。这也是袁世凯集团实行保守主义政策的现实依据之一。

对于民众的这种对民主新秩序的茫然，时人曾用戏谑的口气，说出了百姓对自由平等的误解："这自由二字，是随我们意

---

① 庞朴主编：《中国儒学》第一卷，上海：东方出版中心 1997 年版，第366 页。

② 干春松：《制度化儒家及其解体》，北京：中国人民大学出版社 2012年修订版，第 347 页。

③ 孙中山：《建国方略之三·民权初步（社会建设）（1917—1919 年）》，见《孙中山全集》第六卷，北京：中华书局 2011 年第 3 版，第 412~413 页。

志去做的解说。譬如我要吃饭就吃饭，打人就打人，要嫖就嫖，要赌就赌，就连大总统也不能管我的。至于平等两字，是大家都是同胞的意思。譬如爹娘我也可以称兄弟，强盗也可以同大总统做朋友。"① 原文使用这种说法的意图在于指明"自由""平等"的边界，但之所以有指出自由平等边界的必要性，是因为社会上存在着借自由平等之名而肆意妄为的现象。在德国人于上海办的中文期刊《协和报》中，也有人认为"今日之军队，不服上官命令，骄恣专横，奸淫掳掠，无所不为，非尔自由之言所误耶？今日之男女，荡检逾闲，自由婚姻，下堂求去，半途捐弃，夫妇道苦，亦非自由所误耶？今日之学生，旷工玩课，藐视师长，中无主宰，入于歧路，学业未得，习气先深，曰父与母，亦可平等，更非自由两字所误耶？即此三者，难罄万言，自由之祸，甚于洪水，天下滔滔，莫知所返"②。由此可知，这种现象不是偶然、零星出现的。在二次革命爆发之前，对自由平等观念的反思就已经自发出现了。同时应该认识到，此时的反思不同于1913年7月以后的报刊中大量出现的对自由平等的批评。1913年7月以后，舆论界受袁世凯打击国民党和二次革命爆发的政局影响，这时针对自由平等的言论更多的是反映了公众对自由平等观念的政治态度，而对自由平等观念的批评式理解就不具有客观性了。

---

① 楣梁：《说说自由谈谈平等》，《共和言论报》1912年第1号。

② 陈培远：《自由危言》，《协和报》1912年第2卷第21号。

南京留守黄兴对这种社会失序状态非常关注，"睹此危机，五内焦灼"，在致袁世凯、唐绍仪、蔡元培的电文中认为"民国初建，百端待理。立政必先正名，治国首重饬纪。我中华开化最古，孝弟忠信，礼义廉耻为立国之要素，即为法治之精神。"政体和社会习俗的平稳过渡需要秩序，而为了使原有的社会秩序不至于突然崩溃，黄兴当时的主张是以尽职解释忠，以立身解释孝。"盖忠孝二字，行之个人则为道德，范围天下则为秩序。"通篇主旨句应该是"治国首重饬纪"。视孝悌忠信，礼义廉耻为民主社会中的法的精神。"惟比来学子，每多误会共和，议论驰于极端，真理因之隐晦。循是以往，将见背父离母认为自由，逾法蔑纪视为平等，政令不行，伦理荡尽。家且不存，国于何有？"因此提出建议："应请通令全国各学校教师申明此义，毋使邪说横行，致令神明胄裔深入歧趋，渐至纲纪荡然，毫无秩序，破坏公理，妄起私心，人惟权利之争，国有涣散之势。"①

黄兴在稍后复上海昌明礼教社的书信中，更进一步表明了主张礼法的目的："忧时者眷怀世变，疾首痛心，主张政治革命、家庭革命。而不学小夫，窃其词不识其义，或矫枉过正，或逾法灭纪。来书所谓假自由不遵法律、藉平等以凌文化，鄙人亦日有所闻。诚古今大变，为始事诸人所不及料者。前请大

---

① 黄兴：《致袁世凯等电（1912 年 5 月 22 日）》，见湖南社会科学院编：《黄兴集》，北京：中华书局 2011 年版，第 193 页。

总统通令全国学校教师，申明纪纲，即以此等恶习关系民国前途甚巨，实欲遏此横流。诸君创办昌明礼教社，以研究礼法、改良风俗为己任，深明匹夫有责之义，是宣布共和来日夕望而不图得之者也。"黄兴主张申明中国礼义伦常，决不是试图恢复三纲秩序以求得社会稳定。他的设想是："中外治理各不相侔：大抵中国素以礼治，外洋素以法治。吾国礼制，或有失之繁重者，不妨改之从同；外国立法，或有因其宗教沿其习俗者，万不可随之立异。"其目的应是增删、改造本国的"礼义伦常"——"本此意以辨其途径，导以从违，酿成善良风俗，庶几在是。"①

此时作为中华民国临时大总统的袁世凯，则更为重视礼法秩序的问题。事实上，他在随后排斥国民党、斥责自由平等、重新尊孔崇儒时，也是多以重建社会秩序作为理由，才因此走上了用儒学的纲常伦理稳定局面的保守主义道路。袁世凯于1912 年 7 月颁布的《申诰国人恪循礼法令》可以视作北洋军阀集团主导的中华民国走上保守主义道路的开端，但是如果视为袁世凯帝制活动的舆论准备，那就太过武断了。袁世凯在此申令中，首先强调的是南京留守黄兴电称"民国肇造以来，年少轻躁之士，误认共和真理，以放恣为自由，以蔑伦为幸福，纲纪隳丧，流弊无穷"。袁世凯首先介绍黄兴的判断，一方面显示

---

① 黄兴：《复上海昌明礼教社书（1912 年 5 月 22 日稍后)》，见湖南社会科学院编：《黄兴集》，北京：中华书局 2011 年版，第 196~197 页。

袁世凯亲近革命党人，善纳谏言；另一方面又借黄兴革命元勋的身份，为提倡儒学以稳定社会铺平了道路。袁世凯从舆论和价值认同上着手，力图扭转自由主义意识形态广为传播的局势："本大总统深惟中华立国，以孝弟忠信、礼义廉耻为人道之大经。政体虽更，民彝无改。盖共和国体，惟不以国家为一姓之私产，而公诸全体之国民。至于人伦道德之原，初无歧异。古人以上思、利民、朋友、善道为忠，原非局于君臣之际。[……] 自顷以来，人心浮动，于东西各国科学之精微，未能通晓，而先醉心于物质文明，以破个人道德。缘饰哲学，比附名词。厚诬彼贤，私遂己过。抑知立国各有本末，岂能举吾国数千年之嘉言懿行一扫而空。[……] 为此申明诰诫，须知家庭伦理，国家伦理，社会伦理，凡属文明之国，靡不殊途同归。此八德者，乃人群秩序之常，非帝王专制之规也。当此存亡绝续之际，固不必墨守旧说，拘拘于一家之言，亦岂可侵轶范围，毁冠裳而随鳞介。惟愿全国人民恪循礼法，共济时艰。"①

袁世凯虽也称孝悌忠信礼义廉耻"此八德者，乃人群秩序之常，非帝王专制之规也"，但通篇主旨应该是"政体虽更，民彝无改"，认为"家庭伦理、国家伦理、社会伦理，凡属文明之国，靡不殊途同归"。这就暗示了儒学之"八德"在民国时代也没有改造或者毁弃的必要，国人仍需以"人道之大经"视之。

———————

① 袁世凯：《申诰国人恪循礼法法令（1912 年 9 月 20 日）》，见骆宝善、刘路生主编：《袁世凯全集》第二〇卷，郑州：河南大学出版社 2012 年版，第 420 页。

这就与黄兴提议的初衷有了本质的差别，即袁世凯的主张是复古尊孔，而黄兴的主张是改造儒学。但这一差别在二次革命爆发之前并未完全显现出来。

（二）二次革命后的保守主义道路与意识形态转向

民国初年新旧势力在政治、意识形态等方面的主张存在着明显的矛盾，这些矛盾冲突之所以尚未全面爆发，一方面是因为北洋派和革命党都不认为己方能够完全掌控清帝国崩溃后的局面，因此抱有"共济时艰"的态度；另一方面则是因为两派都尚未形成一个切实可行的有关国家建设的方案，尤其是没有形成一套成熟的政治运作架构，两派面对多变的政局往往陷于疲于应付的境地。①

然而各方矛盾的平衡状态只是暂时性的，这种过渡局面必然会因为新旧两派政治主张的逐步成熟而被打破。国家应该走什么路，由谁来领导，这是新旧过渡阶段必须要回答的问题；无论是宋教仁还是袁世凯，在这个问题上的选择性空间都不大。而宋教仁的政党内阁主张就是国民党所提出的国

---

① 袁世凯在武昌起义爆发之后，在保皇与革命之间摇摆不定，后又在君宪与共和之间反复，可见袁世凯对大局始终缺乏一种清晰的判断。孙中山等人虽然有效法欧美的政治主张——三民主义学说，但并未制定出一条合理的实践方案，孙中山在二次革命失败后也承认"当时同志鼓吹革命，全凭着一腔热血，未曾计划革命成功以后怎样的继续进行，怎样的完全达到我们的目的和主义。所以武昌起义成功以后，同盟会的同志就不能再往前做去，以致失败"。孙中山：《在上海中国国民党本部会议的演说》（1920 年 11 月 4 日），见《孙中山全集》第五卷，北京：中华书局 2011 年第 3 版，第 390~391 页。

家建设方案，这条趋新的路，在主导政局的袁世凯看来无异于夺权叛乱。宋教仁遇刺使得两派在政见、人事以及权力归属等方面的矛盾同时爆发，这些矛盾的集中爆发引发了政局的剧烈变动，袁世凯在应对这个变局的时候也经历了一个由被动到主动的过程。袁世凯在基本掌控大局之后即向国民党发难，一方面是为了排除异己，但另一方面也有彻底推行其保守主义政治设计的动因。如果仔细考察袁世凯在二次革命爆发前后的一些主张，就能看出他在推行中央集权和提倡儒学等方面存在着政策上的一贯性，只是这些政策是在二次革命被镇压并清除异己力量之后才真正全面实施的。袁世凯走上保守主义政治道路①的显著特征就是推行军民分治和废督、废除国会和政党而加强中央集权，打压革命党人而启用旧官僚，排斥自由民主而推行祭孔读经。

"事在四方，要在中央。圣人执要，四方来效"② 是帝制儒学意识形态关于政治架构设计的特色之一。政令畅通一直是政治清明的必要保障。在帝制儒学意识形态的政治设计指引下，削弱地方权力、加强中央集权是袁世凯一贯的政治主张，防止地方实力派坐大是袁世凯就任临时大总统之后的行政着力点之

---

① 关于二次革命后袁世凯走上保守主义道路的论述，参见费正清编，杨品泉等译：《剑桥中华民国史》（上卷），北京：中国社会科学出版社 1994 年版，第 228~229 页。

② 王先慎著，钟哲点校：《韩非子集解》，北京：中华书局 2013 年版，第 47 页。

一；区别仅在于，二次革命之前地方反对势力主要是国民党，二次革命后地方不稳定势力是"因建功而坐大的北洋系将军们"①。早在二次革命爆发之前，袁世凯就借黎元洪之口提出了军民分治的举措②，并在1913年规定"各省应设民政长"，除了江苏、江西、福建、湖北、山西、四川已经设立民政长，其他各省由都督暂行兼署。③ 同时，又设立盐运使一职把地方盐政收归国有，"关于全国盐务产运行销，用人设局，均责成财政部督饬各处盐运使查照向章，切实办理"④。虽然各省都督如李烈钧、程德全、胡汉民等人强烈反对"军民分治"和"盐政改革"，但这些"强干弱枝"的政令还是一步步推行了下去。到宋教仁遇刺，中央与地方的矛盾、北洋派与国民党的矛盾就纠缠到一起了。袁世凯在江西战事爆发前即公开表示："今天的问题不是南北问题，而是地方反抗中央的问题。"⑤ 李烈钧、胡汉民等人以地方都督身份坚持党见和"地方自治"，拒不执行中央政令，也就处

① 胡春惠：《民初的地方主义与联省自治》，北京：中国社会科学出版社2001年版，第91页。

② 即《黎副总统为军民分治致袁总统暨各省电》，相关讨论参见胡春惠《民初的地方主义与联省自治》，北京：中国社会科学出版社2001年版，第63~65页。

③ 袁世凯：《各省设立民政长令》（1913年1月10日），见骆宝善、刘路生主编：《袁世凯全集》第二一卷，郑州：河南大学出版社2012年版，第373页。

④ 袁世凯：《整理盐务令》（1913年1月6日），见骆宝善、刘路生主编：《袁世凯全集》第二一卷，郑州：河南大学出版社2012年版，第329页。

⑤ 陶菊隐：《北洋军阀统治时期史话（上）》，太原：山西人民出版社2013年版，第173页。

于"名不正言不顺"的尴尬地位。而北京政府是全国唯一合法的中央政府，是得到包括国民党在内的各方势力承认的，袁世凯在此时毫无疑问占据着"师出有名"的政治正确。此前北洋派与国民党的政体之争，也直接影响了民众对二次革命的认识："当时的舆论很少注意到袁与讨袁军谁是谁非的问题，而只认为这是北洋派与国民党的权利地位之争，与老百姓没有什么相干。"①

二次革命的爆发，不仅仅是国民党与北洋派在中央政府组织形式上的矛盾的激化，也是地方实力派与中央政府之间激烈争夺地方统治权的结果。以二次革命的爆发地江西为例，1913年6月9日袁世凯以"不称厥职"为由，下令免去李烈钧的江西都督之职，其实是"一石二鸟"之策——袁世凯很了解宋教仁被刺后一部分国民党员激愤的状态和各种不公开的敌对活动，已经做好了武力镇压国民党地方实力派的准备，因此一方面以中央政府名义剥夺国民党地方实力派李烈钧的兵权，李若反抗则师出有名；另一方面则顺势推行他"军民分治"的政治设计，在免去李的江西都督之职后，又任命欧阳武为江西护军使、贺国昌为江西护理民政长，同时又任命陈廷训为湖口要塞司令，这就使军权与民政权彻底分离，并且把江西兵权一分为二。袁世凯通过二次革命翦除异己的革命党力量，削弱各省都督的军权、民政权和财政权，仅仅是其中央集权的第一步。他的第二

———————————

① 陶菊隐：《北洋军阀统治时期史话（上）》，太原：山西人民出版社2013年版，第176页。

118

步目标也很明确：在地方上裁撤都督，设立各种名号的将军、巡按使、检阅使等职，把一省都督的军事、民政二权彻底分离；并在中央设"陆海军大元帅统率办事处"以掌控中央军政，设"将军府"以羁縻地方军权过大的将军，试图以羁縻政策把武将笼络起来，将最高权力集中在大总统一人手中。地方上的"军民分治""废督裁兵"与中央"将军府""模范团"的举措互相配合，是袁世凯把地方军权收归中央的重要举措。这些举措一方面是为了推行中央集权，另一方面是为了清除异己，于是拿李烈钧、柏文蔚、胡汉民等国民党派军人开刀。二次革命后袁世凯与段祺瑞的交恶，也是袁世凯中央集权政策推行的必然结果。到 1915 年，袁世凯基本完成了"军民分治"和军权收归中央，但这是以北洋多数将领对袁的离心离德为代价的。①

袁世凯加强中央集权的另一项措施是调整中央行政机构。二次革命之前的袁唐内阁之争、袁宋政体之争和二次革命后废除国会设立政治会议和约法会议、废除内阁设国务卿等，实质上都是袁世凯中央集权举措的持续推进。二次革命后国民党由开创新政权的革命党变为"乱党"，全国各地的国民党议员或声明脱党，或被废除议员资格，尚留在国会中坚持"议会斗争"的国民党派议员因与南方起义的革命党人交往的信件被查获，袁世凯遂以"乱党魁首与乱党议员潜相构煽"的罪名取消了国民党派的议员资

---

① 参见张宪文《中华民国史》第一卷，南京：南京大学出版社 2006 年版，第 151 页。

格。① 国会因不足法定人数而无法开会，第一届正式国会于是在完成"选举任务"后寿终正寝。二次革命爆发前，杨士琦就做过预判，"等到国民党（同盟会改组为国民党）被他铲除了，他（指袁世凯）必将废止内阁制的临时约法而代之以总统制的新宪章。以后的政治趋向，总不外乎维新或守旧的两途，维新就要起用新人才推行新政，守旧就要把从前的旧官僚找出来恢复一切旧的规章制度"②。

在袁世凯公布所谓"中华民国约法"后，袁世凯设政事堂以代替国务院作为执行政令的中枢机构，并请隐居青岛的徐世昌出任国务卿。徐世昌③的作用不仅是在人事上，更重要的是徐世昌有丰富的政治经验和容纳中西、新旧的政治手腕，是袁世凯推进中央集权的重要倚仗。"恢复清朝制度，推行复古运动，是袁徐二人志同道合的大政方针。"④ 从这一点来看，徐世昌出任国务卿是袁世凯保守主义道路进入正轨的标志性事件。武昌

---

① 参见马震东《袁氏当国史》，北京：团结出版社 2008 年版，第 171 页。

② 陶菊隐：《北洋军阀统治时期史话（上）》，太原：山西人民出版社2013 年版，第 225 页。

③ 袁徐两人相识于光绪四年，定为八拜之交，袁世凯曾资助徐世昌入京应试。徐世昌于光绪十二年中进士后，任翰林院编修，袁世凯小站练兵时奏调徐会办参谋营务处，入北洋系统。后来徐借袁世凯保举之力扶摇而上，从京畿营务处一跃升至商务左丞，后又升兵部左侍郎，不久即参与军机事务。徐世昌在任东三省总督时，以唐绍仪、朱家宝、段芝贵为奉、吉、黑三省巡抚。参见沈云龙：《徐世昌评传（上）》，北京：中国大百科全书出版社 2013 年版，第1~3、19~20、45~46 页。

④ 陶菊隐：《北洋军阀统治时期史话（上）》，太原：山西人民出版社2013 年版，第 244 页。

起义后，徐世昌极力保荐袁世凯，又充当袁世凯与皇室之间的联络人，对袁世凯重掌大权出力甚大。清帝退位以后徐世昌以遗老自居，隐居青岛。"然虽居青岛，而与袁氏信使往来，月恒数起。"① 徐世昌不仅是袁世凯的头号智囊，也是袁世凯起用旧人的一个纽带。"项城召东海，旧官僚弹冠相庆矣。"② 在革命党人被镇压通缉以后，国内最有影响力的政治群体就是北洋武人集团和前清士人集团，袁世凯不能不倚重他们以维持统治。"在徐上台以前，民国只剩下了一块空招牌，而在徐上台以后，'前清遗老'和一般政治寄生虫就更加活跃地爬上了政治舞台，成为一时的中心人物。"③ "袁任命徐世昌为国务卿，并不是要把老朋友找出来同享荣华富贵，而是看中他是这个时期最适宜的政治工具。"④ 徐世昌在袁世凯保守主义政治道路中的作用，目前还有一些更深层次的意义有待挖掘。

在镇压二次革命后，虽然袁世凯颁布了《公布附乱自首特赦令》⑤，并派蒋士立到东京设立招降办事处，试图对部分革命

---

① 沃丘仲子：《徐世昌》，上海：崇文书局1918年版，第23页。青岛是清皇室和遗老的聚居地之一，徐世昌在青岛时与他们交往非常密切。参见徐世昌：《徐世昌日记》第8卷，北京：人民出版社2015年版，第3645～3680页。

② 陶菊隐：《政海轶闻》，重庆：独立出版社1945年版，第47页。

③ 陶菊隐：《北洋军阀统治时期史话（上）》，太原：山西人民出版社2013年版，第244页。

④ 陶菊隐：《北洋军阀统治时期史话（上）》，太原：山西人民出版社2013年版，第243～244页。

⑤ 参见袁世凯《公布附乱自首特赦令》(1915年1月1日)，见骆宝善、刘路生主编：《袁世凯全集》第三〇卷，郑州：河南大学出版社2012年版，第6～7页。

党人进行拉拢，并取得了一些效果。① 但革命党人作为一个群体，已经与袁世凯彻底决裂，不再有合作的可能性。因此在这种情况下，袁世凯只有启用前清旧人稳定政局。1913 年 12 月，袁世凯组织了由各省特派代表、蒙藏特派代表、国务总理特派代表、总统府特派代表等组成的政治会议代替国会，作为政府咨询机关，并任命李鸿章之子前清云贵总督李经羲为议长。② 地方政府官员的聘任也逐渐向前清士人集团倾斜。这一文官选任原则不仅使其能够削弱各省督军及武将的权力，而且使他"将此视为其建立独裁政体发展方向"。③ 1914 年 2 月 15 日举行的第一届县知事考试，落第者六百余人联名写信给主考内务总长朱启钤："学生等经第一试、第二试揭晓后，多列前茅。孰意一经口试，大反前案，凡录取者尽是有经验之老人。学生等均以未曾做过前清十年亡国大夫，年龄未达 50 岁，离死期尚远，竟不能邀口试委员之青睐而概遭摈斥。夫政府既抱定用人求旧、力排新进之方针，即不应规定毕业资格。乃条例若彼，而考试若此，何以见信于天下？"④

---

① 陶菊隐：《北洋军阀统治时期史话（上）》，太原：山西人民出版社 2013 年版，第 209 页。

② 同时规定议员资格为年龄三十五以上，有十年以上政治经验。参见马震东：《袁氏当国史》，北京：团结出版社 2008 年版，第 174～175 页。

③ 费正清编，杨品泉等译：《剑桥中华民国史》（上卷），北京：中国社会科学出版社 1994 年版，第 231 页。

④ 陶菊隐：《北洋军阀统治时期史话（上）》，太原：山西人民出版社 2013 年版，第 245～246 页。北京政府举行第一届县知事考试内容，参见记工编：《历史年鉴 1914》，长春：吉林文史出版社 2006 年版，第 39 页。

在这种任人唯旧的风气之下，参议院参政程树德密呈恢复科举制，徐世昌倡导恢复前清的礼仪习俗，康有为、陈焕章等再次强烈主张立孔教为国教，袁世凯又上演祭孔祭天的闹剧。故时人有评论认为："今之中国，直呈一退化之现象。由政治上观之，则事事力求复古，而新者日以划除；由社会上观之，则气象愁惨，无复数年前活泼进取之景象。是非其自然退化也，实有为之障者，欲使国家社会，渐停顿退步，而不许其向开明之轨道以进行。"①

（三）保守主义道路下帝制儒学意识形态的复兴

如果说制度的变革和人事的更替是政治道路转变的实体，那么袁世凯推崇儒学而贬斥自由主义自由民主观念的一系列举措则是保守主义逐步落实的引幡。在南北战事一触即发之际，袁世凯于1913年6月22日就发布《重行祀孔典礼令》，在此前恪循礼法令的要求上更进一步——"惟此礼义廉耻之防，欲遏横流，在循正轨。总期宗仰时圣，道不虚行。以正人心，以立民极。"具体做法是"查照民国体制，根据古义，将祀孔典礼折衷至当，详细规定，以表尊崇而垂久远。"此时袁世凯政府的祀孔与之前申诰国人恪循礼法的做法有一条一以贯之的主线，那就是"治国首重饬纪"，"在循正轨"，强调恢复帝制儒学所规定的社会秩序；而黄兴在1912年提倡忠孝的做法强调的是"个人道德"和"天下秩序"，指向在

---

① 吴钧：《进化与退化》，《庸言》1914年第2卷第5号。

于"法的精神"。两者的主张看似相近，实则在最终指向上是不同的。此时袁世凯着重批评以自由平等为依据排斥儒学的做法，矛头直指南京临时政府时期的教育改革："近自国体改革，缔造共和，或谓孔子言制，大一统而辨等威，疑其说与今之平等自由不合。浅妄者流，至悍然倡为废祀之说。此不独无以识孔学之精微，即于平等自由之真相，亦未有当也。"① 这一时期袁世凯的保守主义主张还是缓和的，政治道路转轨的初期只是用引导的办法，以祀孔复兴儒学，而并未旗帜鲜明地打压自由平等共和等新观念，仍抱有"巩共和于不敝"的目的，对自由主义意识形态还并未明确使用镇压的手段。

北京政府教育部于 1913 年 9 月 17 日对袁世凯的尊孔崇儒令做出反应，向各省都督、民政长下发"定孔子诞辰为圣节"的电文。电文中定旧历八月二十七日为孔子生日，"令各学校放假一日，并在该校行礼，以维世道，以正人心，以固邦基，而立民极"。并明令各都督民政长官"请即转饬所属，一体遵照"。② 这就与蔡元培主持的全国临时教育会议时协商的"于学校管理规程内删除此节，则旧仪式自可消灭于无形"的主张背道而驰了，这是教育界崇儒学而抑自由主义的保守主义政治立场的明

---

① 本段所引内容见袁世凯《重行祀孔典礼令》（1913 年 6 月 22 日），见骆宝善、刘路生主编：《袁世凯全集》第二三卷，郑州：河南大学出版社 2012 年版，第 67 页。

② 《教育部关于定孔子诞辰为圣节致各省都督等电》（1913 年 9 月 17 日），见中国第二历史档案馆编：《中华民国史档案资料汇编第三辑·文化》，南京：江苏古籍出版社 1991 年版，第 2 页。

确表态。到 1915 年 1 月，又颁布新教育宗旨为"爱国、尚武、崇实、法孔孟、重自治、戒贪争、戒躁进"，强调"使中华民族为大仁、大智、大勇之国民，则必于忠孝节义植其基"。在法孔孟一条强调仁义"以不好犯上作乱为仁之本"，"吾国民诵习孔孟之言，苟于其所谓居仁由义而求得共和法，治国为人之真谛，将见朝野一心，共图上理"。① 随后各省教育厅和多县教育局纷纷下发"祭孔"指令，教育界于是又恢复了以儒学与祭孔为主导的旧貌。

儒学与宪法的关系也在此时被赋予了意识形态斗争与政治道路转轨的意味。当制定正式宪法被袁世凯提上日程后，民间以孔教会为代表的尊孔组织，因在南京临时政府宣传自由平等新思想的过程中深刻体会到了宪法条文"宗教信仰自由"的法律权威，在此时欲以宪法作为"昌明孔教"的依据，于是借重新制宪的机会上书参众两院请愿"奉孔教为国教"。孔教会陈焕章执笔的《上参众两院请定国教书》送达参众两院并在《时报》上公开发表以后，即在社会上得到了众多响应。据《宗圣汇志》《孔教会杂志》《宪法新闻》《申报》等刊载，闽省议会、黔省议会、皖省议会、新省议会，以及四川教育会、湖北省教育会、山西教育界、广东教育司、扬州教育会等机构皆主张"定孔教为国教加入宪法"。在

---

① 《袁世凯颁定教育宗旨令》（1915 年 1 月 1 日），见中国第二历史档案馆编：《中华民国史档案资料汇编第三辑·教育》，南京：江苏古籍出版社1991 年版，第 25~35 页。

1913 年 8 月至 10 月间，通电主张定孔教为国教的各省都督及地方长官先后有浙江都督朱瑞、山东都督靳云鹏、副总统湖北都督黎元洪、广东都督龙济光、河南都督张镇芳、江西都督李纯之、云南都督谢汝翼、广西都督陆荣廷、安庆都督倪嗣冲、吉林都督孟恩远、武卫前军军统张勋、山西都督阎锡山、江苏都督冯国璋、浙江都督杨善德等。①

　　袁世凯政府的宪法顾问、日本人有贺长雄认为："居今而言保守，不但须将通国之中，所有被服儒术，崇奉孔教者，总括为一团体，由国家公认而保护之。且于宪法特著明文，以此为国家风教之大本。"② 1913 年 10 月 31 日通过的《中华民国宪法草案》（即《天坛宪法草案》）虽然没有明确把孔教列为国教，却采取了变通的形式——宪法第 19 条规定"国民教育以孔子之道为修身大本"。③ 这场由孔教会牵头，由一部分国会议员、地方都督及民政长官和各省市教育界共同推动的国教请愿运动，所表达的不仅仅是儒学在社会上还有巨大的号召力；更重要的是，这是在二次革命以后政界和学界对袁世凯借"尊崇孔圣"

　　① 参见《政海宪潮：各省请定孔教为国教之电文》，《宪法新闻》1913年第 21 期。

　　② 有贺长雄：《宪法须规定明文以孔教为国家风教之大本》，《孔教会杂志》1913 年第 1 卷第 7 号。

　　③ 《中华民国宪法案》（1913 年 11 月 1 日），第 2 页，见沈云龙主编《近代中国史料丛刊续编》第八十一辑《中华民国宪法史料》，台北：文海出版社 1974—1982 年版。

所表明的治国道路的拥护态度。①

　　这个由袁世凯所主导的、从自由主义意识形态到儒学意识形态的转变，同时伴随着国民党政治势力由盛而衰，北洋集团政治势力由削而长的变化。这个转变过程与孙中山在政治上实行民主革命，蔡元培在教育上推行"自由平等博爱"时先破后立的急切不同，颇有政治经验的袁世凯采取了先立后破的办法，使意识形态实践道路的转变以较为平稳的状态完成。在1913年6月袁世凯政府明白宣布《重行祀孔典礼令》即尊崇孔圣并得到社会响应之后，北京又于11月26日发布《尊崇孔子令》，"所有衍圣公暨配祀贤哲后裔，膺受前代荣典、祀典，均仍其旧"，并要求尊圣典礼要"详稽故事，博考成书，广征意见，分别厘定，呈候布行"②。保守主义道路已然得到响应，袁世凯就可以

　　① 在复兴儒学、批评自由平等的一立一破的过程中，针对袁世凯恢复祀孔，也曾有国会议员以祀孔违背约法信教自由，祀孔命令未交国会议决等理由质问政府，国务院以"无答复之必要"相敷衍。参见《内务部关于众议员罗永绍等为祀孔典礼令未经会议议决违反约法信仰自由问题致国务院复函》（1913年9月29日），见中国第二历史档案馆编：《中华民国史档案资料汇编·第三辑·文化》，南京：江苏古籍出版社1991年版，第3页。在立"孔教"为国教的请愿运动中，《宪法新闻》记载了民间的许多反对之声。又有张耀垣的《孔教定为国教驳议》（《直隶教育界》1913年第4期），张东荪的《余之孔教观》（《庸言》1913年第1卷第15号），章太炎的《驳建立孔教议》（《雅言》1913年第1期）等人从学理上的批评，《协和报》也记载了"耶教""回教"反对立"孔教"为国教的通电，但是相比于各省都督、尊孔组织的支持，这种反对之声就不足以影响大局了。
　　② 袁世凯：《尊崇孔子令》（1913年11月26日），见骆宝善、刘路生主编《袁世凯全集》第二四卷，郑州：河南大学出版社2012年版，第309页。

大胆地向自由主义意识形态开刀了。1913 年 12 月，袁世凯在政治会议开幕式上发表长篇"训词"，开始旗帜鲜明地推行保守主义政治道路："今之人动曰平等，抑知外人所谓平等者，人格之平等，法律上之平等也。并非部长可与书记平等，师长可与士兵平等，校长可与学生平等。破坏之徒，假平等之名，以图扰乱。不知者往往误会其恉，以为无一不可以平等。于是种种犯上作乱之事，遂因之发生矣。今之人动曰自由，抑知外人所谓自由者，乃法律中之自由，并非法律范围以外悉可自由也。似此支离灭裂，必至变而为土匪国，变而为禽兽国。夫至沦于土匪禽兽，则外人安有不瓜分之理。……大抵近今时弊，多由误会，往往以新政之美名，为暴徒所假借。……改革之后，民主政体虽已告成，试问人民之疾苦、利害，谁复措意。甚至以昌言民主之人，为残害生民之举。广东、湖南等省前辙具在，天下有此民主乎？……乃以主张共和政体之人，往往不守法律；侈谈共和精神之人，往往阴谋分裂。而不明事理者辄盲从之，托名为共和政治，实成为暴民专制，误会之点，莫大于此。"①这是意在指责以国民党为首的新派势力借平等、自由、民主、共和的"美名"而破坏国家的统一稳定。显而易见，广东、湖南的"前辙"指的是在二次革命中国民党派军人的反抗，这就把国家动乱的罪责推到国民党的身上。

---

① 袁世凯：《在总统府居仁堂召集政治会议委员训词》（1913 年 12 月 15日），见骆宝善、刘路生主编《袁世凯全集》第二四卷，郑州：河南大学出版社 2012 年版，第 428～429 页。

　　同时袁世凯明确提出传统秩序与民主新秩序的矛盾，并宣示了自己的立场："从前典章法度，非仅一朝之计划，每经大圣大贤之教，泽于历代。政治家累次考究损益，其中亦有精意存焉。故目下之目的，虽在于维新，而数千年来固有之法意，亦不能一笔抹煞。［……］夫《约法》乃南京临时参议院所定，一切根本皆在《约法》。而《约法》因人成立，多方束缚，年余以来，常陷于无政府之地，使临时政府不能有所展布，以遂野心家之阴谋，置国家安危存亡于不顾，致人民重受苦痛。［……］现在救国之计，尤须有强有力之政府，若全国等于散沙，则法令亦无效力。"① 这段训词奠定了政治会议的讨论基调，即"前典章制度"非常重要不能"一笔抹煞"；"有强有力之政府"是政治稳定的保障，这是整顿时局乱象的途径。

　　袁世凯通过政治体制变革和意识形态调整两个大动作，完全扭转了南京临时政府时期所设立的三权分立的行政原则和自由主义民主共和的意识形态实践路径。而以中央集权为特点、以帝制儒学意识形态为指导的政治模式，就是一条由中央集权到"圣人当位"再到"天下大治"的保守主义的治国道路。

　　（四）民国初年帝制运动的高涨及制度化转型的尝试

　　袁世凯在政治体制和思想观念等方面的举措，使中国的国家道路迅速由趋新转向保守，在这种保守主义的精神气候推动

---

　　① 袁世凯：《在总统府居仁堂召集政治会议委员训词》（1913 年 12 月 15日），见骆宝善、刘路生主编《袁世凯全集》第二四卷，郑州：河南大学出版社 2012 年版，第 430 页。

下，帝制儒学的意识形态才又重新复活。袁世凯是在帝制儒学意识形态所塑造的环境中成长起来的，因此他的知识世界和从政经验也难以彻底摆脱帝制儒学意识形态的影响。"袁氏与其同时代的杰出人物相似，即努力使中国适应其心目中20世纪的要求时，其个人生活作风牢牢扎根于古老中国的思想与习俗之中"①，在帝制儒学的旧秩序完全崩坏以前，包括袁世凯在内的保守主义者不相信、也不会去真心实践自由主义的民主政治；他们看到的是帝制儒学意识形态在稳定政局方面发挥的巨大作用，于是仍义无反顾地走上保守主义道路。

在保守主义政治道路所营造的尊孔读经、崇儒复古风气的带动下，遗老们以经书故事、礼教纲常为立论出发点，妄图复活他们头脑中由帝制儒学意识形态规定的所谓道统、正统。如果说康有为组织孔教会是以挽救政教礼俗之道统的"巨子"自任，那么劳乃宣、宋育仁、刘廷琛、章梫、郑孝胥等逊清遗老则是以"忠臣不事二主"为正义，仍认紫禁城里的小皇帝为正统。在保守主义的政治道路已经确定的情况下，恢复帝制的言论首先在清遗老中流传开来。在清遗老群体中，劳乃宣、宋育仁的主张最具代表性。

劳乃宣在1914年（甲寅），先后作了两篇文章《续共和正解》《君主民主平议》，连同辛亥年作的《共和正解》一同"印

---

① 费正清编，杨品泉等译：《剑桥中华民国史》（上卷），北京：中国社会科学出版社1994年版，第229页。

行于世"，"主张复辟，作书致徐菊人转达袁氏"。①《共和正解》
作于辛亥革命爆发后，劳乃宣期望以经学的政治逻辑为革命党
人指明"共和"的道路。《共和正解》以《史记·周本纪》"周
召二公共相王室，故曰共和"的历史开篇立论，主张："若夫正
解之共和，则君主居正统之名以镇服天下之人心，政府握大权
之实以担负行政之责任，又有国会处于监察之地位，使不致有
跋扈之虑。有周召之事功无伊霍之流弊，非今日救时之要道哉？
吾愿今之言共和者，恪守正解以维君统而奠民生。"②《续共和正
解》作于1914年6月，这正是袁世凯的《修正大总统选举法》③
动议之时，劳乃宣同样是用经学先例为袁世凯"献计"："今年
为共和三年，至总统十年任满为共和十二年，其时宣统皇帝年
已十八可以亲裁大政。预定是年还政于皇帝，依周之共和十四
年周召还政于宣王故事也。还政之后大清皇帝封项城为王爵世
袭罔替，所以报项城之勋劳亦以保项城之身家也。"④

以经学故事指导现实是中国古代儒生的通常做法，汉代就
有与英美法系遵循先例的判例法类似的"春秋断狱"法的应用，

---

①　劳乃宣：《韧叟自订年谱》，见沈云龙主编《近代中国史料丛刊》第三
十六辑《桐乡劳先生（乃宣）遗稿》，台北：文海出版社1966—1973年版，第
57页。

②　劳乃宣：《共和正解》（1911年），见沈云龙主编《近代中国史料丛
刊》第三十六辑《桐乡劳先生（乃宣）遗稿》，第145页。

③　《修正大总统选举法》（1914年12月29日），见沈云龙主编《近代中
国史料丛刊续编》第八十一辑《中华民国宪法史料》。

④　劳乃宣：《续共和正解》（1914年6月），见沈云龙主编《近代中国史
料丛刊》第三十六辑《桐乡劳先生（乃宣）遗稿》，第151页。

如此则不难理解劳乃宣如此比附经书故事的自信之所由来。他同时又为袁世凯的地位预作设计，主张宣统皇帝复辟后必用袁世凯主持内阁，如此则"非特项城成为不世之奇杰、千古之完人，即攀龙附凤诸人亦仍还为一朝之臣子，不复涉携二之嫌诅，非旋乾转坤之妙用哉？"① 又接连写信给清史馆馆长赵尔巽、前清两江总督周馥、国务卿徐世昌宣扬他的"还政于清"说，期望通过他们"上达天听"。"还政于清"的主张在逊清遗老和满人皇室中广为流传，"到十一月初旬，北京的复辟风说，几有'满城风雨'之势"②，因此肃政使夏寿康认为应"将此等论说，严行查禁"。③

与徐世昌为同榜进士的宋育仁听说了劳乃宣的主张，也大加议论，结果因有复辟清室的嫌疑被传讯。宋育仁随后上书袁世凯欲为自己开脱，认为劳乃宣"徒欲就名词以改政体，为事实上所决不能行"，提出"就政体以改名词"，即承认袁世凯的既得地位，以公举袁世凯为总统比附春秋时诸侯托王于鲁，以清室优待条件比附春秋诸侯共奖王室："援《春秋》托王称公之义，定名大总统独称公，则其下卿、大夫、士有所统系；援《春秋》共奖王室之义，酌易待以外国君主之礼，为待以上国共

---

① 劳乃宣：《君主民主平议》（1914年7月），见沈云龙主编《近代中国史料丛刊》第三十六辑《桐乡劳先生（乃宣）遗稿》，第161页。

② 李剑农：《最近三十年中国政治史》，郑州：河南人民出版社2017年版，第319页。

③ 白蕉：《袁世凯与中华民国》，北京：中华书局2007年版，第140页。

主之礼，朝会有时。是即育仁所主之复辟。"① 这就使复辟的意味由"还政于清"转向了劝袁大总统"托王称公"，把复辟之风渐渐引向了劝进。此时的北京已经形成了"帝制"的局部舆论小气候，其差别仅在于皇帝的宝座应归溥仪还是袁世凯。袁世凯意识到了复辟说的危害，为制止遗老们托古复辟的热情，遏止"归政清廷之说"的政治舆论，于 1914 年 11 月 23 日颁布命令，"此等狂瞽之谈，度倡言者不过谬托清流，好为异论，其于世界之大势如何，国民之心理奚若，本未计及，遑顾其他"。警告复辟遗民"万一蹈瑕抵隙，变生意外，势必至以妨害国家者，倾覆清室，不特为国民之公敌，且并为清室之罪人"。最后不重不轻地"既往不咎"，只是明确规定"嗣后如有造作谰言"，即"紊乱国宪者，即照内乱罪从严惩办，以固国本，而遏乱萌"。②

当 1915 年 4 月杨度呈《君宪救国论》时，袁世凯的态度就发生了变化。杨度这篇长文的特点不在于立论高远，而在于趋时附势。杨文对自由平等的批评与袁世凯在政治会议开幕时的讲话如出一辙，而对君主制的讨论既迎合了京城"复辟"的小气候，又进一步分析了二次革命的动因，为总统继承人的权力

①　《宋育仁之原呈》，《国民公报（成都）》1915 年 1 月 10 日，转引自陈阳《正名以求王道——民国时期宋育仁复辟诉求的经学视野（1912—1924）》，《社会科学研究》2017 年第 4 期。
②　袁世凯：《严惩造作谰言紊乱国宪者令》（1914 年 11 月 23 日），见骆宝善、刘路生主编《袁世凯全集》第二九卷，郑州：河南大学出版社 2012 年版，第 398 页。

平稳交接提供了方案，这些无一不是袁世凯此时所关注的问题。虽然杨度针对时局所提出的对策是错误的，但他在文章中对局势的分析还是有一定独到之处的，"然所论列，灼见时弊"。[①] 杨度认为，平等自由之说使军事无力，强国无望；因军事扰乱，实业不振，所以富国无望；共和立宪难以统一行政，难以维持国家既定政策，所以立宪国无望。因此杨度认为："欲求富强，先求立宪，欲求立宪，先求君主。……唯有宪政一立，则人存政举，人亡而政亦举。"[②] 共和立宪和君主立宪的差别不在于立宪，而在于是共和还是君主，杨度讨论的重点也在共和与君主的差异。在他看来，共和体制下大总统的继任人选是最大问题，一方面担心继任者或因政见不同而不能继承前任大总统的百年大计，或因能力不足"维持现状而不能"；[③] 一方面又以二次革命"举兵以争大总统之事"为例证，认为大总统继任时必会因竞争导致内乱，因内乱瓜分，而解决这些难题的良策就是君主制："易大总统为君主，使一国元首立于绝对不可竞争之地位，

---

① 这句话是袁世凯对《君宪救国论》的评价，杨度之所以对袁世凯所关注的问题有所了解，消息来自袁的机要秘书夏寿田。参见陶菊隐：《政海轶闻》，上海：上海书店 1998 年版，第 2~3 页。

② 杨度：《君宪救国论》（1915 年 4 月），见刘晴波主编《杨度集》，长沙：湖南人民出版社 1985 年版，第 569~570 页。

③ 参见杨度《君宪救国论》（1915 年 4 月），见刘晴波主编《杨度集》，长沙：湖南人民出版社 1985 年版，第 568~569 页。对于总统人选的能力不足的问题，杨度的对策是君主制，而宋教仁的对策是政党内阁制，这是意识形态不同决定了实践方案的不同。然而民国初年的问题在于，政党内阁制行不通，君主制同样行不通。

庶几足以止乱。"① 杨度又进一步提出"继任之大总统，敌多助少；继位之君主，敌少而助多"②，认为如此就可以避免内乱和瓜分之祸。因为这些讨论，袁世凯亲笔题"旷代逸才"四字并由政事堂制成匾额颁给杨度，还把这篇文章秘密分发各省军民长官参考。③ 讨论就是意动，迎合上意者大有人在——杨度与袁克定于是开始筹谋变更国体并进行多方试探④，随即以研究国体问题为名组织了一个小团体，这个小团体就是在洪宪复辟时期非常活跃的"筹安会"⑤。

1915 年 8 月，袁世凯聘用的美籍政治顾问古德诺在《亚细亚报》发表《君主与共和论》，古德诺也根据自己对中国社会的观察提出："中国数千年以来，狃于君主独裁之政治，学校阙如。大多数之人民智识，不甚高尚，而政府之动作，彼辈绝不与闻，故无研究政治之能力。四年以前，由专制一变而为共和，此诚太骤之举动，难望有良好之结果者也。[……] 然中国如用

---

① 杨度：《君宪救国论》（1915 年 4 月），见刘晴波主编《杨度集》，长沙：湖南人民出版社 1985 年版，第 571 页。

② 杨度：《君宪救国论》（1915 年 4 月），见刘晴波主编《杨度集》，长沙：湖南人民出版社 1985 年版，第 577 页。

③ 参见陶菊隐《北洋军阀统治时期史话（上）》，太原：山西人民出版社 2013 年版，第 313 页。

④ 参见李剑农《最近三十年中国政治史》，郑州：河南人民出版社 2017 年版，第 202 页。

⑤ 筹安会六君子指杨度、孙毓筠、严复、刘师培、李燮和、胡瑛。再加上在帝制活动中鼓动较多的"七凶"梁士诒、朱启钤、段芝贵、周自齐、张镇芳、雷震春、袁乃宽，合称"十三太保"。参见方激编译《龙蛇北洋：〈泰晤士报〉民初政局观察记》，重庆：重庆出版社 2017 年版，第 454 页注释。

君主制，较共和制为宜，此殆无可疑者也。"① 古德诺在这里把"人民智识，不甚高尚"和"狃于君主独裁之政治"作为实行君主制的理由，实际上是把袁世凯建设"强有力之政府"取得的"成绩"认为是政治强人所取得的治理效果，由此而做出引申判断，认为历史中国是君主制，那么辛亥革命以后也应该沿用君主制。

杨度引用古德诺"中国尤不能不用君主国体"的言论，举巴西、秘鲁、智利等国因党争酿成战祸的事例，"我国亦东方新造之共和国家，以彼例我，岂非前车之鉴乎？"② 筹安会又号召各省将军、巡按使、都统、巡阅使、护军使，以及各省城商会、上海汉口商会等参加讨论，"惟事关根本安危，应合全国上下共同研究，拟请派遣代表来京，加入讨论"③。在共和已经确立的情况下，杨度又重提"（辛亥革命后）仓卒之中，制定共和国体，于国情之适否，不及三思"④。这已经不是真正的讨论

---

① 古德诺：《君主与共和论》，见古德诺著，蔡向阳、李茂增译：《解析中国》，北京：国际文化出版公司 1998 年版，第 141 页。古德诺在后来解释说，许多中国人将中国的无助和软弱归罪于共和制度，认为是这项制度使得国家涣散，没有凝聚力；而那些已经拥有权力的人为了保全他们的地位，也不喜欢共和制度。参见古德诺著，蔡向阳、李茂增译：《解析中国》，北京：国际文化出版公司 1998 年版，第 114 页。

② 杨度：《发起筹安会宣言书》（1915 年 8 月 14 日），见刘晴波主编《杨度集》，长沙：湖南人民出版社 1985 年版，第 585 页。

③ 杨度：《筹安会通电》（1915 年 8 月 24 日），见刘晴波主编《杨度集》，长沙：湖南人民出版社 1985 年版，第 592 页。

④ 杨度：《发起筹安会宣言书》（1915 年 8 月 14 日），见刘晴波主编《杨度集》，长沙：湖南人民出版社 1985 年版，第 585 页。

了，而是以讨论国体问题为名，行变更国体实行君主立宪之实。

1915 年 9 月 19 日梁士诒等人在北京成立全国请愿联合会完全是趋炎附势之举，于是梁士诒等人向参议院进行所谓变更国体的总请愿活动，又组织各省、各民众团体请愿团。10 月至 11 月间各省组织"国民代表大会"投票一致赞成君主立宪。12 月 11 日参议院根据各省"国民代表大会"的委托，向袁世凯呈总推戴书。帝制复辟活动一时间甚嚣尘上。

毫无疑问的是，中央集权式的保守主义政治道路的实现，是袁世凯洪宪帝制实施的前提条件。中央集权式政治道路是稳定民初政局的有效方案，这是袁世凯集团包括徐世昌、杨度、古德诺等人在内的一般性共识，甚至梁启超也持此类立场。然而由中央集权到帝制集权的转变，则打破了这个共识。帝制舆论的兴起自有缘由，表面上来看，是清皇室、清朝遗老等不甘心清朝灭亡而抱有复辟之志，是杨度、梁士诒、袁克定等不满足于现状而以逢迎为能事；实际上，帝制是帝制儒学意识形态的政治道路在理论上和在中国两千年的实践经验上所规定的必然结果，其背后是观念的力量。当帝制舆论已成风潮后，袁世凯也以为是大势所趋，所以难辨虚实："（筹安会）当发起时，（徐世昌）氏即说世凯曰：'事虽勿论是非，而不可不计利害，默揣时势，诚未敢期其必成，设竟废于半途，将以何术转圜？'袁闻论，愕然曰：'国中握有权力者，岂亦有反对我者乎？'世昌言：'陆荣延等不必论，即相从最久之冯国璋、段祺瑞，已自有意见，故知其不易。'"① 中央集权式的保守主义政治体制的恢复，建立了"强有力之政府"（语出袁世凯），使得袁世凯认为实权完全把握在手中了，从而逐步坚定了顺从民意"正其位"政局将更为稳固的观念。

然而徐世昌看出了帝制的虚名不可取，当下的政治局面仅仅是稳定大局的一个开端而已："从古大业之成，必有二三端恪诚毅之士相与谋议于帷幄之中。沉思眇虑，横览九万里，下窥数百年，犹恐百密尚有一疏。今日者呼号奔走，皆为名称之更换，而一切经国之宏纲巨制一未预备。冒然从事，如何着手？近数年来大总统以救国保种为念，苦心孤诣，担任艰难，薄海人民咸依赖以为生存。世昌不敏，然愿随大总统后，稍尽心力于此世。无如内忧外患隐伏无穷，虽热心建设，然从何着手？欲救斯世出危险，而手续未备，转因此生出无限危险，将若之何？大总统雄才盖世，必有筹策于万全，运用于无形者。特恐政治一度停滞，一番变更，而其中之困难亦有不可思议者。大英雄本可造成世界，特须由我手造，不可假手于人。今日者帝由民选，各省分疆投票，此例一开，数十年后有无可虑，是可深长思矣。昌之所以长顾知虑不能不讨论于大总统之前者，正为维护大总统计耳，正为维护大总统久远之计耳，非有他也。世昌山野之性，久无心于华膴，况衰病之躯，更何虚誉之计较哉？世昌辱大总统相知订交数十年，从不敢唯诺随人，含糊误

---

① 沃丘仲子：《徐世昌》，上海：崇文书局 1918 年版，第 27~28 页。

事，有累大总统知人之明。此次之出赞大总统者，本欲挽回厄运，保全中国，以襄成大总统无穷之盛业。始基未立，而中多梗阻，后此情形又不知若何。"①

由此段表述可见，徐世昌对大局的把握要比袁世凯深刻得多，他已经明确意识到在民国刚刚建立、北京政权刚获得全国统治权，"一切经国之宏纲巨制一未预备"，处于建国的初步阶段。在这个初步阶段，"内忧外患隐伏无穷"，政局初定就"呼号奔走，皆为名称之更换"地进行帝制复辟，是不切实际的盲动；由共和到帝制的名号转换，必然导致"政治一度停滞，一番变更"，之前所做努力很可能会化作泡影；更为严重的是，"帝由民选，各省分疆投票"的先例一开，总统继任会是大问题，各种野心家也必然会蠢蠢欲动各起纷争。这些问题都是袁世凯没有考虑到的。

然而为什么徐世昌再三劝说，"然袁已醉心甚，言不能入"②呢？事实上，面对民国建立以来权力纷争的乱局，袁世凯一面压制新派国民党的反对活动，一面抵制旧派皇室官僚的背主指责，在新旧过渡的国家变局中并没有明确的大局观，而不得不在夹缝中摇摆。正如梁启超所说："自辛亥八月迄今未盈四年，忽而满洲立宪，忽而五族共和，忽而临时总统，忽而正式总统，忽而制定约法，忽而修改约法，忽而召集国会，忽而解散国会，

---

① 《徐世昌为袁世凯称帝辞职函》，见天津市历史博物馆藏：《北洋军阀史料·袁世凯》卷1，天津：天津古籍出版社1996年版，第604~608页。
② 沃丘仲子：《徐世昌》，上海：崇文书局1918年版，第29页。

忽而内阁制，忽而总统制，忽而任期总统，忽而终身总统，忽而以约法暂代宪法，忽而催促制定宪法。大抵一制度之颁，行之平均不盈半年，旋即有反对之新制度起而推翻之。使全国民彷徨迷惑，莫知适从，政府威信，扫地尽矣。今日对内对外之要图其可以论列者，不知凡几，公等欲尽将顺匡救之职，何事不足以自效？何苦无风鼓浪，兴妖作怪，徒淆民视听，而诒国家以无穷之戚也？"① 在政策摇摆的表象背后，是袁世凯对新旧过渡局面的迷茫，才不得不趋于时势疲于应付，甚至以他人主张为主张，以至于政令反复无常。在前路不明并且反复尝试之后，袁世凯集团意识到似乎选择一条可以借鉴的旧路更为稳妥，这是革命之后往往会回归旧制度的原因所在。所以二次革命之后，以袁世凯、徐世昌、梁启超等为代表的多方力量，共同选择的是中央集权式的保守主义政治道路。

　　袁世凯主张的回归旧路，却意味着以斥新取旧的彻底的保守主义态度应对这个新旧过渡时代，这就必然会招致趋新派和失势派的反对；同时，中国保守主义政治道路的意识形态依据是帝制儒学，寻找应对危局的方法必然要凭借帝制儒学的话语体系，以"圣人执要"为最高理想，因此杨度"君宪救国"主张的出现就有了逻辑上的必然性。当一种意识形态已经不能得到人民的认同时，它就具有了马克思所批判的虚幻性。主张帝

---

　　① 梁启超：《异哉所谓国体问题者》（1915 年 8 月），《饮冰室合集·专集之三十三》，北京：中华书局 1989 年版，第 95 页。

制的一班人已经认定了这条路是对的，因为无论是用帝制儒学
意识形态的逻辑来解释，还是去历史的中国寻找例证，这一主
张都是可以行得通的。

问题在于，在民国初年新秩序未及建立、旧秩序已经破坏
的情况下，恢复帝制儒学的旧秩序有利于暂时稳定时局；但是
如果凭借旧制度控制局面之后，又彻底走回帝制的旧路，则必
然会招致以民主共和为建国理想的国民党人的反对。显而易见，
孙中山与袁世凯的主要分歧并不仅仅在于中央集权政府的组织
形态上，除了党派权力之争的因素，更在于民主共和与君主立
宪的国体之争。在帝制儒学意识形态的政治设计中，"强有力之
政府"与帝制是传统政治理想落实的不同阶段——一个强有力
的中央政府的实现并不是最完美的政治局面，其最终归宿是寻
找一个"治人"作为所有制度设计落实的一个枢纽①，一个实现
天下大治的"上帝之手"。在中国这片土地上，以"圣人"为天
下中心的思想已经深入人心，君父纲常的人间秩序同时又有以
紫微星（古代所谓帝星）为中心的四象二十八宿系统作为天象
的证明，"圣人当位"的观念绝不是一个辛亥革命所能轻易推翻
的。具体到民国初年的秩序生成逻辑中，"国家生存'呼吁'有

---

① 吴晗谈到，中国历史上"曾经有过一套以巩固皇权为目的的约束办
法，但是，都没有绝对的约束力量（笔者注：明清两朝皇权的专制更为典型，
但帝制集权也是一个渐进的过程，其背后有帝制儒学的理论支撑和皇帝集权的
政治需要两方面的推动力）"。参见吴晗：《论皇权》，费孝通、吴晗等著《皇
权与绅权》，上海：华东师范大学出版社 2014 年版，第 35 页。

效中央政权的建立，而强有力的中央政权又急切'寻求'强有力的政治重心来建立"①，所以在袁世凯主导的中央集权完成以后，帝制儒学意识形态的理论动力自然而然就会产生寻找"圣人"以"正其位"的主张。劳乃宣、宋育仁等人自不必说，逊清遗老从未超脱于这个话语体系；而袁世凯、杨度、张勋等人也不免被帝制儒学的话语体系所裹挟。"人君无愚智贤不肖，莫不欲求忠以自为，举贤以自佐，然亡国破家相随属，而圣君治国累世而不见者，其所谓忠者不忠，而所谓贤者不贤也。"② 在自由主义民主政治理想传入中国之后，在"强有力之政府"与帝制之间形成了一条鸿沟、一个陷阱，使得从中央集权到"圣王"的道路不再是"天下大治"的必经之路——鸿沟的存在使之变成了一条不归路。

三、意识形态过渡期的双轨规则与儒学命运

从二次革命结束开始，袁世凯起用清朝官僚，恢复清朝官制礼仪，在中央以文代武，在地方推行废督裁兵，又弹压清帝复辟，"帝制自为"③，一步一步走入人亡政息的深渊。袁世凯的帝制活动不仅葬送了民国初年政治社会转型的良机，使中国陷入军阀混

---

① 马润凡：《袁世凯帝制复辟的政治学阐释：基于合法性与有效性的视角》，北京：社会科学文献出版社 2018 年版，第 223 页。

② 司马迁：《史记·屈原贾生列传》，北京：中华书局 2011 年版，第 2186 页。

③ 《时事小言》，《盛京时报》1916 年 6 月 4 日第 2 版。

战民不聊生的境地，也葬送了袁世凯个人，使其背上了千古骂名。虽然事后来看袁世凯的"帝制自为"是完全错误的，但是无论是把帝制活动的动因归咎于袁世凯个人野心，还是把帝制活动的发端以逻辑逆推的形式规定在二次革命前后①，都不足以说明帝制活动的演进过程。这一巨大转折，不仅仅是袁世凯集团重大的判断失误，其背后有更深层次的秩序逻辑。这个深层次逻辑，就是民国初年在新旧冲突的历史关口的意识形态选择。

（一）双轨规则与民国初年的意识形态过渡

在近代中国社会转型的百余年中，民国初年意识形态的新旧过渡尤其具有不可低估的历史意义。理论创新是社会变革的先导，意识形态的选择与实践，则可以在一定程度上主导国家和社会转型的方向。如果说中国是一辆有轨电车②，这个轨道在一定意义上就是意识形态。

在民国时期社会转型同时伴随着意识形态转型，意识形态转型无论是以革命的形式实现，还是以和平建设的形式实现，都必须同时满足历史正当性和价值正义性的双轨规则。历史正当性是一种意识形态得以维持和实现的现实基础，它的来源是一个国家历史上意识形态的理论特质和实践状态以

---

① 当下学界多有此种观点。关于这一问题李剑农认为："我们谈袁世凯的帝制运动，应该从改造《约法》说起。"参见李剑农：《戊戌以后三十年中国政治史》，北京：中华书局1965年版，第197页。

② 王学典：《东方历史文化传统与中国式现代化路径的选择》，《济南大学学报（社会科学版）》2023年第3期。

及群众基础。价值正义性是一种意识形态得以实现和发展的前景，它指向的是一个被广大人民认可的、可实现的理想状态。

帝制儒学意识形态在中国施行已久，这是中国意识形态领域的历史特色。由此我们可以看到，以袁世凯集团为代表的保守主义派注重意识形态的历史正当性，他们主张儒学意识形态的理由就是帝制在中国实行已有两千年，帝制时代的社会、政体、心理、习惯等已经根深蒂固。美国政治学家古德诺也有类似的观察："许多中国人将中国的无助和软弱归罪于共和制度，认为是这项制度使得国家涣散，没有凝聚力；而那些已经拥有权力的人为了保全他们的地位，也不喜欢共和制度；当然，更主要的是因为有许多有影响力的中国人真诚地相信，如果切实考虑到中国的历史传统和目前的现实状况，只有实行君主制度才能实现国家的强盛。"[1] 这个观察和论断在民初这个过渡时期是有一定道理的。富有政治经验的袁世凯，甚至包括严复、康有为、杨度等人在内，都一度相信这样的判断是正确的。然而帝制儒学意识形态的上述主张，只是民国初年政治局势的一个方面，只是意识形态建设的历史正当性的一个方面。

世界范围内民主制度的盛行，是辛亥革命后的中国所面临的世界潮流，这在一定程度上决定着中国人对自由主义意识形

---

[1] （美）古德诺著，蔡向阳、李茂增译：《解析中国》，北京：国际文化出版公司1998年版，第114页。

态价值正义性的判断。如果仅仅是清帝退位，还不足以改变改朝换代的性质；然而民主共和价值正义性的确立，又使得民国初年绝不同于历史上其他任何一次改朝换代。民主共和作为外来的政治理想，作为自由主义意识形态，早在戊戌变法时期就已经在中国产生了初步影响。虽然戊戌变法时期的许多主张如"兴民权"、"设议院"、"君民共主"（即君主立宪）等并未在实践中得到贯彻，但是民主政治作为一种政治思潮影响深远。因此，辛亥革命后自由主义民主共和的政治设计，在中国已经具有一定的思想基础和群众基础。袁世凯也不得不一再表示"共和为最良国体，世界之公认"①。袁世凯以承认南京临时政府为中央政府的姿态，成为继孙中山之后的中华民国第二任临时大总统。在民主共和渐成潮流的情况下，中国先进分子们曾普遍相信，民主共和是世界上最好的国体，并且他们也努力让一般民众接受。袁世凯在民初革命风潮中也一再对民主共和表示认同。因此无论是在世界范围内还是在辛亥革命后的中国，自由主义意识形态的民主共和理想都获得了相当的价值正义性。

在民国初年由南北合作，到袁世凯的保守主义政治道路，纷繁变幻的政局背后的一系列政治实践中，转型期意识形态重塑的历史正当性与价值正义性的双轨规则却很难得到真正贯彻。以国民党为首的革命党人只看到了意识形态更替中的价值正义

---

① 袁世凯：《致临时大总统孙文等电》（1912 年 2 月 11 日），见骆宝善、刘路生主编：《袁世凯全集》第十九卷，郑州：河南大学出版社 2012 年版，第531 页。

性，醉心于欧美的自由主义意识形态；以袁世凯为首的北洋系和旧官僚则只顾及意识形态的历史正当性，认为只有继承并延续儒学意识形态才能使国家统一稳定。

在新旧转折的历史关口，新旧两派都是各执一端而不知天下大势，虚张其声势而不知谋求立国之根基。在他们失败以前，这两个方向的主导者都曾坚信自己主张的道路可以行得通。

（二）孙中山、袁世凯的新旧之争与儒学命运

民国初年政局风云诡谲，各种力量、各种主张纷纷登台，而国家道路的选择集中表现在意识形态的选择上。虽然这种选择总不外乎开新和保守两个方向，但在某一方向上的每一步都存在着多种可能性，同时藏有或可预料或不可预料的危机。在新旧方向的选择和每一步的可能性中，必然有各种各样的主张。每一种主张能否作为国家政策，落实之后会有什么样的后果，就需要当政者依据敏锐的历史洞察力做出准确的判断。

以儒学为核心的、与两千年帝制社会共生的意识形态，比自由主义意识形态还要成熟。帝制儒学已经渗透到中国社会的方方面面，早已生成了成熟的、与基本社会秩序、与文化思想相协调的政治制度与思想体系。作为一种外来的意识形态，自由主义的民主共和思想不得不面临中国传统帝制时代的意识形态的挑战。民国初年真正醉心于民主共和新秩序的，只有以革命党人为代表的新式知识分子群体。他们不但人数相对较少，普遍年轻，而且没有掌握政权和生产工具，更缺少治理国家的经验。从力量对比上来看，革命党人的力量是无法在短期内胜

过旧势力的。虽然民主政治在 20 世纪初已经渐成潮流，革命党人也已经认识到这个发展趋势，但是在民国初年崇信民主新秩序的力量在总体上仍是少数，而理论只有被群众掌握，才能产生巨大的物质力量。因此民主共和的自由主义意识形态，在短期内就无法在中国的国家秩序重建中得到真正贯彻。

从保守主义道路来看，在 1915 年帝制运动中袁世凯及其一部分幕僚也一度认为帝制可以成功。包括袁世凯幕僚在内的帝制派[1]也曾不遗余力地呼号奔走，推动帝制运动在全国的高涨，或为国家计，或为私利谋。袁世凯等人对辛亥以来的变局仅以改朝换代视之，并没有完全意识到民国初年正处在意识形态新旧交替的转折时期。以袁世凯为首的保守主义集团总体上倾向于稳妥，希望用已在中国实行两千余年的意识形态来巩固统治，是只看到了帝制儒学的历史正当性，而不顾自由主义民主政治的价值正义性。旧道路的价值一旦被新价值批判，其正义性就必然出现裂痕。

袁世凯集团的重要谋士徐世昌当年的观察极有见识："今日者呼号奔走，皆为名称之更换。而一切经国之宏纲巨制一未预备，冒然从事如何着手？"[2] 身处三千年未有之大变局中，又恰逢国家体制转型的关键时期，袁世凯作为国家领导者，却缺乏

---

① 主要指 1915 年前后积极推动复辟运动的北洋派。参见方激编译《龙蛇北洋：〈泰晤士报〉民初政局观察记》，重庆：重庆出版社 2017 年版，第 453~456 页。

② 徐世昌：《为袁世凯称帝辞职函（1915 年 9 月）》，见天津市历史博物馆藏：《北洋军阀史料·袁世凯》卷 1，天津：天津古籍出版社 1996 年版，第 604~605 页。

应有的大局观，丝毫不顾天下的大势所趋，以斥新取旧的保守主义方式应对这个新旧转型时代，对新党（革命党）用堵则尽弃之不知取舍，对旧路用疏则任其泛滥而不知节制，把帝制派制造的帝制声势认为大势所趋，也是执其一端而不知国家方向。人亡政息，实在可惜！

革命党人的自由主义意识形态实践道路又为何失败呢？正如孙中山所说："数千年来，政府时兴时仆，每一易姓，必先造政府，此亦人民建设之经验，但皆陈陈相因。至民国始开一新纪元，当与从前之建设不同。"① 然而孙中山等革命党人在树立这一美好愿景时低估了意识形态转型中的实践难度，没有在真正掌握人民力量的基础上推行。孙中山、宋教仁等不顾新旧转型的时代情境，欲以完全来自欧美的自由主义意识形态彻底改造中国，岂不是不知国家现实而操之过急？在1913年国会大选中，国民党获得了多数席位，宋教仁以及众多国民党派议员都据此轻易认为，责任内阁制将有可能在中国得到实行。国民党人曾热切期望在中国落实"自由、平等、博爱"的自由主义意识形态，建设民主共和国，尽管有些人主张总统制，有些人主张内阁制。以孙中山、宋教仁为首的激进主义革命党派，"早岁那知世事艰，中原北望气如山"，妄想"毕其功于一役"，又缺乏政治参与经验，仅认识到民主共和的价值正义性，就凭一腔

① 孙中山：《在沪举办茶话会上的演说（1916年7月17日）》，见《孙中山全集》第三卷，北京：中华书局2011年第3版，第325页。

热情奔走呼号。

价值正义性的意义就在于，新生的民主政治理想具有继续生发的生命力，垂垂老矣的儒学虽在挣扎却终无力应对新的变局。洪宪帝制时期的儒学似乎仍具有号召力，但这是帝制秩序在面对民主秩序的冲击时所能做出的最后一次反击。随着新文化运动的发生，中国知识分子有了明确的新立场来反思民国初年的复辟运动，于是这一部分人看清了一个问题——"孔教与帝制，有不可离散之因缘"①。所以反对帝制，就需要反对儒学的三纲五常、忠君爱国，这已经触及了儒学意识形态的核心问题。在辛亥革命爆发、民主共和风潮已成的时代局势下，守旧的保守主义者所崇信的帝制儒学意识形态的命运，在此时就几乎已经注定。

（三）总结与反思

探讨民国初年儒学的保守主义道路实践的可能性空间，不仅对理解民初政局的历史事实本身存有意义，对我们认识近代中国意识形态演变的历史，进而思考一些儒学转型的现实问题也有重大意义。

袁世凯主导的保守主义道路的错误无他，只是背弃了民主共和的价值正义性而已。国家政治发展道路、国体设计问题是政治问题的核心，"岂其可以翻覆尝试废置如弈棋"?② 所以

---

① 陈独秀：《驳康有为致总统总理书》，《新青年》1916年第2卷第2号。
② 梁启超：《异哉所谓国体问题者（1915年8月）》，见《饮冰室合集·专集之三十三》，北京：中华书局1989年版，第88页。

"治大国如烹小鲜"（语出老子）是有它的道理的，如临深渊、如履薄冰，小心翼翼才有可能成功；大开大阖、猛火勤翻必会支离破碎。治国如治家，如治校，如治水，如令三军，如烹小鲜——应知当重当轻，当裁当并，当堵当疏，当严当宽，当猛当柔。然而第一要紧事，是认清楚局部与全局的关系，分清楚由局部力量所主导的喧嚣一时的政治幻象和全局性、长远性的价值取向与国家命运的关系。

具体到民国初年的问题，则君主制与共和制，守旧与维新，在民国初年并不是简单的非此即彼的关系，更不可如此猛火勤翻、朝秦暮楚。在新旧之间的抉择，在国家社会秩序的设计上就是帝制与民主的抉择，就是帝制儒学和自由主义的抉择。在两条道路上来回摇摆的民国政局，最终没能真正走上任何一种意识形态的发展道路："自辛亥八月迄今未盈四年……大抵一制度之颁，行之平均不盈半年，旋即有反对之新制度起而推翻之。使全国民彷徨迷惑，莫知适从，政府威信，扫地尽矣。"① 洪宪帝制失败后，民初政局逐渐发展到不可收拾的地步。帝制之路已不可为，民主之路则茫然无措，不知前途在何方。于是，民国初年的中央政权在两种意识形态实践的争夺中丧失了方向。

回望这一时期的意识形态建设局面，我们或可以发现，在

---

① 梁启超：《异哉所谓国体问题者（1915 年 8 月）》，见《饮冰室合集·专集之三十三》，北京：中华书局 1989 年版，第 95 页。

民国初年这一难得的能够决定"中国向何处去"的历史机遇期，孙中山、宋教仁、袁世凯都曾做出不同方向、不同内容上意识形态实践的尝试，并一度取得了成效。然而，上述尝试之所以皆归于失败，除了没有意识形态选择与实践的谨慎态度与谋定而后动的政治智慧，没有立身于一端而统摄全局之国家命运的政治眼光之外，皆未能意识到意识形态转型期所必须遵守的"双轨规则"。因而即使能够取得一时的优势，但不能同时具有价值正义性与历史正当性的政治实践，毫无疑问是一条偏离时代要求的不归路。

如何应对这个意识形态转型的困局呢？梁启超的"过渡时代"① 一词就明确了晚清至辛亥革命前后的大时代特点。从意识形态转型期的双轨规则来看，必须做到历史正当性与价值正义性二者的兼顾，才能够成其事，才能够保其身。不顾历史正当性，就不能从现实出发，为具有价值正义性的意识形态的政治理想开辟道路；而不顾价值正义性，就是没有人民力量支持的意识形态，就是虚假的，必不能在实践中长久。双轨规则的基本立场，则意在新旧之间架设一道过渡的桥梁，虽未必是康庄大道，却是通向康庄大道的必不可少的中间环节。这一原则在中国新民主主义革命时期的新民主主义意识形态论的建构中得到成功运用，此处不赘述。

---

① 梁启超：《过渡时代论（1901 年 7 月）》，《饮冰室合集·文集之一》，北京：中华书局 1989 年版，第 27 页。

第二章

"打孔家店"与民国时期意识形态的转挽

南京临时政府的成立，使中国有了实践民主共和政治理想的机会。然而自由主义民主政治的正常运行，其背后有其他的支撑，比如个人主义的自由平等观念、契约或法的精神、基督教的精神制约等。因而自由主义的民主政治并不能完全、恰当地解决中国的实际问题，民主制度并不能马上在中国落地生根、全面贯彻。由儒学意识形态所规定的帝制道路依旧具有政治效能，黄兴在观察民主共和初入中国后的局面时，就曾强调"立国首重饬纪"①，曾试图以儒学的"八德"来代替西方的法的精神，从而恢复社会秩序。这不是辛亥革命所能彻底扭转的。

于是新文化运动时期的新式知识分子们在经历了两次复辟运动后，选择了另外一条道路来实践民主共和——"堂堂正正

---

① 黄兴：《致袁世凯等电》（1912 年 5 月 22 日），见湖南社会科学院编：《黄兴集》，北京：中华书局 2011 年版，第 193 页。

以个人主义为前提"①。"打孔家店",使自由平等民主共和观念在每个人心中生根、成长,以此作为实践民主共和政治的保障。也正因这层含义,这场运动在后人眼中就带有了启蒙的意味。在这一时期(1916—1928),虽然北洋军阀控制下的中央政权基本处在民主政治的模式之下,但自由主义意识形态并未在中国真正落地生根。此时军阀混战,各省独立,三民主义、马列主义、无政府主义等各种政治主张纷纷涌现,意识形态建设实际上处于方向不明的状态。在各方政治主张或意识形态的互相碰撞、争夺过程中,对时局影响最大的是儒学、三民主义、马列主义三种意识形态。新式知识分子们在此时实行了一场影响深远的破儒学而立自由主义的新文化运动,由此形成了一场"新旧思潮之激战"②。

一、新文化运动时期"打孔家店"的意义指向

民国初年,在主张学习欧美的革命党人和新式知识分子看来,民主共和与孝悌忠信礼义廉耻尚有共存的可能性空间,但民主与帝制则绝不能共存。袁世凯打着儒学的旗号,逐步加强集权恢复帝制的事实,帝制请愿运动和孔教运动极盛一时的事

---

① 李亦氏:《人生唯一之目的》,《青年杂志》1915 年第 1 卷第 2 号。

② 李大钊:《新旧思潮之激战(1919 年 3 月 4—5 日)》,见中国李大钊研究会编著:《李大钊全集》第二卷,北京:人民出版社 2006 年版,第 312 页。相关讨论参见陈旭麓:《近代中国社会的新陈代谢》,上海:上海社会科学院出版社 2005 年版,第 396~397 页。

实，使得追求民主共和自由平等的一批人看到了帝制与儒学意识形态之间的"不可离散之姻缘"①。中华民国走到1916年，自由主义意识形态与儒学意识形态已经呈现出非此即彼不可调和的敌对状态。正是在这样一种"思想的斗争"中，儒学作为国家意识形态的价值正义性遭到史无前例的批判，于是"打孔家店"② 活动在这样的时代背景下发生了。

　　新文化运动中"破儒学"的集中体现是"打孔家店"。胡适在1921年做的《吴虞文录序》中使用了"打孔家店"的提法："我给各位中国少年介绍这位'四川省只手打孔家店'的老英雄——吴又陵先生。"③ "打孔家店"的批判锋芒在新文化运动时期的主要指向在两个方面：其一是以陈独秀、李大钊为主将的批判尊孔复辟活动和孔教运动的一方，其二是以吴虞、易白沙为主将的批判儒学礼法和宗族制度④的另一方。在这一时期，

---

　　① 陈独秀：《驳康有为致总统总理书》，《新青年》1916年第2卷第2号。

　　② 根据学界现有研究，新文化运动时期胡适使用的是"打孔家店"而非"打倒孔家店"，新文化运动倡导者对儒学主张的是有针对性的批判，"打倒孔家店"口号是后来者"以讹传讹"造成的。相关讨论参见杨华丽：《"打倒孔家店"研究》，北京：人民出版社2014年版，第3~15页。

　　③ 胡适：《吴虞文录序》，《民国日报·觉悟》1921年第6卷第24期。陈伯达在1936年发表的《哲学的国防动员中》认为："当下应该接受五四时代'打倒孔家店'的号召，继续对中国旧传统思想、旧宗教做全面的有系统的批判。"张申府、艾思奇、何干之等人撰文响应，基本上承认了这一说法，于是"打倒孔家店"的口号才逐渐固定下来。

　　④ 相关讨论参见杨华丽：《"打倒孔家店"与"五四"：以新文化—新文学运动为中心》，新北：花木兰文化事业有限公司2012年版。

对其中大部分人来说"打孔家店"只是手段而不是目的，其目的是破旧而立新，从而建设一个全新的中国。

（一）"打孔家店"活动与新政治伦理的主张

"打孔家店"的首要指向是批判儒学的帝制复辟主张。传统儒学已经历了两千年帝制时代的发展，亦经历了两千年帝制社会的改造，其理论系统已适应于帝制的政治制度、社会结构和风俗人心，二者相辅相成难以离散。帝制思想不仅体现在民初的复辟闹剧中，"袁世凯之流欲想称帝，就必须抬出千年孔子，顶礼膜拜，尊孔读经，否则'名不正则言不顺'"[①]；也深深根植于国民思想中，"我们中国多数国民口里虽然是不反对共和，脑子里实在装满了帝制时代的旧思想，欧美社会国家的文明制度，连影儿也没有，所以，口一张手一伸不知不觉都带君主专制臭味。[……]如今要巩固共和，非先将国民脑子里所有反对共和的旧思想，一一洗刷干净不可"[②]。

1913年的《天坛宪法草案》并未正式施行，后因袁世凯洪宪帝制的失败而遭国人唾弃。1917年，制定新的民国宪法又被北京政府提上日程，孔教会借此机会掀起第二次国教请愿运动。李大钊针对孔教会把孔子写入宪法的主张，明确指出："孔子，历代帝王专制之护符也。宪法者，现代国民自由之证券也。专

---

① 田海林：《中国近代政治思想史》，济南：山东大学出版社1999年版，第401页。

② 陈独秀：《旧思想与国体问题：在北京神州学会讲演》，《新青年》1917年第3卷第3号。

制不能容于自由，即孔子不当存于宪法。［……］此专制复活之先声也。此乡愿政治之见端也。"① 李大钊认为："大盗不结合乡愿，作不成皇帝；乡愿不结合大盗，作不成圣人。"② 这种反对态度并不是针对"数千年前之残骸枯骨"，李大钊强调："余之掊击孔子，非掊击孔子之本身，乃掊击孔子为历代君主所雕塑之偶像的权威也；非掊击孔子，乃掊击专制政治之灵魂也。"③非为打倒儒学而攻击孔子，实为以孔子为招牌的帝制与传统伦理阻碍了民主共和国家的建设。如果不曾理解民国初年新式知识分子历经袁世凯与张勋的两次复辟后的彷徨与绝望，也就不能理解他们"打孔家店"时置之死地而后生的决心。

其次，"打孔家店"指向了批判儒学的"忠孝"思想，而以孝治天下、"移孝作忠"是自汉代就开始形成的，是统治者为巩固皇权而反复强调的观念。新文化运动批判儒学的先锋吴虞"非儒"的主张由来已早，但促使他激烈地"打孔家店"的诱因是他在礼法宗族体制下的自身人生境遇。1910年左右吴虞因分家析产与父亲发生争执，其父用诉讼手段并聚亲族决议此事。吴虞在日记中描述这件事情的经过，有

_____

① 李大钊：《孔子与宪法（1917年1月30日）》，见中国李大钊研究会编著：《李大钊全集》第一卷，北京：人民出版社2006年版，第242页。

② 参见李大钊：《乡愿与大盗（1919年1月26日）》，见中国李大钊研究会编著：《李大钊全集》第二卷，北京：人民出版社2006年版，第279页。

③ 李大钊：《自然的伦理观与孔子（1917年2月4日）》，见中国李大钊研究会编著：《李大钊全集》第一卷，北京：人民出版社2006年版，第246~247页。

"魔鬼亲笔字据""大吉大利，老魔迁出"① 等语。也正因这件事，吴虞被舆论认为是"非理非孝"的逆子，被四川教育界驱逐，也因公开反对儒教以及家族制度，被官方下令追捕，于是被迫逃出成都。②

吴虞在致陈独秀的一封信中说，在《新青年》上发表的易白沙的《孔子平议》让他产生了共鸣，因此决定把此前作的批判"孝""家族"的一些文章拿出来发表。③ 他在这一时期发表的《家族制度为专制主义之根据论》《儒家主张阶级制度之害》《说孝》等几篇文章，从反对"忠孝""家族"出发，最终指向整个儒家伦理和专制制度。这样的文章之所以能够广为流传，正是因为切合了新文化运动健将们对尊孔复辟和孔教运动进行批判的时局。吴虞认为："他们教孝，所以教忠，也就是教一般人恭恭顺顺的听他们一干在上的人愚弄，不要犯上作乱，把中国弄成一个'制造顺民的大工厂'。孝字的大作用，便是如此！"④ 吴虞更明确地说出了帝制时代"移孝作忠"的伦理意义："夫孝之义不立，则忠之说无所

① 吴虞著，中国革命博物馆整理，荣孟源审校：《吴虞日记》（上），成都：四川人民出版社1984年版，第7~16页。
② 参见《吴虞略历》，见中国革命博物馆整理，荣孟源审校：《吴虞日记》（上）卷首，成都：四川人民出版社1984年版，第1~2页。
③ 吴虞：《致陈独秀（1917年1月1日）》，见《吴虞文录》，合肥：黄山书社2008年版，第117~118页。
④ 吴虞：《说孝（1920年1月4日）》，见《吴虞文录》，合肥：黄山书社2008年版，第9页。

附；家庭之专制既解，君主之压力亦散。"①

在帝制社会形成的具有教化作用的"二十四孝"中，多有继母不慈而子孝的故事，树立这样的榜样强调的是礼法上的母子关系。继母子之间即使有情感的基础，也是强调子女先以孝感动父母，然后才能建立和睦稳定的家庭关系。若以心中情感的发端为孝悌仁义的基础，那么"二十四孝"中有不少是违反孝悌本意的。因为"子生三年，然后免于父母之怀"②，君子必然会以爱回报爱，这才是孝的出发点。以礼法为出发点，不以"心同此理"为标准，是先秦儒家与宋明儒家的差别之一，因而发展到极端就是"存天理灭人欲"，政治上的表现就是"臣臣""子子"反复强调并发扬光大，"君君""父父"却存而不论，仿佛一旦为君为父就能一贯正确了。吴虞反抗父权、族权，就持着父不慈、子可以不孝的信念。吴虞以《孝经》为立论的出发点，分析了孝的意义，提出"父子母子不必有尊卑的观念，却当有互相扶助的责任"，"要承认子女自有人格，大家都向'人'的路上走"。③ 于是吴虞从孝的意义出发，发展出了反对孝观念、反对家族，进而反对儒家的叙述逻辑。

如要解决中国的政治问题，除要反对专制思想之护符，还

---

① 吴虞：《家族制度为专制主义之根据论（1917年2月1日）》，见《吴虞文录》，合肥：黄山书社2008年版，第5~6页。

② 《论语·阳货第十七》，见朱熹：《四书章句集注》，北京：中华书局2016年版，第182页。

③ 吴虞：《说孝（1920年1月4日）》，见《吴虞文录》，合肥：黄山书社2008年版，第13页。

必须要有所建设、有所推崇。"要拥护那德先生，便不得不反对孔教、礼法、贞洁、旧伦理、旧政治。要拥护那赛先生，便不得不反对旧艺术、旧宗教。要拥护德先生又要拥护赛先生，便不得反对国粹和旧文学。［……］我们现在认定只有这两位先生，可以救治中国政治上道路上学术上思想上一切的黑暗。"①"政治逼迫我们到这样无路可走的时候，我们便不得不起一种彻底觉悟，认定政治如果不由人民发动，断不会有真共和实现。但是如果想使政治由人民发动，不得不先有养成国人自由思想自由评判的真精神的空气。"② 这种以批判专制的文化思想、风俗习惯入手，进而以西方自由平等民主的思想重塑国民的新文化运动，最终的目的是救治专制的黑暗的中国。

　　这一时期新式知识分子普遍认识到，尊孔与复辟具有一定的必然性联系。而中国的政治道路如何摆脱帝制的旧道路开辟民主共和的新路呢？陈独秀认为："此等政治根本解决问题，不得不待诸第七期（民国宪法实行时代）吾人最后之觉悟。"政治的觉悟有三，第一，政治参与意识的提高，"必弃数千年相传之官僚的专制的个人政治，而易以自由的自治的国民政治也"。第二，"出于多数国民之自觉与自动"的共和宪政建设。第三，伦理的觉悟，"盖共和立宪制，以独立平等自由为原则，与纲常阶

———————————

① 陈独秀：《本志罪案之答辩书》，《新青年》1919 年第 6 卷第 1 号。
② 胡适、蒋梦麟、陶履恭（等）：《争自由的宣言》，《东方杂志》1920年第 17 卷第 16 号。

级制为绝对不可相容之物，存其一必废其一"[1]。"按孔教的教义，乃是教人忠君孝父从夫，无论政治伦理，都不外这种重阶级尊卑三纲主义。"[2]陈独秀进而主张，与尊孔针锋相对便不得不反对孔教的"忠君孝父从夫"以建设民主共和的新理念。

由此可见，政治问题已经成为新文化运动时期的知识分子无法回避的达摩克利斯之剑。陈独秀虽然在创办《青年》杂志之初就标榜"批评时政，非其旨也"，但《青年》杂志从第二卷开始就逐渐增加了时评的内容。袁世凯以儒学作为保守主义道路的旗帜，最终在劝进大戏中走上帝制自为的道路，这就使得主张以民主共和建国的新式知识分子忧愤不已。于是陈独秀逐渐改变了此前不批评时政的认识，认为教育、实业等的发展，必赖"水平线以上的政治进化"为前提条件。[3]

标榜"二十年不谈政治"的胡适，最初也是立志以思想学术救国的，是"要想在思想文艺上替中国政治建筑一个革新的基础"[4]。只是后来也被局势所迫而不得不去研究政治，"我们本不愿意谈实际的政治的，但是实际的政治，却没有一时一刻不

---

① 陈独秀：《吾人最后之觉悟》，《青年杂志》1916 年第 1 卷第 6 号。

② 陈独秀：《旧思想与国体问题：在北京神州学会讲演》，《新青年》1917 年第 3 卷第 3 号。

③ 陈独秀：《答顾克刚（1917 年 7 月 1 日）》，见《独秀文存》卷三，合肥：安徽人民出版社 1987 年版，第 718 页。

④ 胡适：《我的歧路（1922 年 6 月 18 日）》，见《胡适自述：我的歧路》，沈阳：万卷出版公司 2014 年版，第 194 页。

来妨害我们"①。他自己解释说，这不是"变节"，他自始至终持的都是实验主义（语出胡适）的态度，"我的态度是如故的，只是我的材料和实例变了"②。胡适开始谈政治明显的证据就是1919 年《每周评论》发表的《多研究些问题，少谈些"主义"》等四篇文章和 1920 年的《争自由的宣言》等。胡适自己认为，谈政治是"国内的腐败政治"和"高谈主义而不研究问题的新舆论界""激出来的"③，胡适认为自己谈政治用的也是实验主义的态度。胡适实验主义的态度，针对社会问题时提出的方法是：第一步，先研究问题的事实，找出病因；第二部，根据经验学问提出种种解决的办法；第三步，根据经验学问和想象力推想各方法的效果，从而拣定一种假定的办法。④ 至于后来胡适等参加"好人政府"，更是格外注重以政府改良社会的方面。

（二）"打孔家店"活动与新青年教育目标

醉心于自由主义意识形态的新式知识分子从培养新青年着手宣传自由平等民主，固然是因为他们在教育界的身份，同时

---

① 胡适、蒋梦麟、陶履恭（等）：《争自由的宣言》，《东方杂志》1920 年第 17 卷第 16 号。

② 胡适：《我的歧路（1922 年 6 月 18 日）》，见《胡适自述：我的歧路》，沈阳：万卷出版公司 2014 年版，第 196 页。

③ 参见胡适：《我的歧路（1922 年 6 月 18 日）》，见《胡适自述：我的歧路》，沈阳：万卷出版公司 2014 年版，第 195 页。

④ 胡适：《多研究些问题，少谈些"主义"（1919 年 7 月 20 日）》，见《胡适自述：我的歧路》，沈阳：万卷出版公司 2014 年版，第 190 页。

这也是着眼于中国未来的道路选择。他们把清除青年头脑中的皇权、忠孝思想而代之以民主、平等、共和观念的教育工作视作建设民主共和国家的开端。实际上，在新文化运动时期青年的头脑也成为新旧意识形态交锋的战场；随着新的建国理想、新的意识形态在越来越多的青年头脑中确立（共产党把这个过程称作觉悟），不同意识形态交锋的主战场才逐渐扩大到了不同的政治群体之间。

胡适当年向中国少年介绍"打孔家店"的老英雄，这与陈独秀创办《青年》杂志，培养新青年的主张是相同的。虽然在初创办《青年》杂志时，陈独秀对"陈腐朽败者"和"新鲜活泼者"的认识不是很明确，但引导青年学生除旧布新的意识是很清晰的。他还为青年提出六点建议："自由的而非奴隶的""进步的而非保守的""进取的而非退隐的""实利的而非虚文的""科学的而非想象的"。①

随着讨论的深入，攻击新青年头脑中旧思想的矛头逐步明确了其对象——"儒者三纲之说，为吾伦理、政治之大原，共贯同条，莫可偏废。三纲之根本义，阶级制度是也。所谓名教，所谓礼教，皆以拥护此别尊卑明贵贱制度者也"②。新与旧的矛盾冲突也比此前更加明确："所谓平等人权之新信仰，对于与此新国家新信仰不可相容之孔教，不可不有彻底之觉悟，猛勇之

---

① 陈独秀：《敬告青年》，《青年杂志》1915 年第 1 卷第 1 号。

② 陈独秀：《吾人最后之觉悟》，《青年杂志》1916 年第 1 卷第 6 号。

决心。否则不塞不流，不止不行。"① 民国初年袁世凯的尊孔行为，孔教会的请愿活动，帝制派的请愿活动，使主张新文化的知识分子们认识到儒学"三纲五常"思想的根深蒂固。欲培育新青年，促进青年觉醒，使青年树立自由平等的新价值观，就必须打破原有的精神枷锁，就必须反对帝制的旧思想。二者不可调和。吴虞更为准确地表达了新旧思想之间的矛盾："守孔教之义，故专制之威愈衍愈烈。苟非五洲大通，耶教之义输入，恐再二千余年，吾人尚不克享宪法上平等自由之幸福，可断言也。"因此吴虞旗帜鲜明地指出："儒教不革命，儒学不转轮，吾国遂无新思想新学说，何以造新国民？悠悠万事，惟此为大已。"②

洪宪帝制失败后，新文化运动逐步开展。特别是在北京大学成为新文化运动中心以后，青年学生这个最活跃最新鲜的群体首先接受了新思想，并继承了师辈们建设中国之新青年的使命感。"由于充分意识到师辈们对他们的期望和忧惧，1917 年至1920 年聚集于北大的年轻一代，欣然承担起拯救中国的角色。他们具有师辈们所缺少的凝聚意识和共谋意识。"③ 他们在《新潮》杂志发刊词中明确表达了他们的使命："总期海内同学去遗传的科举思想，进于现世的科学思想；去主观的武断思想，进

---

① 陈独秀：《宪法与孔教》，《新青年》1916 年第 2 卷第 3 号。
② 吴虞：《儒家主张阶级制度之害》，《新青年》1917 年第 3 卷第 4 号。
③ （美）舒衡哲著，刘京建译：《中国启蒙运动：知识分子与"五四"遗产》，北京：新星出版社 2007 年版，第 73~74 页。

于客观的怀疑思想；为未来社会之人，不为现在社会之人；造成战胜社会之人格，不为社会所战胜之人格。"① 被新思想启发的新青年们比他们的师辈们走得更远，某种意义上，他们开创了一个新的时代。

"五四"时代的一批青年学生，则沿着师辈们除旧布新的思路继续前进。在教育思想领域，高一涵认为"教育之事，端在启沦心灵，顺人类之特生异秉，使充其本然之能。［……］无论何人，均不能以一教之力，束缚未来人类之心思。更何有于由专制思想演绎而出之孔道"②。在批判宗法制度方面，此时还是青年学生的傅斯年认为，"善是定要跟着'个性'来的，所以破坏个性的最大势力就是万恶之原。然则什么是破坏'个性'的最大势力？我答道中国的家庭。""可恨中国的家庭，空气恶浊到了一百零一度。从他孩子生下来那一天，就教训他怎样应时，怎样舍己从人，怎样做你爷娘的儿子，决不肯教他做自己的自己。一句话说来，极力的摧残个性。"③ 站在新旧转折的历史关口，青年学生的责任意识、未来意识更加明晰，因而在师辈们的引导下对新道路更加渴望，对打破旧思想、旧制度、旧习惯也就更加具有行动的勇气。

此外，这一时期的"打孔家店"还具有落实宗教信仰自由

① 《新潮发刊旨趣书》，《新潮》1919 年第 1 卷第 1 号。
② 高一涵：《一九一七年豫想之革命》，《新青年》1917 年第 2 卷第 5 号。
③ 孟真（傅斯年）：《万恶之原》（一），《新潮》1919 年第 1 卷第 1 号。

原则的意义，这一主张同样对塑造青年的自由观念产生了影响。陈独秀主张以科学代宗教，蔡元培主张以美学代宗教，李大钊主张信宗教不如信真理，胡适以"社会的不朽观念"做宗教。在这一时期，他们对待宗教和孔教的态度是大体一致的，即陈独秀所言："窃以为无论何种学派，均不能定于一尊，以阻碍思想文化之自由发展。"主张孔教者则自始至终抱着"定孔教为国教"的愿望，因此陈独秀针锋相对地指明："况儒术孔道，非无优点，而缺点则正多。尤与近世文明社会绝不相容者，其一贯伦理政治之纲常阶级说也。此不攻破，吾国之政治法律社会道德，俱无由出黑暗而入光明。"[①]

（三）"打孔家店"活动对儒学更新的意义

把新文化运动中"打孔家店"的相关言论纳入近代中国意识形态演变的视野中，则能够清晰地看到在新文化运动前后对儒学意识形态展开的"批判"与"开新"的两条思想发展脉络的并存。"打孔家店"对儒学思想"开新"的正面意义，即在于为意识形态的更新开创了新的可能性空间。

新文化运动之后，儒学"开新"的这一路径并未直接参与到民国时期国家意识形态重建的进程中，孙中山晚年对儒学的吸收并不是直接受到现代新儒家的影响，相反地，现代新儒家中的牟宗三、唐君毅、徐复观等反而受孙中山影响颇深。这里之所以有对此进行专门讨论的必要，是在于作为民国时期国家

---

① 吴虞、陈独秀：通信《答吴又陵》，《新青年》1917 年第 2 卷第 5 号。

意识形态重建中重要思想资源的儒家，本与民国时期意识形态重建过程有很深的纠葛。因此"打孔家店"对儒学接纳民主、科学等西方思想的理论转折意义是有讨论的必要的。

中国的儒家自孔子创始，就一直有经邦济世的家国情怀。这种精神以今文经学为载体而传承下来。晚清经世致用的今文经学重新振兴的标志性事件，是洪亮吉冤案的平反。[①] 经庄存与、刘逢禄、龚自珍、魏源、廖平，至康有为、梁启超而表现为"托古改制"的变法主张。[②] 在康、梁等所主张的应时而变的今文经学之外，同时存在着谭嗣同的"冲决网罗"，章炳麟的"检论订孔"等思想主张。而谭、章等人的"批孔"，还是属于儒学思想体系内部的"反动"[③]。

真正以全新的标准去重新评价儒学的，正是新文化运动。此时的"打孔家店"，实质上是以自由主义意识形态中的"自由""民主"以及西学中的"科学"去冲击帝制时代儒学思想中的专制、封闭。以"民主""科学"作为武器，来"打孔家店"，实际上是逼迫儒学不得不去面对、融通西方的自由民主和哲学科学，从而在客观上促成了儒学在"三教合一"、宋明道学形成之后的又一轮理论更新。因此在贺麟看来，新文化运动

---

① 庞朴主编：《中国儒学》第一卷，上海：东方出版中心1997年版，第342页。

② 姜林祥主编：《中国儒学史》（近代卷），广州：广东教育出版社1998年版，第2页。

③ 梁启超：《清代学术概论》，上海：上海古籍出版社1998年版，第90~96页。

"促进儒家思想新发展的功绩与重要性，乃远远超过前一时期曾国藩、张之洞等人对儒家思想的提倡"，"新文化运动的最大贡献在于破坏和扫除儒家的僵化部分的躯壳的形式末节，及束缚个性的传统腐化部分。它并没有打倒孔孟的真精神、真意思、真学术，反而因其洗刷扫除的功夫，使得孔孟程朱的真面目更是显露出来"。①

重新评价儒学的全新标准，在当代学者看来就是西方思想的立场。汤一介等人认为："陈独秀是完全而彻底地站在了西方思想的立场上来估价孔子之道在现代社会的价值，所以在他眼里以孔子为代表的儒家思想传统也就毫无价值可言，是一文不值的。"② 总的来看，新文化运动时期陈独秀、易白沙③在文章中的批判锋芒直指儒学的政治专制和思想专制；吴虞的批判集中在家族宗法制度和礼教上；钱玄同师从章炳麟和崔适，对儒学的冲击主要在疑经疑古和文学革命方面。胡适虽然没有直接参与"打孔家店"的活动，但在他的《中国哲学史大纲》中，把孔学看作诸子学之一，否定了其独尊的地位，也就否定了儒学之国家意识形态的地位。上述批判，分别从价值正义性和学术分类等方面重新定义了儒学，不仅摧毁了儒学的意识形态地

① 贺麟：《儒家思想的新开展（1941年）》，见宋志明编：《儒家思想的新开展：贺麟新儒学论著辑要》，北京：中国广播电视出版社1995年版，第87页。

② 汤一介、李中华主编，胡军著：《中国儒学史·现代卷》，北京：北京大学出版社2011年版，第41页。

③ 易白沙对儒学的批判见《孔子平议》，《新青年》1916年第2卷第1号。

位，也冲击了儒学的学术独尊地位。

此时有部分学者就意识到西学对中学全面冲击的历史意义，看到儒学处于一个"反者道之动"的更新时代。例如，贺麟认为："表面上，西洋文化的输入，好像是代替儒家，推翻儒家，使之趋于没落消沉的运动。但一如印度文化的输入，在历史上曾展开了一个新儒家运动一样，西洋文化的输入，无疑亦将大大地促进儒家思想的新开展。"① 因此民国时期有一批学者欲借鉴魏晋时期"以道家之真矫儒家之伪"② 和"三教合一"的儒学转化方向的历史经验，从而推动了魏晋南北朝思想史研究热潮的兴起。③ 再例如，鲁迅在论曹操的文风时认为："更因思想通脱之后，废除固执，遂能充分容纳异端及外来的思想，故孔教以外的思想源源引入。"④ 这显然与鲁迅面对西方文化时的"拿来主义"的态度颇为神似。研究魏晋思想史和佛教的著名学者汤用彤在稍后也明确提出："现在虽然不能预测将来，但是过去我们中国也和外来文化思想接触过，其结果是怎么样呢？这也可以供我们参考。"⑤ 这种提法是具有现实意义的。

---

① 贺麟：《儒家思想的新开展（1941年）》，见宋志明编：《儒家思想的新开展：贺麟新儒学论著辑要》，北京：中国广播电视出版社1995年版，第88页。
② 王克奇：《传统思想新论》，济南：齐鲁书社2000年版，第141页。
③ "一切历史都是当代史"，民国时期对魏晋思想研究热潮的兴起固然是多方面的，但时代的相似性是其中重要的因素之一。参见李建中、马良怀：《本世纪魏晋思想研究的两次高潮》，《东方文化》2000年第1期。
④ 鲁迅：《魏晋风度及文章与药及酒之关系》，《北新》1927年第2卷第2号。
⑤ 汤用彤：《文化思想之冲突与调和》，《学术季刊文哲号》1943年第1卷第2期。

在西学尤其是自由主义意识形态的冲击下，儒学开始了自己艰难的转型过程。"新儒家思想是思想危机的回应"。① "五四"运动前后，有梁启超对东方文化的反思和提倡；也有以杜亚泉、章士钊等为代表的东方文化派，以吴宓、梅光迪等为代表的学衡派对东方文化（尤其是儒学）的坚守。以梁漱溟、熊十力、冯友兰、马一浮以及张君劢②等为代表的第一代现代新儒家，也正是在这种时代背景下成长起来的。"陈独秀、吴虞等人在《新青年》上所发动的对儒家思想传统的猛烈抨击，在客观上激发了儒家思想重新崛起。"③

梁漱溟针对陈独秀、李大钊等人"将中国文化连根的抛弃"的主张，试图以确定西洋哲学、中国哲学、印度哲学"三方情势"和"未来文化"发展方向的方式，在"世界文化三期重现说"中为中国哲学（儒学）预留了一个位置。这些都是对"将中国化彻底打倒"和"全盘西化"主张的有力响应。④ 冯友兰的"新理学"则是受中国哲学史上的先秦道家、魏晋玄学、唐

---

① 相关讨论参见张灏：《新儒家与当代中国的思想危机》，见《幽暗意识与民主传统》，北京：新星出版社 2010 年版，第 97 页。

② 李泽厚先生认为张君劢在现代新儒家群体中思想驳杂，创获不多，不具有代表性。参见氏著：《略论现代新儒家》，见《中国现代思想史论》，北京：三联书店 2008 年版。但张君劢的思想主张在"科学与人生观"论战时，在抗战时期提倡民族自信力时，在台湾为儒家文化辩护时，都对儒学思想的复兴发挥了不容忽视的历史作用。现代新儒家群体中应该有他的位置。

③ 参见汤一介、李中华主编，胡军著：《中国儒学史·现代卷》，北京：北京大学出版社 2011 年版，第 55 页。

④ 梁漱溟：《东西文化及其哲学》，北京：商务印书馆 2010 年版。

代禅宗的"超乎形象底"形上学的启示，"利用现代新逻辑学对于形上学底批评，以成立一个完全'不着实际'底形上学"。① 他们"力图以儒家学说为本位，来吸纳、融合、会通西学，仍然想把儒学作为改造中国社会的指导思想，或以儒学来解释中国社会的结构和发展"。② 相比于熊十力的"新唯识论"和冯友兰的"新理学"，梁漱溟与马一浮并未形成自己完整的思想体系，但梁、马二人的思想学问及其影响并不在熊十力之下。因而梁漱溟、熊十力、马一浮三人被后人合称为"现代三圣"。

现代新儒家浓重的心学色彩，除了受佛学复兴影响并师承熊十力的思想（如牟宗三、唐君毅、徐复观等），也在一定程度上受孙中山的影响。例如贺麟就认为："我们的新哲学当然亦有理想人物作为向往的目标，这无疑地便是积四十年之革命、百折不回、创制民国的孙中山先生了。"③ 贺麟的新心学体系形成于 20 世纪 40 年代，其对王阳明和孙中山思想的发挥之处颇多。④ 新中国成立后居于我国港台的牟宗三、唐君毅等人，

---

① 冯友兰：《新原道》，见《贞元六书》，北京：中华书局 2014 年版，第914 页。

② 孔凡岭主编：《孔子研究》导言，见傅永聚、韩钟文主编：《20 世纪儒学研究大系》，北京：中华书局 2003 年版，第 9 页。

③ 参见贺麟：《现代思潮的演变与剖析》，见宋志明编：《儒家思想的新开展：贺麟新儒学论著辑要》，第 206~207 页。当然，蒋介石对阳明心学的提倡也是这个时代大潮的表现之一。在民国时期的思想史发展脉络中，蒋介石只是推动者，而不是引领者。

④ 参见贺麟：《五十年来的中国哲学》，沈阳：辽宁教育出版社 1989 年版。

虽然受德国哲学影响很大，但其立论根柢是心性道德；虽力图融合民主、科学形成"新外王"，但立足点是在"致良知""以心通"的"内圣"，其理路是由"内圣开出新外王"，仍是心学之流裔。

以冯友兰、侯外庐等著名学者为首的哲学界开创了"新哲学"一脉，而"中国哲学史""即就中国历史上各种学问中，将其可以西洋所谓哲学名之者，选出而叙述之"①。冯友兰自己也认为，他的"新统"是"最哲学的哲学"。冯友兰对哲学的理解是不同于马克思主义者对哲学的理解的。"哲学本来是空虚之学。哲学是可以使人得到最高境界底学问，不是使人增加对于实际底知识及才能底学问。"②"新哲学"即以"马克思主义哲学"或"西洋哲学"为理论框架，以传统中国的学术成果为填充材料，是把包括儒学在内的中国学术哲学化。因此在新中国成立后中国儒学思想的发展脉络一分为二，即主要在港台地区的"新心学"一脉和大陆的"新哲学"一脉。

"新哲学"受马克思主义哲学影响，呈现出多种面貌。作为儒学核心经典的"十三经"，也不同程度地分散到了文献学、哲学、历史学等现代学科之中。儒学在这一时期内不仅成了无用

---

① 冯友兰：《中国哲学史》（上），上海：华东师范大学出版社 2010 年版，第 3 页。

② 参见冯友兰：《新原道》，见《贞元六书》，北京：中华书局 2014 年版，第 924 页。

的"僵尸"①，更处于"三家分晋"的支离境地。② "文革"时期的"批孔"运动，是 2000 余年来对儒学进行的最猛烈的批判。"孔家店"几乎完全被打碎了。这无疑是儒学学统的中断，但也是另一种意义上的绝地新生和贞下起元。

总的来看，新文化运动时期出现的陈独秀"新青年"主张，鲁迅的改造"国民性"思想，孙中山的"心理建设"，以及蔡元培的"教育救国"，梁启超的"全人格的觉醒"，其最终指向都是在寻找中国的新出路。此时自由、民主的"新"，已经与以儒学为代表的"旧"势不两立了。欲立新，新文化运动时期的知识分子们认为，必须从"打孔家店"的破旧开始。新文化运动时期的新式知识分子们选择了另外一条道路来实践民主共和——"堂堂正正以个人主义为前提"③，通过"打孔家店"，使自由平等民主共和观念在每个人心中生根、成长，以此作为实践民主共和政治的保障。也正因这层含义，这场运动在后人眼中就带有了启蒙的意味。正是这一时期的"打孔家店"活动，打击了儒学作为意识形态的价值

① 参见周予同：《僵尸的出祟：异哉所谓学校读经问题》，《一般（上海）》1926 年第 1 卷第 2 号。周予同先生主张"经学已死，经学史的研究应该开始"。参见周予同著，朱维铮编校：《经学和经学史》，上海：上海人民出版社 2012 年版，第 23 页。

② 王学典认为，在 20 世纪后半期，儒学典籍实际上处在"三家分晋"的状态。参见王学典：《中国向何处去：人文社会科学的近期走向》，《清华大学学报（哲学社会科学版）》2016 年第 2 期。

③ 李亦氏：《人生唯一之目的》，《青年杂志》1915 年第 1 卷第 2 号。

正义性，为新思想新主义的传入开辟了道路，推动了国家意识形态领域的理论更替。

二、政治派系斗争与意识形态建设的困境

新文化运动时期意识形态重建的两难就在于，袁世凯帝制运动的失败和共和制的重新确立以及这一时期新派学人对帝制的批判，导致帝制儒学意识形态主导的保守主义政治道路丧失了价值正义性；而民国初年自由主义民主政治实践的混乱，又导致民主政治在北洋军阀政府时期的实践面临困境。民国初年中国国家意识形态领域于是陷入进退失据的两难境地之中。

同时，从政治力量对比上来看，袁世凯的失败及突然离世，使得北洋军阀控制下的北京政府出现了权力真空和交接危机。彼此难分胜败的各方势力，围绕最高权力的归属展开了旷日持久的斗争，北洋政府维持全国基本政治秩序的能力丧失。于是，意识形态实践的两难与派系斗争结合，进一步加剧了新文化运动时期的政治混乱。

（一）北洋政治派系斗争与民国初年政局的混乱

袁世凯去世以后，虽然其继任者废除了帝制运动前期制定的带有帝制色彩的官僚制度及各色名号，恢复了《中华民国临时约法》，但这一时期的"共和"也好、"法统"也好，都成为各派军阀争夺中央政权的工具。

这一时期的北洋军阀们在激烈的派系斗争中，都把自己打

扮成民主制度"义无反顾"的支持者，都指责对方"殃民祸国"①。北京的中央政权成了各路军阀各显神通的"演武场"，以武力解决派系政治矛盾和以督军团②干预决策是各路军阀争夺中央政权的主要形式。

仅在1917年，北京就存在段祺瑞、黎元洪、张勋、冯国璋四方势力互相争夺政权。北洋军阀的几大巨头实力相差不大，因而如走马灯一般你方唱罢我登场。这一时期几次大的政治事件有：府院之争（1916—1917）、张勋复辟（1917）、护法战争（1917—1918）、安福国会（1918—1920）、奉直共治（1920—1922）、法统重光（1922）、贿选总统（1923）、废弃法统（1924）、奉军入关（1926）等。在这一过程中，虽有新旧约法之争和制定宪法的讨论，但具体结果要么是意见对立争执不下，要么成为派系斗争中的一纸空文。

派系斗争压倒国家建设的典型案例之一，是张勋复辟前后各方势力的谋画与行动。张勋进京前，段祺瑞的心腹大将徐树铮向参加第四次徐州会议的与会者王郅隆表示："张勋是复辟脑袋，先让他去做。"有人推测，段祺瑞是要"假张勋之手以驱

---

① 张宪文：《中华民国史》第一卷，南京：南京大学出版社2005年版，第213页。

② 督军团，即1916年9月在第二次徐州会议期间成立的"省区联合会"，由奉、吉、黑、直、鲁、豫、苏、浙、赣、鄂十省督军代表，以及绥、察、热三区代表宣布成立。参见张宪文：《中华民国史》第一卷，南京：南京大学出版社2005年版，第190页。

黎，然后拥护共和再打倒张勋，恢复段之政权"①。张勋也在复辟失败后通电揭露真相称："数年以来，密谋进行，全仗众力。"张勋进京后，"又密电各方面征求同意，亦皆许可"②。然而段祺瑞发表反对复辟的通电之后，北洋系将领纷纷加入"讨逆军"，全国亦一致声讨。于是张勋复辟在很大程度上成为段祺瑞驱逐黎元洪的工具。

在1924年的北伐战争爆发之前，中国主要政治力量包括把持北京中央政权的北洋军阀一系，两广的国共两党合作政权和半独立的各地方军阀，因此国家统一问题是最大的政治问题。与此同时，在政界和学界大致形成了会议统一方案、武力统一方案、联省自制方案、法统统一方案等。③ 最终在形式上统一中国的国民党，是通过北伐战争完成这一历史任务的。在各方政治力量的竞争式发展中，没有任何一方会把扩大地盘的可能性拱手让与对方。和平统一的道路，在袁世凯发动癸丑之役（即二次革命。北洋派称之为癸丑之役，国民党称之为二次革命）之后就已经不可能实现。

这一时期陷于中央权力之争的中华民国北京政府，不仅意识形态建设方向陷于停顿，而且就如国家根本大法的宪法制定也难以有效展开。

---

① 曾毓隽：《忆语随笔》，见杜春和等编：《北洋军阀史料选辑》（上），北京：中国社会科学出版社1981年版，第269页。

② 《中华新报》1917年7月19日，转引自张宪文：《中华民国史》第一卷，南京：南京大学出版社2005年版，第200页。

③ 肖高华：《现代国家建构：20世纪20年代中国知识界的政制设计及论争》，北京：中国社会科学出版社2013年版，第42~70页。

（二） 重建"法统"的努力与意识形态建设困境

这一时期，还有一条含有意识形态建设意义的所谓"法统"的演变脉络。从 1916 年洪宪帝制崩溃，到 1924 年段祺瑞宣布"法统已坏，无可因袭"① 前后，在此期间举行过四次制定宪法的会议，并陆续地形成了《中华民国宪法草案》②、《中华民国宪法》③ 和《中华民国宪法案》④ 三个宪法文件。北京政府先后组织的四次制宪会议大致情况是：

在 1916 到 1917 年的制宪会议中北洋政府曾尝试制定新的约法，然而议员们彼此"争议极大，常因辩论起冲突，浸至议员交哄，酿成利用督军团干宪之事"⑤。此时争论的焦点主要有孔教问题、紧急教令问题、省制问题等。制宪会议中的各代表针锋相对，互不相让，甚至引发大斗殴。至督军团干预制宪，宪

---

① 《段祺瑞就任临时执政并发表国是主张通电》（1924 年 11 月 21 日），见中国第二历史档案馆编：《中华民国史档案资料汇编》第三辑政治（二），南京：江苏古籍出版社 1991 年版，第 1478 页。

② 《中华民国宪法草案》在 1919 年 8 月 12 日由宪法起草委员会决议通过。参见沈云龙主编：《近代中国史料丛刊续编》第八十一辑《中华民国宪法史料》，台北：文海出版社 1974—1982 年版。

③ 《中华民国宪法》1923 年 10 月 10 日由北京宪法会议公布，后称"贿选宪法"。参见沈云龙主编：《近代中国史料丛刊续编》第八十一辑《中华民国宪法史料》，台北：文海出版社 1974—1982 年版。

④ 《中华民国宪法案》在 1925 年 12 月 11 日草案由国宪起草委员会三读通过。参见沈云龙主编：《近代中国史料丛刊续编》第八十一辑《中华民国宪法史料》，台北：文海出版社 1974—1982 年版。

⑤ 杨幼炯著，范忠信等校：《近代中国立法史》，北京：中国政法大学出版社 2011 年版，第 148 页。

法审议会议员纷纷辞职，于是不足法定人数，无期延会。① 最终的结果是各方妥协，恢复民国元年的《临时约法》。

1918—1919 年由安福系包办成立的新国会，组织成立了宪法起草委员会，以《天坛草案》为基础制定了一部宪法。后因安福俱乐部被迫解散，该宪法也成一纸空文。②

1923 年贿选总统曹锟匆忙召集了宪法会议。在制宪会议召开过程中，共开会不过数次；从 10 月 4 日完成地方制度二读会，到 10 月 10 日《中华民国宪法》公布，为时不足七日。"六七载争论不决之问题，一一解决，进行之速，实可警人。"③

1925 年，又有段祺瑞以临时执政名义召集国宪起草委员会，选举林长民为委员长制定《中华民国宪法案》。因段祺瑞执政府于当年 12 月瓦解，宪草于是流产。④

北洋军阀各派对中央行政权的争夺和四次宪法会议的召集，均是在"三权分立"的代议体制下运作的。⑤ 这样一种权力运作模式，毫无疑问是受自由主义意识形态影响而形成的。因此有

---

① 杨幼炯著，范忠信等校：《近代中国立法史》，北京：中国政法大学出版社 2011 年版，第 149~153 页。
② 杨幼炯著，范忠信等校：《近代中国立法史》，北京：中国政法大学出版社 2011 年版，第 182~184 页。
③ 杨幼炯著，范忠信等校：《近代中国立法史》，北京：中国政法大学出版社 2011 年版，第 206 页。
④ 杨幼炯著，范忠信等校：《近代中国立法史》，北京：中国政法大学出版社 2011 年版，第 216~217 页。
⑤ 参见李云霖：《枢机转捩：近代中国代议制度研究》，北京：中国政法大学出版社 2016 年版，第 97~151 页。

学者认为："从根据儒家伦理作为最高政治目标来治国，过渡到'以法立国'和'以法治国'，应当说是一种历史的进步，这也是辛亥革命之历史意义所在。"① 但在民国政治的具体实践中并未形成法国式的多党制，也未形成美国式的邦联宪法。各方政治势力都试图以一己之力把持政府，从而完全掌控中枢权力机构。因此"三权分立"的框架内运作的北洋政府，实际上仍处在两种意识形态实践道路的夹缝之中。此时能够主持政局的北洋军阀们仍在一定程度上持有"圣人执要，四方来效"的统治理念，并不能区分自由主义民主政治的强有力的中央政府和传统中国帝制儒学意识形态的皇帝专制之间的不同。因而曾有学者指出，北洋军阀政府时期的政治混乱实际上是宗法专制思想、权威体制和民主议会制度的冲突。② 自由主义意识形态和帝制儒学意识形态，在这一点上的矛盾是极其尖锐的。

这一时期的中国政治局势，儒学意识形态已经经过"打孔家店"而不可用，自由主义民主政治又在军阀混战中不得推进，于是意识形态建设处在逡巡的状态下。在一定程度上可以认为，这一时期中国是在自由主义民主政治的名义下陷入了国家整体上的"无政府状态"，"中国向何处去"这一问题亟待解决。

在这种局面下，意识形态建设只有破旧而立新这一条路可

---

① 许纪霖、陈达凯主编：《中国现代化史·第一卷 1800—1949》，上海：学林出版社 2006 年版，第 339 页。

② 参见李云霖：《枢机转捩：近代中国代议制度研究》，北京：中国政法大学出版社 2016 年版，第 272~314 页。

走，也唯有更强有力的新意识形态的力量、革命的手段、寻求新的"核心力量"，才能开出一条新路。李大钊明确提出："本会同人已经两载之切实研究，对内对外似均应有标明本会主义之必要，盖主义不明，对内既不足以齐一全体之心志，对外尤不足与人为联合之行动也。"[①] 因而新的主义是这一时期中国先进分子团结行动的旗帜，主义是改造社会的工具。[②] 此时中国的先进知识分子已经在马克思主义指引之下，意识到了意识形态的力量。在民国初年，这个由新的意识形态所开创的新道路，就是三民主义的逐步成熟和马克思主义的曙光初露。

三、意识形态领域三足鼎立格局的形成

新文化运动时期的新式知识分子们以进化论为理论指引，以"自由平等""民主科学"为武器，批判儒学的"三纲五常"、宗法礼教，以新旧不两立、除旧而布新的战斗姿态"打孔家店"，试图为新文化、新思想开路。

这一时期的除旧，在本质上就是打击儒学意识形态的价值正义性，为自由主义的民主政治实践打开道路。儒学在帝制社会中绵延演进了两千年（公元前 221 至公元 1912），最终在"打

---

① 李大钊：《在少年中国学会北京会员茶话会上的讲话（1920 年 8 月 19 日）》，见中国李大钊研究会编著：《李大钊全集》第三卷，北京：人民出版社 2006 年版，第 212 页。

② 参见李大钊：《再论问题与主义（1919 年 8 月 17 日）》，见中国李大钊研究会编著：《李大钊全集》第三卷，北京：人民出版社 2006 年版，第 2 页。这一点认识与孙中山完全相同。

孔家店”的冲击下走进了衰落期。

（一）帝制儒学意识形态历史正当性的逐步丧失

袁世凯“洪宪帝制”的失败，不仅断送了民国初年政治社会转型的历史机遇期，终结了中国保守主义政治道路的正义性，而且遏止了以康有为、陈焕章等为代表的一批儒生的政治尝试，并最终埋葬了帝制儒学意识形态的政治生命。

自汉武帝以来一直作为庙堂之学的儒家学说，忽而在 1915 至 1921 年间成了“孔家店”，孔圣人成了孔丘、孔老二。这是在儒学遭受佛教冲击严重的时代也未曾出现的状况，预示了一种新的变化——作为帝制时代意识形态的儒学正在崩溃，其原有的地位即将被新的意识形态所取代。1905 年废除科举制，即废除了儒学的制度保障，打碎了士人通过读经书进入仕途的进身之阶，也就使儒学丧失了通过儒生群体影响国家道路的作用。

1911 年辛亥革命又打碎了儒学的政治靠山，随着清帝国一起倒塌的，还有与民主共和不兼容的帝制政治模式。儒学从此处在无所依傍的“游魂”境地。虽然孔教会诸人试图用“借尸还魂”之法，模仿基督教的教会体系来创立孔教会，以作为儒学的实体组织，但这种方式因与儒学思想特质不符而一开始就存在着强烈的反对声音。也因康有为、梁启超、陈焕章等人借政治势力的扶持而壮大孔教声势的做法，欲恢复帝制的主张，使袁世凯在酝酿“洪宪帝制”期间把孔教运动当成复辟帝制的工具——孔教运动于是在新文化运动期间成了被批判的对象。

“如果说辛亥革命从政治上制度上标志着儒学统治地位的开

始终结,但真正宣告儒学统治地位终结的还是'五四'新文化运动。"[①] 1915 年至 1921 年的"打孔家店"、传播新思想的新文化运动,则更进一步地打击帝制儒学意识形态的价值正义性。新文化运动倡导者以"自由平等""民主科学"观念为民主政治做启蒙式的开创工作,在社会上特别是青年学子中产生了深远影响。这种影响在新文化运动时期尚未体现在国家政治的进程中,它将与稍后的国家层面的政治实践逐渐合流。

(二) 自由主义意识形态价值正义性的再造

新文化运动以来,中国的自由主义意识形态的政治实践也开始逐渐走出模仿照搬的阶段。经由孙中山的结合革命实践经验的理论创造,三民主义理论体系已逐渐成熟,其主要表现就是孙中山在 1917 至 1921 年陆续完成的《建国方略》(包括《孙文学说》《民权初步》《实业计划》三部分) 以及 1921 年演讲的《五权宪法》,1924 年详细讲演的《三民主义》。最终国民党以《建国大纲》和《中国国民党第一次全国代表大会宣言》的形式,承认了三民主义的政治地位。

孙中山晚年完善了军政、训政、宪政的三期革命理论,并详细规划了实业建设、社会建设、心理建设的具体内容,明确了三民主义的政治理想和实施方案,从而使脱胎于自由主义的三民主义成为一个较为完整的理论体系,初步具备了意识形态

---

① 吴江:《中国封建意识形态研究》,兰州:兰州大学出版社 2003 年版,第 216 页。

的特征。它的作用正如孙中山所言：“我们想造成一个完完全全的新世界，一定要用三民主义来做建设这个新世界的工具。”①

孙中山在 1917 年 2 月完成的《民权初步》(原名《会议通则》)中认为，“无如国体初建，民权未张，是以野心家竟欲覆民政而复帝制”，“所幸革命之元气未消，新旧两派皆争相反对帝制自为者，而民国乃得中兴。今后民国前途之安危若何，则全视民权之发达如何耳。”民权具体内容则是选举官吏、罢免官吏、创制法案、复决法案之权。民权发达须“从固结人心、纠合群力始。而欲固结人心、纠合群力，又非从集会不为功”。《民权初步》就是对集会决议等事项的规定，意在教“国民之学步”②。《实业计划》为社会建设，最早的英文版发表于 1918 年。这部著作对全国铁路、港口、运河、矿业、农业、商业、渔业等皆有全面而详细的计划。③《孙文学说》即心理建设，于 1919 年春夏间完成。

针对民国初年的自由主义政治理想不得实施的状况，孙中山认为革命本意是废除“满洲”之专制，却转而生出“强盗之专制”，重要原因是革命党人对革命理想的信仰不够坚定：“不图革命初成，党人即起异议，谓予所主张者理想太高，不适中

---

① 孙中山：《在桂林军政学七十六团体欢迎会的演说（1921 年 12 月 7 日）》，见《孙中山全集》第六卷，北京：中华书局 2011 年第 3 版，第 8 页。

② 孙中山：《建国方略之三·民权初步（社会建设）（1917—1919 年）》，见《孙中山全集》第六卷，北京：中华书局 2011 年第 3 版，第 412~413 页。

③ 孙中山：《建国方略之二·实业计划（物质建设）（1917—1919 年）》，见《孙中山全集》第六卷，北京：中华书局 2011 年第 3 版，第 247~411 页。

国之用。"孙中山首先归结为自己号召力不够，有自己德薄不足以率众的原因；但最重要的则在于："然而吾党之士，于革命宗旨、革命方略亦难免有信仰不笃、奉行不力之咎也，而其所以然者，非尽关乎功成利达而移心，实多以思想错误而懈志也。"①为解决这个问题，孙中山提出"行易知难"的孙文学说，其目的在破除"知之非艰，行之惟艰"的国人心理之大敌，"庶几吾之建国方略，或不致再被国人视为理想空谈也。夫如是，乃能万众一心，急起直追。"②孙中山的"行易知难"说至蒋介石而发展为"力行哲学"，成为推行三民主义的有效理论。

（三）马克思主义意识形态的锋芒初露

与此同时，在儒学的旧路已经崩溃、自由主义的新路前途未明之际，马克思主义的传入为苦苦探索"中国向何处去"的先进分子带来了一种崭新的思考。马克思主义在此时的传入，恰好弥补了民国初年因复辟运动暨保守主义政治道路的失败、照搬自由主义民主政治的实践混乱而留下的意识形态空白。

在民初的复辟运动失败后，中国理论界陷入了一种走投无路的迷茫期，对此民国学界的一种基本认识就是，"数年来政治上之纷扰，极矣"③。因而民国初年一部分有识之士逐渐意识到，

---

① 本段上引自孙中山：《建国方略之一·孙文学说（心理建设）（1917—1919年）》，见《孙中山全集》第六卷，北京：中华书局2011年第3版，第158页。

② 孙中山：《建国方略之一·孙文学说（心理建设）（1917—1919年）》，见《孙中山全集》第六卷，北京：中华书局2011年第3版，第159页。

③ 《政治纷扰之原因》，《大中华杂志》1916年第2卷第7号。

谋求某如国体、宗教、教育、家庭伦理等具体问题的解决并不能解决民国初年的政治问题，进而国内出现了一种枝叶解决不可行、需根本解决的主张："根本救济方法，在打破一切藩篱。中国全身是病，非根本解决不可！"[①] 民国初年马克思主义的传入，恰好为分析民国初年政治上、法律上、宗教上的混乱缘由提供了一套理论严密的解释框架，同时提供了一个具有成功案例的能够解决混乱局面的方案。"十月革命一声炮响，给我们送来了马克思列宁主义。十月革命帮助了全世界的也帮助了中国的先进分子，用无产阶级的宇宙观作为观察国家命运的工具，重新考虑自己的问题。走俄国人的路——这就是结论。"[②]

1919 至 1921 年间的关于"问题与主义"的论战和社会主义的论战，在传播马克思主义的同时，也使一部分知识分子坚定了走俄国式的工人运动道路的决心。五四运动后，一部分受十月革命和"布尔什维克"主义影响的知识分子开始到工人中进行宣传和组织工作。早期的共产主义知识分子群体和被共产主义思想武装起来的工人群体的不断壮大，使马克思主义开始在中国一步步地由理想变成现实。[③] 这一时期主张马克思主义的中国共产党的力量还不够强大，不得不寻求与国民党的合作，在

---

① 杨杏佛：《政治与实业》，《晨报副刊》1924 年第 163 号。

② 毛泽东：《论人民民主专政（1949 年 6 月 30 日）》，见《毛泽东选集》第四卷，北京：人民出版社 1991 年版，第 1471 页。

③ 参见丁守和、殷叙彝：《从五四启蒙运动到马克思主义的传播》，北京：三联书店 1979 年第 2 版，第 277~367 页。

三民主义的旗帜下发展共产主义以积蓄力量。

在理论指向上，马克思主义寻求一种"彻底的解决"——"共产主义革命就是要最坚决地打破过去传下来的所有制关系；所以，毫不奇怪，它在自己的发展进程中要最坚决地打破过去传下来的各种观念"①，是要坚决地"消灭私有制"②，"尽可能更快地增加生产力的总量"并创建一个共有共产的新世界。③ 俄国红色政权的建立与发展，马克思主义意识形态在俄国的成功实践，不仅是一种精神上的激励，同时提供了理论上和实践上的指导。

马克思主义的无产阶级革命理论顺应了新文化运动中民主平等的民众觉醒的启蒙趋势，且更为彻底。以工农群众为革命依靠力量，这在中国有巨大的政治潜力。更为重要的，马克思主义有纪律严明的党组织，这能使觉悟了的无产阶级具有强大的组织凝聚力和政治向心力。这就表明了马克思主义具有与帝制儒学、自由主义两大意识形态完全不同的理论特质与实践指向，这也正是其在近代中国的政治生命力所在。

（四）"中国目前三个思想鼎足而立"

在这一过程中，伴随着西方思想的传入，自然有各种各样

① 马克思、恩格斯：《共产党宣言》，见《马克思恩格斯全集》第四卷，北京：人民出版社1965年版，第489页。
② 马克思、恩格斯：《共产党宣言》，见《马克思恩格斯全集》第四卷，北京：人民出版社1965年版，第480页。
③ 马克思、恩格斯：《共产党宣言》，见《马克思恩格斯全集》第四卷，北京：人民出版社1965年版，第489~490页。

的主张在中国兴起，如吴稚晖、刘师培等人主张的无政府主义，中国青年党的国家主义以及胡适等人主张"一点一滴的改良"的实验主义等。这些主张所关注的都是帝制运动失败后中国国家与社会的秩序重建问题。

关于这一时期的意识形态或政治力量的基本格局，胡适在《我们走那条路？》中明确指出，此时存在着中国国民党、中国青年党（国家主义者）、中国共产党三派。① 罗隆基在随后致胡适的信中，也借上海《民报》的评论谈到"中国目前三个思想鼎足而立：（1）共产；（2）《新月》派；（3）三民主义"② 基本的状态。《新月》派所指即胡适派的自由主义者③，胡适派与三民主义则共同发源于自由主义。如果联系到儒学在这一时期对新三民主义的影响，则我们能够认识到在近代中国的进程中真正对国家发展道路起着决定性作用的三大意识形态即中国传统的儒学、三民主义和共产主义。

以民国年间政治变迁的大势来说，邓演达对这种意识形态并存的局势认识比较准确："我们如果把太平天国的革命连续下来观察，那我们必须承认：中国是无时无日不在与旧的封建文化结算的大潮中间"，然而自俄国革命以后，"在中国目前的革

---

① 胡适：《我们走那条路？》，《新月》1929 年第 2 卷第 10 号。

② 罗隆基：《罗隆基致胡适 1931 年 5 月 5 日》，见中国社会科学院中华民国史组编：《胡适往来书信选（中）》，北京：中华书局 1979 年版，第 64 页。

③ 相关讨论参见章清：《"胡适派学人群"与现代中国自由主义》，上海：上海三联书店 2015 年修订版。

命运动中的确是有两个大潮：资本主义的意识形态和社会主义的意识形态。所以就主观上说，在革命的行程中，都是否定中国的封建文化，而要创造新的文化。"[①]"旧的封建文化""资本主义的意识形态""社会主义的意识形态"这样的意识形态格局的初步形成，则是在 1915 至 1921 年间。从这种意义上来看，"中国目前三个思想鼎足而立"的判断是大致可以成立的。

三大意识形态并存于中国的初期，正是儒学意识形态逐步崩溃，三民主义意识形态走向成熟，马克思主义开始传入中国的时期。因此新文化运动前后，中国正处于意识形态的新旧交替时期。由此观之，近年来学界中的马克思主义派、文化保守主义派和西化派，都不约而同地纪念五四新文化运动且声势规模越来越大，其思想与历史的根源正在于此。当我们仍需追问路在何方时，回望历史中国的道路或许能够启发一点有益的思考。

---

① 邓演达：《中国内战与文化问题》，《革命行动》1930 年第 2 期。

第三章

儒学在南京国民政府时期意识形态中的重生

  洪宪帝制失败后，北洋军阀集团控制下的中央政府名存实亡，全国逐渐进入军阀割据的状态。此后一段时期内，国家意识形态领域的空白和中央政权的急剧更迭，使多方政治力量及其主张呈现出"百舸争流"的局面。终结这种莫衷一是之意识形态建设局面的，是三民主义作为一种意识形态在理论建构上的成熟和在实践上的推广。

  从中国国民党主导的北伐战争开始，各方政治力量对比不断发生变化，三民主义意识形态也就随着国民党政治势力的扩张而上升为国家意识形态。三民主义在上升为国家意识形态的过程中表现出强烈的排他性，在成为国家意识形态之后又在蒋介石的主导下进一步吸收宋明道学和马列主义的思想资源，三民主义最终成为以"力行哲学""宋明道学"为主要理论表现的精英化的意识形态。

一、孙中山晚年的三民主义建构及其对儒学的吸收

三民主义的理论不完备的弊端，经由孙中山晚年的理论改造已经逐步被克服。① 在这一过程中虽然三民主义脱胎于自由主义的特点依旧非常明显，并且在孙中山设想中的三民主义仍旧指自由主义式的民主政治的方向，但三民主义也逐步吸收了儒学和社会主义的某些成分。

南京临时政府时期的三民主义，还只是一种革命理论。作为一种革命理论，三民主义有明确的革命对象，即以民族主义推翻清朝政权，以民权主义推翻专制制度，以民生主义打破财产垄断、发展国民经济。作为一种革命理论的三民主义对如何建设国家、建设社会，此时仍缺乏全面的规划和切实可行的主张。于是在国家意识形态领域，南京临时政府时期的国家建设是仿行"欧美之法"，即直接借鉴自由主义意识形态的建设方案。因此，欧美式的总统制和内阁制的主张皆曾在此时的国民党内盛行一时。正因照搬的"欧美之法"不能适应中国政治环境，袁世凯组建北京民国政府的中央政权之后，"欧美之法"就逐步在保守主义政治道路中被废弃了。三民主义真正形成一套国家建设方案、成为一种成熟的意识形态的标志，是孙中山的

---

① 学界有新旧三民主义的区分。在本书的语境中，旧三民主义指的是三民主义作为一种革命理论而存在的，此时是不成熟意识形态的状态；而经孙中山晚年调整后的所谓新三民主义，其理论重心已经转向建构政治秩序的方面，具备了成熟意识形态的属性。

《建国方略》《三民主义》等重要文献的形成。

三民主义由一种革命理论到一种成熟的国家意识形态的转变，除了其理论体系不断完善，还主要在于两个方面的成熟：

其一是具体的推行策略的形成。初期主要体现在"行易知难"说对"行"的强调和《民权初步》中的具体规定。孙中山的军政、训政、宪政的三期革命理论，在武昌起义前就已经提出。但显而易见，民国初年（1912—1916）并未按照这个方案实行。孙中山在二次革命失败后鉴于党内行动不统一、信仰不坚定的现状，曾认为"原第一次革命之际及至第二次之时，党员皆独断独行，各为其是，无复统一，因而失势力、误时机者不少，识者论吾党之败，无不归于散涣，诚为确当"①，因而得出"政治之隆污，系乎人心之振靡"②的结论。于是孙中山提出了"孙文学说"，以谋求主义之贯彻，孙中山又造中华革命党，强调要服从于孙文一人，又分首义党员、协助党员、普通党员③，也是为了主义之贯彻，并认为"党本是人治，不象国家的法治"，服从个人"就是服从我的主义"。④

<hr />

① 参见孙中山：《致南洋革命党人函（1914 年 4 月 18 日）》，见《孙中山全集》第三卷，北京：中华书局 2011 年第 3 版，第 82 页。

② 孙中山：《建国方略之一·孙文学说（心理建设）（1917—1919 年）》，见《孙中山全集》第六卷，北京：中华书局 2011 年第 3 版，第 158 页。

③ 孙中山：《中华革命党总章（1914 年 7 月 8 日）》，见《孙中山全集》第三卷，北京：中华书局 2011 年第 3 版，第 98 页。

④ 孙中山：《在上海中国国民党本部会议的演说（1920 年 11 月 4 日）》，见《孙中山全集》第五卷，北京：中华书局 2011 年第 3 版，第 394、393 页。

其二，是在完善三民主义理论体系时充分考虑到了中国的历史传统，并对中国原有的儒学进行取舍吸收，走出了仿行、照搬"欧美之法"的阶段。孙中山在 1923 年称："余之谋中国革命，其所持主义，有因袭吾国固有之思想者，有规抚欧洲之学说事迹者，有吾所独见而创获者。"① 有学者明确指出，在孙中山晚年，三民主义理论来源有三个方面，即西方资产阶级思想、中国的传统儒学和苏俄的社会主义精神。②

在对待中国传统儒学方面，孙中山首先表现为态度上的转变，在此基础上才有了取舍的可能性。这个态度上的转变可以用孙中山对五权宪法的解释为例——1906 年前后，孙中山对中国的科举制的态度是"考选本是中国始创的，可惜那制度不好，却被外国学去，改良之后成了美制"，也认为中国自古以来就有御史台专管监督弹劾，"然亦不过君主的奴仆，没有中用的道理"③。1911 年武昌起义后，孙中山在回国途中取道巴黎，在一次谈话中主张应彻底舍弃中国的君主专制制度，"惟有共和联邦政体为最美备，舍此别无他法也"④。而到了 1920 年，这种认识发生了微妙

---

①　孙中山：《中国革命史（1923 年 1 月 29 日）》，见《孙中山全集》第七卷，北京：中华书局 2011 年第 3 版，第 60 页。

②　参见贺渊：《三民主义与中国政治》，北京：社会科学文献出版社 2002 年第 3 版，第 125～126 页。

③　孙中山：《在东京〈民报〉创刊周年庆祝大会的演说（1906 年 12 月 2 日）》，见《孙中山全集》第一卷，北京：中华书局 2011 年第 3 版，第 330、331 页。

④　孙中山：《与巴黎〈巴黎日报〉记者的谈话（1911 年 11 月 21 日—23 日间）》，见《孙中山全集》第一卷，北京：中华书局 2011 年第 3 版，第 562 页。

的变化，孙中山明确提出"将外国的规制和中国本有的规制融和起来"① 的主张。这种调整来源于孙中山在民国以来的政治实践经验以及作为一个政治家的洞察力，使其能够站在国民党领导人的角度，及时调整民国初年一味推行"欧美之法"即民主共和理想的不成熟做法和急于求成的态度。

（一）二次革命失败后孙中山对儒学的逐步认同

在二次革命失败以后，自由主义民主政治在实践中遭到的巨大阻力和中国传统思维的强大惯性，促使孙中山逐渐意识到了儒学对中国政治的特殊影响。详细考察孙中山有关儒学和中国政治传统的论述，可以明显地发现孙中山对中国传统政治和文化有一个显著的、由否定到部分认同的态度转变，因而部分学者主张的孙中山对儒学"一贯认同"或"回归"的判断是不能成立的。

据《孙中山全集》可知，孙中山在解释三民主义时对儒学经典的引用，有一个从无到有的转变过程，这一过程大约发生在 1912 年与 1919 年间。虽然孙中山曾言自己"幼读儒书，十二岁毕经业"②，即使孙中山比一般孩子要聪明，但根据当时香山县私塾的教书次序，此时也只是背诵了"四书五经"的部分内容，更谈不到有多深的理解。③ 孙中山自己也说过，小时候所学

① 孙中山：《在上海中国国民党本部会议的演说（1920 年 11 月 4 日）》，见《孙中山全集》第五卷，北京：中华书局 2011 年第 3 版，第 392 页。
② 孙中山：《复翟理斯函（1896 年 11 月）》，见《孙中山全集》第一卷，北京：中华书局 2011 年第 3 版，第 47 页。
③ 参见黄宇和：《三十岁之前的孙中山——翠亨、檀岛、香港 1866—1895》，香港：中华书局有限公司 2011 年版，第 142～144 页。

在革命生涯中已忘却大半。并且孙中山少年时期即出国，接受的是西式教育，即使对儒学有认识，大都不过是华人社会的耳濡目染。孙中山在海外奔走活动时期，"但念欲改革政治，必先知历史，欲明历史，必通文字，乃取西译之四书五经历史读之，居然通矣"①。另据黄宇和考证，1883—1892 年孙中山在香港读书期间，所见到的英译"四书五经"应该是英国传教士理雅各（Rev. James Legge，1815—1897）所翻译出版的。香港中央书院就是理雅各所创，孙中山曾在此求学。② 可见，虽然孙中山在行文中偶也有引用孔子、孟子的话，但由这段论述可见孙中山在此时的儒学积累实为一般，对儒学的认同程度是远远不及晚年的。

对儒学与中国传统文化的态度，孙中山也有非常明确的表述。孙中山早年明确谈道："士人当束发受书之后，所诵习者不外于四书五经及其笺注之文字；然其中有不合于奉令承教、一味服从之义者，则且任意删节，或曲为解说，以养成其盲从之性。学者如此，平民可知。"③ 也就是说，孙中山在早年时认为流传到今天"四书五经"已经只剩下"养成其盲从之性"的说教了。因为对君主专制的深恶痛绝和对"四书五经"的思想改

①　孙中山：《在沪尚贤堂茶话会上的演说（1916 年 7 月 15 日）》，见《孙中山全集》第三卷，北京：中华书局 2011 年第 3 版，第 321 页。

②　参见黄宇和：《三十岁之前的孙中山——翠亨、檀岛、香港 1866—1895》，香港：中华书局有限公司 2011 年版，第 149 页。

③　孙中山：《伦敦被难记（1897 年初）》，见《孙中山全集》第一卷，北京：中华书局 2011 年第 3 版，第 51 页。

造作用的反感，孙中山认为："我们有自己的文明，但是，因为无法进行比较、选择而得不到发展，它也就停滞不前了。时至今日，这种文明已经和人民群众完全格格不入了。"① "文明"一词虽然稍有宽泛，但这段话可以视作孙中山早年对包括儒学在内的中国传统文化的批判态度。直至1911年武昌起义后，孙中山在回国途中取道巴黎，在一次谈话中仍主张照搬美国的政治设计而舍弃中国的中央集权制度："各省气候不同，故人民之习惯性质亦各随气候而为差异。似此情势，于政治上万不宜于中央集权，倘用北美联邦制度实最相宜。［……］倘以一中国君主而易去满洲君主，与近世文明进化相背，决非人民所欲，惟有共和联邦政体为最美备，舍此别无他法也。"② 此时孙中山对中国传统的政治文化还没有态度上的明显转变。

　　然而，1913年在日本神户的一次演讲中，孙中山就提到"我国数千年历史之中，最善政体莫为［如］尧舜。盖尧舜之世，亦为今日之共和政体，公天下于民。何以见之？即尧以舜贡［贤］而让位于舜，舜以禹贡［贤］而让位于禹也"。孙中山在认同儒学"三代之治"的基础上，着重批评秦以后的君主专制制度，从而把儒学政治理想与君主专制明确区分开来。"至

---

① 孙中山：《与〈伦敦被难记〉俄译者等的谈话（1897年初）》，见《孙中山全集》第一卷，北京：中华书局2011年第3版，第86页。

② 孙中山：《与巴黎〈巴黎日报〉记者的谈话（1911年11月21日—23日间）》，见《孙中山全集》第一卷，北京：中华书局2011年第3版，第562页。

到今日，始成共和，采美利坚、法兰西之美政，以定政治之方针。"[1] 此时仅仅是一种态度上的转变，孙中山虽然开始注意到本国历史传统，但仍与 1912 年蔡元培解释他的教育方针时所用的以儒学附会自由平等博爱的做法相似，认为美利坚、法兰西的政治制度仍是"美政"。

根据相关文献，大约从 1916 年起孙中山对儒学的认识发生了明显的变化——1916 年以孙中山名义发布的《规复约法宣言》称："吾国有六千年文明之历史。[……] 人习勤劳，加以尚慈善、好平和、善服从之诸美德，苟见发挥而光大之，则民生日遂，国度日昌，可操左券而获。"[2] 从批评"四书五经"的"养成其盲从之性"，到此时公开提倡"服从之诸美德"，孙中山的认识为什么会发生如此大的转变？归结起来，最可能在于对《尚书·泰誓》"纣有臣亿万，惟亿万心。予有臣三千，惟一心"的向往，这也是孙中山服膺儒学的关键所在。孙中山又引董仲舒"正其谊不谋其利，明其道不计其功"[3] 来说明国家繁荣是最大的功利，君子不应舍本逐末。人民的勤劳、慈善、平和、服

---

① 上引孙中山：《在神户国民党交通部欢迎会的演说（1913 年 3 月 13 日）》，见《孙中山全集》第三卷，北京：中华书局 2011 年第 3 版，第 43 页。对尧舜时期政府、汤武革命事业的赞美，还见于《在桂林学界欢迎会的演说（1922 年 1 月 22 日）》，见《孙中山全集》第六卷，北京：中华书局 2011 年第 3 版，第 68 页。

② 参见孙中山：《规复约法宣言（1916 年 6 月 9 日）》，见《孙中山全集》第三卷，北京：中华书局 2011 年第 3 版，第 305 页。

③ 参见孙中山：《规复约法宣言（1916 年 6 月 9 日）》，见《孙中山全集》第三卷，北京：中华书局 2011 年第 3 版，第 305 页。

从的美德，正是中国传统的儒学所主张的。孙中山又类比汉初叔孙通制定朝仪的历史，主张"国民者，民国之天子也。吾侪当以叔孙通自任，制定一切，使国民居于尊严之地位，则国民知所爱而视民权如性命矣"。① 这种以民主政治之先知先觉者自任的态度，是孙中山一贯持有的自信。但是这里的天子与贤相的类比，平和与服从的美德，是孙中山之前从未使用的表述。

在进一步详细解释五权宪法时，孙中山对中国传统政治与法律思想的态度也从立足于批判而转向改造与借鉴。五权宪法的构想一直是中西结合的创造，这一点孙中山自始至终是承认的。但颇有标志意义的是，孙中山在此时借阐释五权宪法的理论来源，明确提出了欧美政制与中国政制融合的说法："现在我们主张五权，本来即是现时所说的三权，不过三权是把考试权附在行政部分、弹劾权附在立法部分。我们现将外国的规制和中国本有的规制融和起来，较为周备。"② 孙中山也更新了对欧美之法的认识："中国的社会既然是和欧美的不同，所以管理社会的政治自然也是和欧美不同。［……］如果不管中国自己的风土人情是怎么样，便象学外国的机器一样，把外国管理社会的政治硬搬进来，那便是大错。"③ 这就为三民主义的理论更新奠

---

① 孙中山：《在沪尚贤堂茶话会上的演说（1916 年 7 月 15 日）》，见《孙中山全集》第三卷，北京：中华书局 2011 年第 3 版，第 324 页。

② 孙中山：《在上海中国国民党本部会议的演说（1920 年 11 月 4 日）》，见《孙中山全集》第五卷，北京：中华书局 2011 年第 3 版，第 392 页。

③ 孙中山：《三民主义（1924 年 1 月—8 月）》，见《孙中山全集》第九卷，北京：中华书局 2011 年第 3 版，第 320 页。

定了一个全新的认知视角。

孙中山在 1923 年称:"余之谋中国革命,其所持主义,有因袭吾国固有之思想者,有规抚欧洲之学说事迹者,有吾所独见而创获者。"① 这一时期孙中山等革命党人,已经能够全面正视儒学的价值,并对之进行借鉴取舍了。直至 1924 年,孙中山在与日本人的一次谈话中明确表示:"我辈之三民主义首渊源于孟子,更基于程伊川之说。孟子实为我等民主主义之鼻祖。社会改造本导于程伊川,乃民生主义之先觉。[⋯⋯]仅民族主义,我辈于孟子得一暗示,复鉴于近世之世界情势而提倡之也。"我们仔细梳理三民主义思想内涵的演变,就会发现这种说法只是孙中山为三民主义找到的新的理论支撑点,三民主义只是多了一个理论来源,而最终的制度设计仍然是自由主义民主政治。孙中山在另一场合中也称"兄弟底三民主义,是集合中外底学说,应世界底潮流所得的。[⋯⋯]兄弟底三民主义,在彼海外底伟人已有先得我心的。"② 孙中山此时这个提法的目的也是在于说明"三民主义非列宁之糟粕,不过演绎中华三千年来汉民族所保有之治国平天下之理想而成之者也。"③ 但孙中山的这种说法,也清晰地表明了他的一个态度转向——由原来的仿效欧美之法到吸收儒学的思

① 孙中山:《中国革命史(1923 年 1 月 29 日)》,见《孙中山全集》第七卷,北京:中华书局 2011 年第 3 版,第 60 页。

② 孙中山:《在中国国民党本部特设驻粤办事处的演说(1921 年 3 月 6 日)》,见《孙中山全集》第五卷,北京:中华书局 2011 年第 3 版,第 475 页。

③ 孙中山:《与日人某君的谈话(1924 年 2 月)》,见《孙中山全集》第九卷,北京:中华书局 2011 年第 3 版,第 532 页。

想资源以完善三民主义理论内涵的转变。

在理清孙中山对儒学认知的转变后，仍需要明确的是，孙中山接纳儒学始终是秉持着政治家的态度。在不问外事，专心著述的三民主义理论重塑时期（1916—1921），孙中山对包括儒学在内的各种政治学说的接纳或者批判，都是以构建"我的主义"①的态度去做的，因而三民主义意识形态面向社会现实的实践性，在吸收儒学的过程中得到进一步加强。但是在孙中山的三民主义理论体系中，儒学的基本精神还只是一个辅助性的填充物。儒学在三民主义理论体系中的这个辅助性特征，在孙中山对"内圣之学"的利用中表现得最为突出。

作为以顶层设计为最高指向的国家意识形态理论，三民主义始终面向的是中国革命与国家建设的实际。正是意识形态的这种实践性要求，使三民主义能够在革命时期、建设时期随时代要求的变化而呈现出不同的理论特质。三民主义意识形态理论创造的终极追求并不在学术思想的创新上，而是为了创造一个崭新的民主国家，这就是孙中山所说的"我们想造成一个完完全全的新世界，一定要用三民主义来做建设这个新世界的工具"②。这也是三民主义能够吸纳儒学，以至于能够吸纳社会主义的根本原因。在三民主义吸纳儒学的这一过程中，孙中山起

---

① 参见孙中山：《在上海中国国民党本部会议的演说（1920 年 11 月 4 日）》，见《孙中山全集》第五卷，北京：中华书局 2011 年第 3 版，第 393 页。

② 孙中山：《在桂林军政学七十六团体欢迎会的演说（1921 年 12 月 7 日）》，见《孙中山全集》第六卷，北京：中华书局 2011 年第 3 版，第 8 页。

到了决定性作用。

孙中山不同于我们现在所谓的知识分子，仅仅从学术理路上去推断孙中山对儒学认知态度的变化是不得要领的。孙中山在对三民主义进行理论建构时曾经明确谈道："如能用古人而不为古人所惑，能役古人而不为古人所奴，则载籍皆似为我调查，而使古人为我书记，多多益善矣。"① 戴季陶曾经为这句话做了比较恰当的进一步解释："我们读书是弯着腰去接近书，中山先生则是挺着胸膛在读书，合于他的需要的便吸取之，不合于他需要的便等闲视之。我们是役于书，而他则是役使着书。"② 从孙中山的这一立场出发，理清孙中山对儒学的态度变化，准确把握孙中山认同儒学时的精神世界，是理解儒学在三民主义意识形态中的恰当位置的前提。

正是由于孙中山的政治家立场，由孙中山所主导的三民主义理论内涵的变化，是与革命阶段的不同实践要求同步的。孙中山在革命时期对三民主义的理解是："驱除鞑虏，建立民国"是革命党人的主要任务，三民主义的革命性是主要的，建设性是次要的。正因这样的三民主义理论预设，在 1912 年辛亥革命成功、南京临时政府组建之后，三民主义就无力作为国家意识形态来继续指导民国的政治建设。

---

① 孙中山：《建国方略之一·孙文学说（心理建设）（1917—1919 年)》，见《孙中山全集》第六卷，北京：中华书局 2011 年第 3 版，第 180 页。

② 黄季陆：《国父的读书生活》，尚明轩、王学庄、陈崧编：《孙中山生平事业追忆录》，北京：人民出版社 1986 年版，第 839 页。

　　孙中山在"二次革命"失败后，反思辛亥革命以来国民党的政治活动，认为"当初创造同盟会，我也就抱着三民主义。不过当时同志鼓吹革命，全凭着一腔热血，未曾计划革命成功以后怎样的继续进行，怎样的完全达到我们的目的和主义。所以武昌起义成功以后，同盟会的同志就不能再往前做去，以致失败。"① 在革命之前孙中山虽然也考虑到了军政府与民权的过渡关系②，但缺少系统规划，以至于在南京临时政府的建设中革命党人往往各行其是。南京临时政府时期，革命党人以仿行"欧美之法"的方式试图在中国落实自由主义意识形态的政治设计，因此简单照搬欧美的总统制和内阁制的主张皆曾在民初的革命党内盛行一时，而完全没有顾及中国政治局面的实际。正是这种理论准备上的不充分，导致了政治实践上的迷茫和挫折。

　　三民主义在政治建设方面理论准备不充分，是由于孙中山等革命党人长期在海外活动、远离中国政治实际而造成的。所以在辛亥革命成功孙中山回国半年之后，他对政治局势的认识就已经有了部分转变——"是以北方如一本旧历，南方如一本新历，必新旧并用，全新全旧，皆不合宜。"③ 对中国传统的

_____

　　① 孙中山：《在上海中国国民党本部会议的演说（1920年11月4日）》，见《孙中山全集》第五卷，北京：中华书局2011年第3版，第390~391页。

　　② 孙中山：《与汪精卫的谈话（1905年秋）》，《中国同盟会革命方略（1906年秋冬间）》，见《孙中山全集》第一卷，北京：中华书局2011年第3版，第290、298页。

　　③ 孙中山：《在上海国民党欢迎会的演说（1912年10月6日）》，《孙中山全集》第二卷，北京：中华书局2011年第3版，第485页。

"旧历"的部分接纳，是孙中山开始正视儒学的某些正面作用的开始。同时，孙中山对儒学认知态度的转变，在很大程度上是由于民国初年政治实践的推动。因为在孙中山之前，黄兴已经意识到以儒学为核心的中国传统文化对中国政治实践和社会风俗的重大作用，已经萌发了改造"礼义伦常""酿成善良风俗"①的想法。蔡元培也大约在此时转变了"除旧布新"的激进态度，在主持北京大学时采用了"兼容并包"的办学方针，这不能不说是蔡元培对南京临时政府时期教育改革反思的结果。因此，民国初年革命党人在政治、教育等领域的一系列实践，使革命党人在推行"泰西之法"的过程中存在进一步的反思和调整。在这一时期如蔡元培、陈独秀等人的思想主张普遍地有一个转变②，这不仅仅是孙中山一人的表现。

（二）儒家内圣之学与三民主义意识形态的行动力

孙中山始终坚信，国民党员信仰不统一是二次革命失败的重要原因。孙中山在反思二次革命时认为："识者论吾党之败，无不归于散涣，诚为确当。"③ 这种组织涣散、行动不能统一的原因之一是党人认为民主共和的理想高于中国实际，不能实行。"不图革命初成，党人即起异议，谓予所主张者理想太高，不适

---

① 黄兴：《复上海昌明礼教社书（1912年5月22日稍后）》，见湖南社会科学院编：《黄兴集》，北京：中华书局2011年版，第196~197页。

② 相关讨论可参见拙文《自由主义在中国的选择性表达：自由观念在民国初年的演变逻辑及其本土化进程》，《中国政治学》2022年第4期。

③ 参见孙中山：《致南洋革命党人函（1914年4月18日）》，见《孙中山全集》第三卷，北京：中华书局2011年第3版，第82页。

中国之用；众口铄金，一时风靡，同志之士亦悉惑焉。"① 孙中山认为对民主共和理想的不认同，在很大程度上是由袁世凯主导的保守主义政治道路在中国的复兴所致，革命党人的政治理想遭受挫折，不能坚定信仰是受时势所迫。

孙中山在分析党人对主义信仰不坚定的原因时，把外因放在次要位置，而专注于内因，把眼光集中在党人自身上，认为一方面承认"予之能鲜不足驾驭群众"，另一方面认为"吾党之士，于革命宗旨、革命方略亦难免有信仰不笃、奉行不力之咎也，而其所以然者，非尽关乎功成利达而移心，实多以思想错误而懈志也。"② 这个错误思想就是"知之非艰、行之惟艰"的传统观点，"不惟能夺吾人之志，且足以迷亿兆人之心也"③。

在此前后，孙中山也从"五四"运动中看到了新思想所造就的政治力量，"吾党欲收革命之成功，必有赖于思想之变化，兵法'攻心'，语曰'革心'，皆此之故。故此种新文化运动，实为最有价值之事"，孙中山认为这种思想的大变动"倘能继长增高，其将来收效之伟大且久远者，可无疑也"④。对党员的凝

① 孙中山：《建国方略之一·孙文学说（心理建设）（1917—1919 年）》，见《孙中山全集》第六卷，北京：中华书局 2011 年第 3 版，第 158 页。
② 孙中山：《建国方略之一·孙文学说（心理建设）（1917—1919 年）》，见《孙中山全集》第六卷，北京：中华书局 2011 年第 3 版，第 158 页。
③ 孙中山：《建国方略之一·孙文学说（心理建设）（1917—1919 年）》，见《孙中山全集》第六卷，北京：中华书局 2011 年第 3 版，第 158 页。
④ 孙中山：《致海外国民党同志函（1920 年 1 月 29 日）》，见《孙中山全集》第五卷，北京：中华书局 2011 年第 3 版，第 210 页。

聚力和主义的执行力的渴望，使孙中山在组织中华革命党时不惜号召党员"先牺牲一己之自由平等"，一意采取"甘愿服从文一人"① 的组织原则。从"驾驭群众"的认识出发，在培育精神力量之外，孙中山同时又造中华革命党加强组织建设。中华革命党党义强调，要服从于孙文一人，又分首义党员、协助党员、普通党员，各类党员将享受政治上的不同待遇，孙中山认为这种划分可以激励党员的革命积极性，增强中华革命党的凝聚力，是为了主义之贯彻。

孙中山再造具有严格人身隶属关系的中华革命党与"行易知难"的孙文学说，是分别从组织上和精神上改造革命党人。孙中山经过二次革命失败的打击，认识到"以革命党人而论，其真能绝对高尚不好权利者，为至少数，固不能以此至少数之思想律之于人人"②，所以律之于人的就是孙文学说和"首义党员"的权利，其增强党人的凝聚力和行动力的主观意图是显而易见的。因此孙文学说与中华革命党的党章一样，其对象是心志不坚定的一般党人，而不是怀抱高尚理想的先知先觉者。

基于此孙中山对三民主义的解释重点，从民主建国的政治设计转向三民主义推行动力的阐发。在这一过程中孙中山发现可以用儒学的"心性之学"作为三民主义的精神内核。所以孙

---

① 参见孙中山：《致陈新政及南洋同志书（1914 年 6 月 15 日）》，见《孙中山全集》第三卷，北京：中华书局 2011 年第 3 版，第 92 页。

② 孙中山：《致吴敬恒书（1914 年）》，见《孙中山全集》第三卷，北京：中华书局 2011 年第 3 版，第 151 页。

中山特别强调："国家政治者，一人群心理之现象也。是以建国之基，当发端于心理。"① 正因为认识到心理、精神对执行三民主义的重要性，孙中山此时才认为要想保持党人的团结一致，求主义之贯彻，"聚此四万万散沙"为一机体，"则必从宣誓以发其正心诚意之端，而后修、齐、治、平之望可几也"②。孙中山以饮食、用钱、作文、建屋、造船、筑城、开河、电学、化学、进化十件事为例，详细论证了"行易知难"的道理，"已成为铁案不移矣"③。然后孙中山结合人类社会进化、世界各国历史、个人革命经历，以"知行总论""能知必能行""不知亦能行""有志竟成"层层推进。孙中山列举中国古代的孔子已经有"民可使由之，不可使知之"（《论语》）的认识，认为"行易知难"的道理是古今一致的，"古之圣人亦尝见及"；孟子有"行之而不著焉，习矣而不察焉，终身由之而不知其道者，众也"（《孟子》）的认识，所以行易知难"实为宇宙间之真理，施之于事功，施之于心性，莫不皆然也"。④

"行易知难"的孙文学说的提出，是孙中山反思二次革命失

---

① 孙中山：《建国方略之一·孙文学说（心理建设）（1917—1919 年）》，见《孙中山全集》第六卷，北京：中华书局 2011 年第 3 版，第 214 页。

② 孙中山：《建国方略之一·孙文学说（心理建设）（1917—1919 年）》，见《孙中山全集》第六卷，北京：中华书局 2011 年第 3 版，第 212 页。

③ 孙中山：《建国方略之一·孙文学说（心理建设）（1917—1919 年）》，见《孙中山全集》第六卷，北京：中华书局 2011 年第 3 版，第 185 页。

④ 孙中山：《建国方略之一·孙文学说（心理建设）（1917—1919 年）》，见《孙中山全集》第六卷，北京：中华书局 2011 年第 3 版，第 196、197 页。

败、民国建设不利的原因而得出的结论和对策。这一对策的提出基于以下三个认识：其一，民国建设的失败主要原因在于党员不能统一信仰，三民主义得不到贯彻；其二，主义得不到贯彻之原因在于群众没有行动力，即后知后觉者和不知不觉者不能忠实贯彻先知先觉者已经创造出来的理想和主义；其三，后知后觉者和不知不觉者贯彻主义的行动力不足，是由于"知之非艰、行之惟艰"（《尚书·说命》）的错误思想，是由于对主义的信仰不坚定，对主义缺乏"诚"。

基于以上认识，就可以理解孙中山把"行易知难"的"孙文学说"作为《建国方略》的第一条内容的用意，就是为了唤起后知后觉者和不知不觉者贯彻三民主义的行动力。

孙中山对以儒学内圣学说塑造三民主义精神内核的工作在革命实践中得到逐步推进，除了提出"行易知难"的孙文学说，又借鉴儒学八条目（格致诚正修齐治平）和五常（仁义礼智信）提出"以至诚立心"的革命工夫和"智、仁、勇"的军人精神。孙中山还在宣传工作大会上主张除了用枪炮去落实三民主义，还应该用语言文字去奋斗，这就是宣传工作。应该以"诚"心来做三民主义的宣传工作，"须拿至诚做基本"，"能有诚心，便容易感人；能感化人，才可以把我们的主义宣传到民众，令民众心悦诚服"。这种推己及人的做法是孙中山借鉴儒学而创造出来的贯彻三民主义的方法，接着孙中山预想了以"至诚"宣传三民主义的效果："民众受了我们的感化，才能够同我们合作；

到了民众都同我们合作，革命自然可以成功。"① 孙中山敏锐地意识到了人民群众在革命运动中的巨大潜力。在此时以"诚"的宣传工作来取得民众的同情和合作，相比于革命时期的以留学生、新军、会党等为主要依靠力量的做法，不得不说是一种进步。

在"军政"时代，三民主义贯彻的主力是军人，所以孙中山特别重视军人对三民主义的信仰，反复强调军人的精神塑造。孙中山重新发掘了孔子的"知者不惑，仁者不忧，勇者不惧"②的主张，认为军人"能发扬这三种精神，始可以救民，始可以救国"③。分而论之，军人之智即别是非、明利害、识时势、知彼己。"军人之智，须以合于道义为准。"④ 军人之仁是救世、救人、救国。又引韩愈所言，"博爱之谓仁"，救国救民的方法是三民主义，"实行三民主义，以成救国救民之仁"⑤。军人之勇是长技能、明生死。要使智、仁、勇的军人精神得到贯彻，"欲使之发扬光大，非有决心，不能实现"⑥。军人的决心就是成功、

---

① 孙中山：《在广州国民党讲习所开学典礼的演说（1924 年 6 月 29 日）》，见《孙中山全集》第十卷，北京：中华书局 2011 年第 3 版，第 352 页。

② 《论语·子罕第九》，朱熹：《四书章句集注》，北京：中华书局 1983 年版，第 116 页。

③ 孙中山：《在桂林对滇赣粤军的演说（1921 年 12 月 10 日）》，见《孙中山全集》第六卷，北京：中华书局 2011 年第 3 版，第 16 页。

④ 孙中山：《在桂林对滇赣粤军的演说（1921 年 12 月 10 日）》，见《孙中山全集》第六卷，北京：中华书局 2011 年第 3 版，第 22 页。

⑤ 孙中山：《在桂林对滇赣粤军的演说（1921 年 12 月 10 日）》，见《孙中山全集》第六卷，北京：中华书局 2011 年第 3 版，第 29 页。

⑥ 孙中山：《在桂林对滇赣粤军的演说（1921 年 12 月 10 日）》，见《孙中山全集》第六卷，北京：中华书局 2011 年第 3 版，第 35 页。

成仁，要为新世界国家而行革命，"改造安乐之新世界，即在乎此"①。革命军人"若因革命而死，因改造新世界而死，则为死重于泰山"。②

孙中山想要造成的新世界国家，是三民主义指导下的国家，是与三代相似的保民、教民、养民之国家："新世界国家，与以前国家不同，通常国家仅能保民，而不能教民、养民。真能教民、养民者，莫如三代。其时井田、学校，皆有定制，教养之责，在于国家。"③ 这是与俄国社会主义理想相似的大同社会。孙中山设想到北伐革命成功以后，"将我祖宗数千年遗留之宝藏，次第开发"，"至于此时，幼者有所教，壮者有所用，老者有所养，孔子之理想的大同世界，真能实现，造成庄严华丽之新中华民国，且将驾欧美而上之"④。这样一种建国理想，已经在三民主义的民主共和之内融入了儒学的"大同世界"。日后蒋介石继承了孙中山以中国固有道德训练军人精神的做法，并在理论上更进一步，由"智、仁、勇"扩充成为四维八德⑤；在实

---

①　孙中山：《在桂林对滇赣粤军的演说（1921年12月10日）》，见《孙中山全集》第六卷，北京：中华书局2011年第3版，第38页。

②　孙中山：《在桂林对滇赣粤军的演说（1921年12月10日）》，见《孙中山全集》第六卷，北京：中华书局2011年第3版，第35页。

③　参见孙中山：《在桂林对滇赣粤军的演说（1921年12月10日）》，见《孙中山全集》第六卷，北京：中华书局2011年第3版，第38页。

④　孙中山：《在桂林对滇赣粤军的演说（1921年12月10日）》，见《孙中山全集》第六卷，北京：中华书局2011年第3版，第39页。

⑤　四维八德的提法出自蒋介石。四维指"礼、义、廉、耻"，八德指"忠、孝、仁、爱、信、义、和、平"，具体分析详见本章第三节。

践上推广，由训练军人精神发展为新生活运动中的全民生活军事化，作为以党治国、推行主义的办法。儒学的某些思想内容经过改造后，又在蒋介石控制下的南京国民政府中得到进一步运用。

孙中山的"行易知难"强调的是行的动力，理论根源虽然是宋明的"心性之学"，但是与儒家心性之学有一个根本的不同，就是理论的受众不同。作为意识形态的帝制儒学固然有引导民众的规范性和强制性，但对"士"阶层的使命感、责任感和向上的精神追求的强调，才是主张内圣的心性之学的核心要点。从儒学的流变来看，宋明理学的心性论所面向的基本受众是"士"阶层，是包括最高统治者在内的统治阶层的上层，所怀有的是"正君心""得君行道"①的社会治理理想；即使在内圣之学下移的明代，儒家也怀有"人人皆可为尧舜"的信念追求。至清代，儒学中向上的精神追求才被大大削弱，相应地，其对官僚和普通民众的规范性要求被大大提升。

"孙文学说"中所强调的儒学，几乎看不到其学说之受众完善自我道德人格、主动探寻治世理想的空间，而只是截取了儒学中部分有利于凝聚人心的理论而加以发挥，期望以此形成推行三民主义的执行力。如果说古代儒学特别是先秦儒学的受众还带有先知先觉者的精英化色彩，那么继承宋明内圣之学的"行易知难"心理建设的受众，则完全是后知后

---

① 宋代士大夫有"得君行道"的政治理想，相关讨论参见《朱熹的历史世界：宋代士大夫政治文化的研究》，北京：三联书店2011年版，第421~450页。

党甚至是不知不觉者。因此，在孙中山"行易知难"理论的设想中，领导者就是居于国民党理论家地位的三民主义理论家，其受众就是居于主义执行者地位的普通党员。综合来看，孙中山创造"孙文学说"的目的是明确的，就是为了凝聚起国民党中的后知后觉者和不知不觉者，提高他们贯彻三民主义意识形态的执行力。

孙中山对儒学受众的转化，不仅基于三民主义意识形态实践性的需要和对二次革命失败的总结，更根源于孙中山对人类天赋的观察。孙中山认为人的"聪明才力"天赋是不同的，他主张，民众以为的人人天生平等，其实是"圣贤与愚劣平等"，"把位置高的压下去，成了平头的平等"①，是一种假平等。中国古代的"帝—王—公—侯—伯—子—男—民"的等级制度，就是人为的不平等。

而孙中山理想中的平等，"是始初起点的地位平等，后来各人根据天赋的聪明才力自己去造就"，因天赋的不同，"所以造就的结果当然不同"，人们根据自己天赋的聪明才力去自由创造，是会自然产生"圣—贤—才—智—平—庸—愚—劣"②的差别的。这样才是真平等，是"自然之真理"③。实际上，孙中山

---

① 参见孙中山：《三民主义（1924年1月—8月）》，见《孙中山全集》第九卷，北京：中华书局2011年第3版，第286页。

② 参见孙中山：《三民主义（1924年1月—8月）》，见《孙中山全集》第九卷，北京：中华书局2011年第3版，第284~287页。

③ 参见孙中山：《三民主义（1924年1月—8月）》，见《孙中山全集》第九卷，北京：中华书局2011年第3版，第287页。

对这种差别的承认，并未超出"唯上知与下愚不移"①的传统观念。对人类天赋的这种认识，是孙中山"先知先觉者，后知后觉者，不知不觉者"的理论基础，更是"行易知难"的理论预设。孙中山从来都是以先知先觉者自任，所以才格外强调效仿叔孙通，为民国立法；效仿诸葛亮，教千千万万个阿斗实行民主；撰写《民权初步》，"教国民学步"。"因为中国人民都是不知不觉的多，就是再过几千年，恐怕全体人民还不晓得要争民权""我们要知道民权不是天生的，是人造成的。我们应该造成民权，交到人民，不要等人民来争才交到他们。"②也正是因为孙中山这种自觉的为民请命的意识和对"仁义道德的王道文化"的继承，才使得戴季陶在孙中山逝世后有底气称孙中山为"孔子以后第一个继往开来的大圣"。③

理解孙中山的这一理论预设，就能看到孙中山讲儒学所面向的学说受众是后知后觉者和不知不觉者，所强调的是由"诚"而生发出来的对三民主义的信仰和执行力，所以孙中山才认为王阳明主张"知行合一"是"勉人为善"，"惟以人之上进，必当努力实行，虽难有所不畏，既知之则当行之，故勉人以为其

---

① 《论语·阳货第十七》，朱熹：《四书章句集注》，北京：中华书局1983年版，第176页。

② 孙中山：《三民主义（1924年1月—8月）》，见《孙中山全集》第九卷，北京：中华书局2011年第3版，第323~324页。

③ 戴季陶：《孙文主义之哲学的基础（1925年5月—6月）》，见桑兵、朱凤林编：《中国近代思想家文库·戴季陶卷》，北京：中国人民大学出版社2014年版，第427页。

难"，但实际上仍是"行之惟艰"的意思，所以"与真理背
驰"，"实与人性相反"。因此王阳明的学说对当下来说"无补于
世道人心"①；而戴季陶、蒋介石所讲的儒学，不仅忽略了孙中
山强调的执行力，而且把帝制时代儒学"盲从"的方面大加发
挥，从而人为地创造了一条在国民党与人民群众之间的鸿沟。
因此蒋介石对与儒学相结合的三民主义意识形态的推行手段，
带有居高临下的上位者心态。这就不免被国民党左派、自由主
义知识分子、共产党理论家共同批判为"愚民政策"。

（三）儒学精神内核与三民主义制度框架的糅合

孙中山在完善三民主义意识形态的过程中，吸收了宋明理
学心性论的内容作为凝聚人心、推行主义的精神动力，以"忠
孝仁爱""修齐治平"和"王道政治"作为民族主义实现的有
效途径，以孟子"先知先觉"论、孔子"上知下愚"论作为民
权主义、五权宪法设计的理论依据。从基本点上看，孙中山吸
纳儒家内圣之学作为三民主义精神内核之后，三民主义的民族、
民权、民生的基本架构没有变，民主共和政治的基本追求也没
有变。更进一步讲，三民主义意识形态不仅是革命党人的民主
革命纲领，同时更是自由主义民主共和的政治理想在中国的具
体表现。三民主义是由孙中山创立并发展起来的，虽然在推翻
清朝统治的时期、在与北洋政府合作的时期以及在与中国共产

---

① 孙中山：《建国方略之一·孙文学说（心理建设）（1917—1919 年）》，
见《孙中山全集》第六卷，北京：中华书局 2011 年第 3 版，第 197 页。

党相离合的时期各有不同的表现，但是三民主义中包括民权主义、五权宪法在内的政治设计一直是以西方民主政治为理论支柱的。这个基本点没有变，三民主义脱胎于自由主义的意识形态属性就没有变。

孙中山一直强调，民族主义对自己民族来说就是争自由，对别的民族来说就是平等和博爱，也就是相互支持和帮助。引入儒学基本精神之后，孙中山关于民族主义的论述，隐去了民族革命的暴力手段，代之以对内恢复民族精神和民族认同，对外提出以王道政治谋求民族互助的"大亚洲主义"①。孙中山认为中国在民国初年只有家族和宗族，没有民族主义。② 放在世界的大背景中，中国正受欧美政治力、经济力的压迫，我们民族正处在危险中，而民族主义则"是国家图发达和种族图生存的宝贝"③。

恢复民族主义的第一个方面，是恢复民族的道德。孙中山认为，恢复我们的民族主义的方法，首先"就要把固有的旧道德先恢复起来"。中国固有的旧道德就是忠孝、仁爱、信义、和平，"这些旧道德，中国人至今还是常讲的。但是，现在受外来

---

① 孙中山：《对神户商业会议所等团体的演说（1924年11月28日）》，见《孙中山全集》第十一卷，北京：中华书局2011年第3版，第407页。

② 中国民族主义消亡的原因，孙中山认为"被异族征服的原因为最大"，而异族征服主要指的是清入主中原。参见孙中山：《三民主义（1924年1月—8月）》，见《孙中山全集》第九卷，北京：中华书局2011年第3版，第214页。

③ 孙中山：《三民主义（1924年1月—8月）》，见《孙中山全集》第九卷，北京：中华书局2011年第3版，第210页。

民族的压迫，侵入了新文化，那些新文化的势力此刻横行中国"①。旧道德遭到了醉心新文化的人的排斥，而西方的"新文化的势力"在民国初年的集中表现，就是此前以北京为中心的新文化运动。

孙中山此时主张，中国固有的东西，好的应该保存，不好的才可以放弃。这样一种态度与辛亥之前的主张相比，变化是极大的。在具体的解释中，虽然是中外对比式的，却不是再用儒学的语言去解释自由主义的道理："中国从前的忠孝仁爱信义种种的旧道德，固然是驾乎外国人，说到和平的道德，更是驾乎外国人。这种特别的好道德，便是我们民族的精神。"② 只有把这种精神发扬光大，我们民族的地位才可以恢复。

恢复民族主义的第二个方面，是恢复固有的政治智慧。"中国有一段最有系统的政治哲学，在外国的大政治家还没有见到"，那"就是《大学》中所说的'格物、致知、诚意、正心、修身、齐家、治国、平天下'"③。孙中山认为这样的道理不止外国人没有见过，修齐治平的功夫就是中国人近几百年也没做到。"把一个人从内发扬到外，由一个人的内部做起，推到平天下止。象这样精微开展的理论。［……］这就是我们政治哲学的

①　孙中山：《三民主义（1924年1月—8月）》，见《孙中山全集》第九卷，北京：中华书局2011年第3版，第243页。

②　孙中山：《三民主义（1924年1月—8月）》，见《孙中山全集》第九卷，北京：中华书局2011年第3版，第247页。

③　孙中山：《三民主义（1924年1月—8月）》，见《孙中山全集》第九卷，北京：中华书局2011年第3版，第247页。

知识中独有的宝贝，是应该要保存的。"① 此外，还要恢复固有的能力，如发明指南针、印刷术和火药的能力，发明茶、丝、房屋、吊桥的能力。恢复了固有的道德、知识和能力，再去学习欧美，"迎头赶上去"。这里虽讲的是民族主义，孙中山同时也有一种世界眼光："我们要将来能够治国平天下，便先要恢复民族主义和民族地位。用固有的道德和平做基础，去统一世界，成一个大同之治，这便是我们四万万人的大责任。"② 孙中山对于我们的现状有清醒的认识，"我们受屈民族，必先要把我们民族自由平等的地位恢复起来之后，才配得来讲世界主义"③。

　　孙中山认为实现民族主义也是一个"由一个人的内部做起，推到平天下止"的过程，从我们的民族主义出发，再向外推，于是提出"大亚洲主义"的设想。类比于亚洲西部的各民族"彼此都有很亲密的交际，很诚恳的感情，他们都可以联络起来"，因此主张"我们在亚洲东方的各民族，也是一定要联络的"，要通过这种民族间联络的方式来"恢复我们亚洲从前的地位"。"在亚洲东部最大的民族，是中国与日本。"④ 这种设想是

---

① 孙中山：《三民主义（1924 年 1 月—8 月）》，见《孙中山全集》第九卷，北京：中华书局 2011 年第 3 版，第 247 页。

② 孙中山：《三民主义（1924 年 1 月—8 月）》，见《孙中山全集》第九卷，北京：中华书局 2011 年第 3 版，第 253 页。

③ 孙中山：《三民主义（1924 年 1 月—8 月）》，见《孙中山全集》第九卷，北京：中华书局 2011 年第 3 版，第 226 页。

④ 上引孙中山：《对神户商业会议所等团体的演说（1924 年 11 月 28 日）》，见《孙中山全集》第十一卷，北京：中华书局 2011 年第 3 版，第 404 页。

基于他对世界人种差异和民族文化差异的认识，并且他年轻时周游世界的经历使他对东西方的文明、民族和政治文化特点有较深的感性认识，因此孙中山结合国内的政治实践经验和此时中国知识分子对东西文化的相关比较讨论，认为欧洲近百年物质文明发达以来，"是科学的文化。是注重功利的文化"，"专是一种武力的文化"。当欧洲人的势力延伸到亚洲之后，"欧洲人近有又专用这种武力的文化来压迫我们亚洲"，"所以欧洲的文化是霸道的文化"。我们亚洲有比霸道更好的，这就是"王道的文化"，其本质是"仁义道德"。"用这种仁义道德的文化，是感化人，不是压迫人。是要人怀德，不是要人畏威。"[1]

孙中山以中国曾在一千多年的强盛时期对周边弱小民族和国家行王道的历史，并举了不丹和尼泊尔的例子，来说明王道文化的特点："中国完全是用王道感化他们，他们是怀中国的德，甘心情愿，自己来朝贡的"。据此，孙中山主张"仁义道德就是我们大亚洲主义的好基础"。[2] 孙中山认为俄国近来的新文化即马克思主义是主持公道的，不用少数压迫多数，是反霸道的文化，因此欧洲人排斥俄国人；日本"既得到了欧美的霸道的文化，又有亚洲王道文化的本质"，孙中山提醒日本人应该

---

[1]　上引孙中山：《对神户商业会议所等团体的演说（1924年11月28日）》，见《孙中山全集》第十一卷，北京：中华书局2011年第3版，第405页。

[2]　孙中山：《对神户商业会议所等团体的演说（1924年11月28日）》，见《孙中山全集》第十一卷，北京：中华书局2011年第3版，第406、407页。

"详审慎择""是做西方霸道的鹰犬，或是做东方王道的干城"。① 把王道政治与民族主义相融合，是孙中山在民主政治时代对中国外交思想做出的新的理论探索。

民权主义理论在孙中山引入儒学之后有了较大发展，基于"先知觉后知，先觉觉后觉"② 的认识，孙中山在以儒学解释民权主义时，部分认同了贤人政治的主张。虽然孙中山认同"主权在民"的基本原则，为民权主义确立了代议制与县一级的直接民权相结合的实施办法③，但在军政、训政的建国阶段，在儒学贤人政治的思想下，"民主自决"的实行，无论是在程度上还是在时间上，都大大推后了。这就为日后蒋介石的独裁统治留下了实践的空间。

孙中山承认"中国人的民权思想都是由欧美传进来的。所以我们近来实行革命，改良政治，都是仿效欧美"；④ 但同时又认识到，中国有自己的社会情形，况且欧美代议政体也有许多流弊。"所以中国今日要实行民权，改革政治，便不能完全仿效欧美，便要重新想出一个方法。"⑤ 孙中山提出"权"与"能"

---

① 孙中山：《对神户商业会议所等团体的演说（1924 年 11 月 28 日）》，见《孙中山全集》第十一卷，北京：中华书局 2011 年第 3 版，第 409 页。

② 《孟子·万章上》，朱熹：《四书章句集注》，北京：中华书局 1983 年版，第 310 页。

③ 参见贺渊：《三民主义与中国政治》，北京：社会科学文献出版社 2002 年第 3 版，第 87 页。

④ 孙中山：《三民主义（1924 年 1 月—8 月）》，见《孙中山全集》第九卷，北京：中华书局 2011 年第 3 版，第 314~315 页。

⑤ 孙中山：《三民主义（1924 年 1 月—8 月）》，见《孙中山全集》第九卷，北京：中华书局 2011 年第 3 版，第 320 页。

要分开的办法。民权主义"是要把政权放在人民掌握之中",认为中国几千年来真能做到"实在负政治责任为人民谋幸福的皇帝,只有尧舜禹汤文武"。因为他们有两个长处,第一是本领很好,建成了一个好的政府;第二是道德很好,能做到"仁民爱物"。孙中山高度赞扬尧、舜、禹、汤、文、武的开创性工作,几千年来我们都歌颂他们。这种开创性在秦以后就大大削弱了,后世的皇帝,大都是没有本领,没有道德的,没有本领做开创新的工作,但是权力很大,因此就造成了权力的集中。①

民主时代要开创新的政权建设办法,其核心就是中央权力的归属问题。孙中山的设计则是,"国民是主人,就是有权的人,政府是专门家,就是有能的人"。② 在共和政体中,就要让四万万人民去做皇帝,但这就如有四万万个阿斗,一定要有如诸葛亮般的聪明人才替他去治理。③ 顺着这样的思路,孙中山设计了实行民权的具体办法:以人民掌握政权,政权细分为选举权、罢免权、创制权、复决权;以政府掌握治权,治权又分为司法权、立法权、行政权、考试权、监察权。④ 李泽厚认为:

---

① 孙中山:《三民主义(1924年1月—8月)》,见《孙中山全集》第九卷,北京:中华书局2011年第3版,第325页。

② 孙中山:《三民主义(1924年1月—8月)》,见《孙中山全集》第九卷,北京:中华书局2011年第3版,第331页。

③ 孙中山:《三民主义(1924年1月—8月)》,见《孙中山全集》第九卷,北京:中华书局2011年第3版,第326页。

④ 孙中山:《三民主义(1924年1月—8月)》,见《孙中山全集》第九卷,北京:中华书局2011年第3版,第349~355页。

"把'政权'与'治权'分开，又强调行使'治权'的是诸葛亮，是先知先觉者，这就在理论上和实际上，把'治权'放在'政权'之上。"①

对于怀抱民主政治理想，敢于直剖"吾人亦本素所怀抱平等自由之主义，行权于建设之初期，为公乎？为私乎？"② 之心迹的孙中山来说，这样的理论只是实现民主政治的途径，却未能料到其继任者蒋介石把"教国民学步"作为行使集权统治的常态化手段。

孙中山认为民权主义的重点是平等，而人群中总是存在着先知先觉和后知后觉的不同，所以平等并不是无差别的一致，这一认识孙中山在辛亥革命前领导革命时就已经产生。这一时期以三民主义吸收儒学后，孙中山又继续发展了这一认识。他也说得很明白，以个人天赋的聪明才力，可以把人类分作三种，先知先觉者，后知后觉者，不知不觉者。"世界上的事业，都是先要发起人，然后又要许多人赞成，再然后又要许多实行者，才能够做成功。"③ 这一认识在革命时代就已经产生并向众人宣传。以先知先觉者自任的孙中山，一直抱有这种自觉和自信。也正因为这种先知先觉的"为生民立命""为万世开太平"的意

①　李泽厚：《论孙中山的思想》，见《中国近代思想史论》，天津：天津社会科学院出版社 2003 年版，第 301 页。
②　孙中山：《致吴敬恒书（1914 年）》，见《孙中山全集》第三卷，北京：中华书局 2011 年第 3 版，第 152 页。
③　孙中山：《三民主义（1924 年 1 月—8 月）》，见《孙中山全集》第九卷，北京：中华书局 2011 年第 3 版，第 324 页。

识自觉，孙中山主张"要预先来替人民打算"①，国民党的领袖要做辅佐阿斗的诸葛亮，帮助刘邦的叔孙通。在人民掌握政权的情况下，以国民党掌握治权实际上就是贤人政治的变种。

需要特殊说明的是，孙中山用儒学对三民主义的一系列理论改造，可以视作是与组建中华革命党相配合的，在理论上和组织形态上有明显的中央集权的性质，某些地方已经违背了自由主义意识形态的基本原则。孙中山本人对这些是有清醒认识的，甚至在一定程度上，这种集权举措是孙中山有意为之。

"二次革命"的失败使孙中山由一个革命的理想主义者转变为建设新秩序的现实主义者。"当第一次革命南京政府前后时代，党人之离本党而他图树其势力者，皆不平之士也；甚者且献身于敌，而倒行逆施，为问一般魁梧奇伟之士，皆可使之淡然无欲否耶？"② 既然人性如此，欲得到政治上的团结，就不得不"稽勋酬劳"，爵位与黄金不可取，"今惟以其有为政治革命首义之功，因而报以政治上优先之权利"③，就成了孙中山能想到的唯一办法。为了三民主义的实行，孙中山要求首义党员"以救国救民为己任，则当先牺牲一己之自由平等，为国民谋自由平等，故对于党魁则当服从命令，对于国民则当牺牲一己之

---

① 孙中山：《三民主义（1924 年 1 月—8 月）》，见《孙中山全集》第九卷，北京：中华书局 2011 年第 3 版，第 324 页。

② 孙中山：《致吴敬恒书（1914 年）》，见《孙中山全集》第三卷，北京：中华书局 2011 年第 3 版，第 151 页。

③ 孙中山：《致吴敬恒书（1914 年）》，见《孙中山全集》第三卷，北京：中华书局 2011 年第 3 版，第 151 页。

权利"①。因此孙中山设想在军政、训政时期集中权力，牺牲党员的自由平等，在训政后期和宪政时期使党员优先得到政治上的特权以为回报，这是孙中山开诚布公强调党员之服从心态的自信所在。那么，"孙文学说"的创立和中华革命党的组织形式的改革，其主要用意就在于集中权力以"统一号令"，这是确定无疑的。孙中山面向现实政治的理论创造与一般意义上的学说构建有很大不同，因此在理论上难免有矛盾冲突的地方，某些方面也存在着逻辑薄弱、以偏概全的弊病。

三民主义作为一种政治思想，其发展建构也是逐渐向前推进的，自有其生长的思想生态。就如大河入海必受到地形的制约，在政治思想演化的多种可能性方向中，其中的某一方向之所以得到了实践，其背后也必然受政治局势以及社会情境的制约。在孙中山逝世后，戴季陶对三民主义意识形态儒学化进程做出了重要贡献，继承并发扬了孙中山以三民主义吸收内圣之学的思路。从儒学视角解释三民主义是戴季陶、蒋介石等人的一贯做法，但是这种解释使得三民主义意识形态与帝制儒学相结合，背离了政治现代化的基本趋向，反而导致三民主义的意识形态实践背离群众，因而无法做出有利于现实政治的理论探索。此外，胡汉民、汪精卫、周佛海、邓演达等人也提出了自己对三民主义的理解，并试图建立一套不同于戴季陶的三民主义的理论体系。因胡汉民、汪

① 参见孙中山：《致陈新政及南洋同志书（1914年6月15日）》，见《孙中山全集》第三卷，北京：中华书局2011年第3版，第92页。

精卫、邓演达等人的三民主义理论体系的政治作用不明确，在儒学的转化等方面不具有代表性，以及在激烈的派系斗争中最终失败等，他们的理论在以蒋介石为首的南京国民政府中发挥的作用并不是很大，故此处不赘述。

二、三民主义的新形态及其在全国的推行

孙中山的三民主义理论，虽然吸收了儒学的某些成分，其主要的还是自由主义民主政治的理想。在孙中山逝世后的三民主义理论中，儒学和民生主义就成了支柱性的思想资源。蒋介石则沿着三民主义与儒学相结合的道路持续前进，在进行理论探索的同时，又凭借中央政府的力量在社会上推行，从而使南京国民政府统治下的中国，形成了辛亥革命以后又一次儒学复兴的局面。

（一）三民主义上升为国家意识形态

孙中山晚年对三民主义的理论建构，使三民主义理论逐步成熟，并具备了国家意识形态的特征。随后在共产国际的帮助下，国民党于1923至1924年实行了改组，组织凝聚力得到大大加强。由此三民主义意识形态与国民党成熟的组织形态相结合，基本形成了较为稳定的核心力量。三民主义也就初步具备了上升为国家意识形态的政治基础。

真正使三民主义意识形态在中国国民党组织中得到确立的法理性文献，是以孙中山亲审的名义发布的《中国国民党第一

次全国代表大会宣言》。①《宣言》经国民党第一次代表大会表决通过后，虽然在当时孙中山并不完全认同这个宣言的全部内容，但孙中山在会上发言时仍强调"大家必须依宣言而进行，担负此项实行责任"，"来做彻底成功的革命"。孙中山强调不仅仅包括与会代表，"就是各省及海外的同志"，都有实行革命贯彻主义的责任。②《宣言》明确规定，国民党之主义"即孙先生所提倡之三民主义"，"本此主义以立政纲，吾人以为救国之道"③，三民主义意识形态在中国国民党内的指导地位就确定无疑了。国民党人特别强调，要重视三民主义的教育和宣传："对于本党党员，用各种适当方法施以教育及训练，使成为能宣传主义、运动群众、组织政治之革命的人才。"④ 孙中山又拟《国民政府建国大纲》，第一条即明确规定"国民政府本革命之三民主义、五权宪法，以建设中华民国"，并规定了军政、训政、宪政各个时期的建设大纲，而三民主义、五权宪法为贯穿三期建设的根本原则。⑤

---

① 虽然在 1919 年 10 月 10 日的《中国国民党规约》中已经宣称"本党以巩固共和，实行三民主义为宗旨"，但此时三民主义还不能真正具备意识形态的特征。
② 孙中山：《对于中国国民党宣言旨趣之说明（1924 年 1 月 23 日）》，见《孙中山全集》第九卷，北京：中华书局 2011 年第 3 版，第 125、126 页。
③ 孙中山：《中国国民党第一次全国代表大会宣言（1924 年 1 月 23 日）》，见《孙中山全集》第九卷，北京：中华书局 2011 年第 3 版，第 118 页。
④ 孙中山：《中国国民党第一次全国代表大会宣言（1924 年 1 月 23 日）》，见《孙中山全集》第九卷，北京：中华书局 2011 年第 3 版，第 122 页。
⑤ 孙中山：《国民政府建国大纲（1924 年 1 月 23 日）》，见《孙中山全集》第九卷，北京：中华书局 2011 年第 3 版，第 126~129 页。

此时的三民主义只是确立为中国国民党的主义，而国民党在1926年出师北伐之前，只是一个偏居两广的地方性政党。中国国民党的统治范围由两广扩展到长江流域乃至全国的过程，就是三民主义意识形态上升为国家意识形态的过程。在这一过程中伴随着蒋介石主导的三民主义的儒学化和排斥共产党人、镇压工农革命的"清党"运动。而镇压工农革命，在中原大战结束后的三十年代又演变为"剿匪"。在以"剿匪"为名，借军事力量打击地方军阀势力时，蒋介石以推行民权主义指导下的县自治为借口，大力恢复保甲制度，加强对基层的控制，而美其名曰"新县政"。三民主义的儒学化在自上而下的推行和自下而上的迎合中逐步深化。

1925年孙中山逝世以后，国民党于广州召开一届三中全会通过《中国国民党接受总理遗嘱宣言》，"全体一致奉行总理之遗教"，三民主义的权威地位得到维持和延续。[1] 经过北伐作战，国民党的军事、政治势力在1927年初扩展到长江流域。1927年4月12日蒋介石集团实行"清党"，武汉汪精卫集团在"七一五""分共"后与南京的蒋介石集团合作，国民党主要政治力量在南京合流。1928年国民党又进行二次北伐，这年底张学良宣布"遵守三民主义，服从国民政府，改旗易帜"[2]，中国国民党完成了形式上的统一。三民主义意识形态也在名义上由两广扩展到全国。因此在1929年的《中国国民党第三次代表大会宣

----

① 贺渊：《三民主义与中国政治》，北京：社会科学文献出版社2002年第3版，第129页。

② 《东北易帜统一完成》，《国闻周报》1929年第6卷第2期。

言》上，国民党称："至于今日，则三民主义为国民革命唯一之准则，盖为举世所公认矣。"① 即三民主义的价值正义性已经在全国范围内得到认可，三民主义自此时已成为名义上的国家意识形态。循名而责实，国民党三大即强调，"今后之生路，即在于努力实施三民主义之建设"②。

三民主义国家意识形态地位的确立，是国民党主导下的中华民国政府以基本法的形式予以承认的。国民党在1929年进一步明确强调："确定总理所著三民主义、五权宪法、建国方略、建国大纲及地方自治开始实行法，为训政时期中华民国最高之根本法。"③ 这就通过官方文件的形式正式规定了三民主义的国家意识形态属性。正是在意识形态的意义上，高华认为："1928年后，国民党就以三民主义为理论武器，向共产主义和自由主义发起全面进攻。国民党充分利用其掌握的政权使其意识形态社会化。"④

---

① 《中国国民党第三次全国代表大会宣言（1929年3月28日）》，见中国第二历史档案馆编：《中华民国史档案资料汇编·第五辑第一编·政治》，南京：江苏古籍出版社1994年版，第62页。

② 《中国国民党第三次全国代表大会宣言（1929年3月28日）》，见中国第二历史档案馆编：《中华民国史档案资料汇编·第五辑第一编·政治》，南京：江苏古籍出版社1994年版，第67页。

③ 《中国国民党第三次全国代表大会重要决议案（1929年3月）》，见中国第二历史档案馆编：《中华民国史档案资料汇编第五辑·第一编·政治》，南京：江苏古籍出版社1994年版，第91页。

④ 许纪霖、陈达凯主编：《中国现代化史·第一卷1800—1949》，上海：学林出版社2006年版，第356页。

1930 年国民党宣布"入于训政时期",并召开国民会议制定训政时期约法。1931 年 5 月 12 日国民会议制定《中华民国训政时期约法》,约法照搬了孙中山《建国大纲》所规定的政治原则:"国民政府本革命之三民主义、五权宪法以建设中华民国","训政时期之政治纲领及其设施依建国大纲之规定"。除了确定中国国民党的领导地位为"代表国民大会行使中央统治权",还特别规定"三民主义为中华民国教育之根本原则"①。这就以国家根本大法的形式确立了三民主义在政治、文教等领域的主导地位,也就是完全确立了其国家意识形态的地位。同年召开的国民党第四次全国代表大会充分认识到了日本占领东北后的局面是"当国家最危难之时",号召"我全国同胞、全体同志""集中于三民主义之下,做积极救国之准备"。挽救国难的第一步,则是要求"一体贡献吾人一切精神物质之力量以听命于中央之指挥"②。据此国民党实行军事集权作为抗战办法的意图已经初步显露,而三民主义意识形态的地位也在国民党以党治实行集权统治的过程中得到进一步巩固和加强。

1946 年制订的《中华民国宪法》,总纲第一条也明确规定

---

① 《中华民国训政时期约法(1931 年 5 月 12 日)》,第 1~7 页,见沈云龙主编:《近代中国史料丛刊续编》第八十一辑《中华民国宪法史料》,台北:文海出版社 1974—1982 年版。

② 《中国国民党第四次全国代表大会宣言(1931 年 11 月 23 日)》,见中国第二历史档案馆编:《中华民国史档案资料汇编·第五辑第一编·政治》,南京:江苏古籍出版社 1994 年版,第 323 页。

"中华民国基于三民主义，为民有、民治、民享之民主共和国"①。因此，三民主义的思想内涵虽在国民党统治下的各个具体历史时期内有所不同，特别是在国民党第五次全国代表大会宣言中反复强调"总理民族主义之遗教""恢复民族道德"，乃至于把制定"礼制""乐章"②的内容写进《宣言》中，三民主义与儒学相结合的倾向尤其浓重。在形式上，三民主义的国家意识形态地位一直未曾改变，并在国民党主导下的国民政府中得到逐步强化。

（二）政治领域内儒学对三民主义的渗透

三民主义在1928年开始作为国家意识形态推行，中经日本侵略势力的打击排斥，又经过解放战争，至1949年完全退出中国大陆，在这段时期内，三民主义在全国的影响力始终依附于国民党的政治力量。三民主义意识形态在全国推行过程中的意涵变化极其复杂，但主要受国民党的领导人尤其是蒋介石的影响。受儒学影响的三民主义意识形态在政治领域推行的主要内容包括蒋介石面向中上层党员、军官和各省军民长官提出的"力行哲学"，面向地方治理而实行的以宗法宗族保甲为实质的新县政，以及面向社会群众而发起的新生活运动等。

---

① 《中华民国宪法（1946年12月25日）》，见张晋藩、曾宪义：《中国宪法史略》，北京：北京出版社1979年版，第335页。

② 《中国国民党第五次全国代表大会宣言》，《中央日报》1935年11月24日。

1. 力行哲学对儒学的吸收

蒋介石继承孙中山主张的"行易知难"的孙文学说和"智仁勇"的军人精神教育、并将之发扬光大的"力行哲学"（也称"行的哲学"），是蒋介石政治思想的灵魂，贯穿于其它具体政策的推行过程中。

长期的军事生涯，使蒋介石对孙中山强调的"智仁勇"三德有较深的体会。提倡这种行的哲学的本意，就是改变"沉滞不进的状态""打破了彷徨烦闷的心理，大家一齐起来去力行"。①

"行的哲学"以内外维度来看，内在的就是革命精神，即精神性的"诚"和"致良知"，后来发展为"礼义廉耻"，这继承了孙中山"行易知难"的军人精神训练的内容和王阳明"知行合一"说。"一部孙文学说，就是启示我们革命力行的道理"②，是照着宋明理学讲的。外在的维度就是强调行的效果，"行的表现，在创造，在进取，在建设，在完成三民主义的革命"，"行之极致，就是杀身成仁，舍生取义"③。在这内外之间的连接，是大学之道。蒋介石主张"我们除了讲总理的哲学，讲阳明的哲学，还要明白大学之道"④。在蒋介石看来，革命就是实行三民主义，革命就是要人"知道他的目的，是要人自始至终去实

---

① 蒋介石：《行的道理（行的哲学）（1939 年 3 月 15 日）》。
② 蒋介石：《三民主义之体系及其实行程序（1939 年 5 月 7 日）》。
③ 蒋介石：《行的道理（行的哲学）（1939 年 3 月 15 日）》。
④ 蒋介石：《革命哲学的重要（1932 年 5 月 23 日）》。

行他所定的目的，到于至善为止的田地"。先由内心确立三民主义的信仰，确立"诚"的精神，然后通过力行，由内推到外，"做一个三民主义实行家"，"雪耻御侮救中国"，最终达到"治国平天下"的革命目的。① ——这是仿照《大学》格致诚正修齐治平的程序来的，继承了孙中山对《大学》的理解，"由一个人内在做起，由内发扬到外，推到平天下止"②。

因此蒋介石强调"革命之学，大学也；革命之道，大学之道也"③；而"力行哲学"，则是由内到外的精神动力，没有这样一种行的力量，三民主义的信仰就得不到落实，军队和党就没有凝聚力，抗战建国就没办法完成。"只要下定决心，只要抱着热诚，只要照着我们信仰力行，我敢断言，抗战必胜，建国必成。"④

蒋介石的政治哲学对儒学思想的吸收也有一个过程。这个过程以蒋介石学习曾国藩的思想为起点。根据对蒋介石早年日记的研究发现，蒋介石在年轻时（1918—1926年间），除了学习孙中山的著作，还大量接触新思想，所读的报刊、书籍如《新青年》《马克思学说概要》《共产党宣言》以及经济学著作和法、德、俄革命史等。⑤ 另一方面蒋介石大量阅读明清大儒著

---

① 蒋介石：《革命哲学的重要（1932年5月23日）》。

② 孙中山：《三民主义（1924年1月—8月）》，见《孙中山全集》第九卷，北京：中华书局2011年第3版，第247页。

③ 蒋介石：《革命哲学的重要（1932年5月23日）》。

④ 蒋介石：《行的道理（行的哲学）（1939年3月15日）》。

⑤ 参见杨天石：《找寻真实的蒋介石：蒋介石日记解读》，太原：山西人民出版社2008年版，第15~17页。

作，其中王阳明、曾国藩、胡林翼等人的著作最受重视。《曾文正公全集》蒋介石曾失而复得，在日记中称"今竟复见，不啻旧友重逢"①。他对曾国藩的文章评价极高，称"真可不朽矣"。在蒋介石20年代的日记中，记载着他用曾国藩及宋明道学家的修身办法磨炼意志、克己修身的许多细节。② 蒋介石在留日期间，受日本民众崇敬王阳明心学的影响颇大，这对蒋介石崇尚心学有直接的作用。蒋介石选择王阳明、曾国藩、胡林翼、左宗棠等人为学习模仿对象，应该和他追随孙中山的动力是一致的，是为了成为孙中山的继承人，"成为一个最伟大的军事领袖，把全中国统一在一个中央政府之下"③。

蒋介石内在的理论建构过程与其军事、政治生涯的实践紧密结合在一起，呈现出阶段性的特点。在1928年的一次演讲中，蒋介石强调军人的精神和纪律，认为革命的三要素是"主义、精神、纪律"。军事训练就是"严格精神教育"④，坚定三民主义的信仰。这其中自然有孙中山强调的"智仁勇"三个军人精神训练的标准。同时又强调"军人立身革命之本，在不自欺，不欺人"⑤，

---

① 《蒋介石日记》1921年4月29日，转引自杨天石：《找寻真实的蒋介石：蒋介石日记解读》，太原：山西人民出版社2008年版，第37页。

② 参见杨天石：《找寻真实的蒋介石：蒋介石日记解读》，太原：山西人民出版社2008年版，第38~39页。

③ 陈洁如：《陈洁如回忆录》，北京：中国友谊出版公司1993年版，第41页。

④ 蒋介石：《接受严格训练造成真正革命干部（1928年3月6日）》。

⑤ 蒋介石：《无形的战争与有形的战争（1928年3月10日）》。

这就是诚。这是第一阶段的特点。至 1930 年，蒋介石又兼任行政院长，明确表示"尤愿以整齐严肃之治军的精神，用于治政"，认为数年来军事上有进步，但革命政治未能跟上，所以要"肃正革命政府之纪纲"，"以求进步"①。

此时蒋介石已完全接受了戴季陶的说法，主张孙中山的思想是继承尧舜孔孟的中国正统思想，"三民主义就是从仁义道德中发生出来"②。蒋介石要求教育部同仁"从总理的正统思想起头去研究"；要从这个中心思想中"使国民发生爱国思想来"，如此中华民族才有自立的根基。"并要身体力行，贯彻到底，来发挥教育的功效，完成革命的使命。"③ 这是第二个阶段，基本上还是对孙中山、戴季陶思想的继承。

第三个阶段是在 1931 年"九一八"事变之后。蒋介石的理论重心逐渐转移到了强调中国的立国精神上，认为"要抵抗日本帝国主义首先要抵抗日本武士道的精神"④，一方面要用自己的民族精神民族道德作为立国精神，另一方面"尤要实行总理'知难行易'的革命哲学"。宣称"知行合一"和"知难行易""都渊源于'大学之道'"，"统是注重在行的哲学"⑤。日本致强的原因，是"得力于中国的哲学"，得力于"中国王阳明知行

---

① 蒋介石：《以整齐严肃的治军精神治政（1930 年 11 月 25 日）》。
② 蒋介石：《中国教育的思想问题（1931 年 2 月）》。
③ 蒋介石：《中国教育的思想问题（1931 年 2 月）》。
④ 蒋介石：《中国的立国精神（1932 年 6 月 6 日）》。
⑤ 蒋介石：《革命哲学的重要（1932 年 5 月 23 日）》。

合一'致良知'的哲学"。日本霸道的民族精神就是武士道：
"武士道乃是儒教中残余的东西，片断的被日本截取了去，做他
们霸道立国的民族精神。"①

有鉴于东邻日本，蒋介石认为中国的应对之策就是"赶快
恢复我们的固有民族性，把我们中华民族数千年的立国精神复
兴起来"②。承认了孙中山的思想是继承尧舜孔孟的正统思想，
蒋介石就名正言顺地称中国的民族性和立国精神就是三民主义。
三民主义"在伦理和政治方面讲，就是'忠孝仁爱信义和平'
来做基础；在方法实行上讲，就是'知难行易'的革命哲
学"③。蒋介石之后的理论创造，实际上主要也在这两个方面，
即在实行的方面提出"行的哲学"，从"力行"到"实干、硬
干、快干"；在民族精神方面，其一是把三民主义同大学之道紧
密结合起来，主张"三民主义就是'明德''亲民'的道理，
要信仰'三民主义'，实行'三民主义'就是'在止于善'的
道理"④，最终目的就是治国平天下。

在孙中山"忠孝仁爱信义和平"八德的基础上，蒋介石重
又拾起"礼义廉耻"的四维，号召革命者"要在人格与道德上
做功夫，拿主义做前提"，"要以'亲爱精诚'四字造成真正的

---

① 蒋介石：《中国的立国精神（1932 年 6 月 6 日）》。
② 蒋介石：《革命哲学的重要（1932 年 5 月 23 日）》。
③ 蒋介石：《革命哲学的重要（1932 年 5 月 23 日）》。
④ 蒋介石：《革命哲学的重要（1932 年 5 月 23 日）》。

团结，更要以'礼义廉耻'四维振奋，民德人心"①。因此蒋介石在其政治生涯中一贯主张"盖精神为万事成功之母，抗敌建国之原动力，实有赖于个人之信仰与觉悟"。② 以四维振奋民德人心的社会推广，就是新生活运动。以四川为例，蒋介石在地方治理上的一套办法是："我们要建设四川，首先要从精神建设着手，然后可以完成政治经济社会一切的建设"③。由此看来，蒋介石在九一八事变之后，格外重视所谓"精神动员"的工作。

这里还有一个隐含的命题，即孙中山的觉悟等级论。蒋介石反复强调"后知后觉，以及不知不觉的人们，只是跟着先知先觉的人们去行，就可以节省时间，完成革命，因为跟着去'行'是很容易的"④。顺着孙中山"行易知难"的理论，蒋介石认为要解决"知难"的问题，也唯有从力求中去求，"因为我们都是后知后觉，我们除了基本的革命大义以外，所知的实在是有限"。蒋介石却要"将力行真谛"拿出来"贡献给大家"⑤，继孙中山之后扮演起先知先觉的角色。要求党员"必须实行而后始有真知，也唯有能行而后能知"⑥，并宣称力行的效果就是

---

① 蒋介石：《人格与革命（1932 年 4 月 19 日）》。

② 蒋介石：《自信自立与自强（1937 年 9 月 20 日）》，见《蒋委员长抗战言论集》，新生活运动促进总会编印 1938 年版，第 21 页。

③ 蒋介石：《建设新四川为复兴民族基础（1935 年 10 月 6 日）》。

④ 蒋介石：《自述研究革命哲学经过的阶段（1932 年 5 月 16 日）》。

⑤ 蒋介石：《行的道理（行的哲学）（1939 年 3 月 15 日）》。

⑥ 蒋介石：《行的道理（行的哲学）（1939 年 3 月 15 日）》。

大学中所讲的"至用力之久，而一旦豁然贯通焉，则众物之表里精粗无不到，而吾心之全体大用无不明矣"，力行也就成了"革命成功的方法"。①

因此，蒋介石在推行三民主义时主张"只有从'力行'中去实行三民主义"②，对军官士兵演讲时强调要"力行实干"③，在对教育部同仁讲要"身体力行"④，在强调政治建设时讲"为政贵在力行"，在发动新生活运动时更要求"下定一个决心"，"如此努力干去"⑤ 等。

2. 新生活运动中的儒学成分

蒋介石在 1934 年发动新生活运动时的目的是"以中华民族固有之德性'礼义廉耻'为基准""求国民之生活合理化"⑥，以国民精神"建设国家、复兴民族"。"新生活运动为一种生活革命的社会教育，即心理建设之实行"⑦。所谓心理建设，就是树立立国精神，就是树立国魂。"一个国家要生存，健全稳固，一定要有灵魂。"而在蒋介石看来，中国魂就是三民主义，三民主义之重要所在就是"忠、孝、仁、爱、信、义、和、平"八

---

① 蒋介石：《行的道理（行的哲学）（1939 年 3 月 15 日）》。

② 蒋介石：《三民主义之体系及其实行程序（1939 年 5 月 7 日）》。

③ 蒋介石：《革命军人的哲学提要（1934 年 7 月 23 日）》。

④ 蒋介石：《中国教育的思想问题（1931 年 1 月 19 日）》。

⑤ 蒋介石：《新生活运动之要义（1934 年 2 月 19 日）》，见《新生活运动言论集》，南京：正中书局 1940 年版，第 30 页。

⑥ 《新生活运动纲要》，见《新生活运动言论集》，南京：正中书局 1940 年版，第 127 页。

⑦ 蒋介石：《国父遗教概要（1935 年 9 月 14 日至 19 日）》。

字，蒋介石又进一步提炼出"礼义廉耻"四个字①，形成"四维八德"的新名词。蒋介石认为要建设国家、复兴民族，就要用"礼义廉耻"来促进一般国民道德和知识的进步②，进而达到"转移风气"③的效果。

"一般国民知识道德的高下，即文明和野蛮，从什么地方可以表现出来呢？我们要提高一般国民知识道德，要从什么地方着手呢？"④对于这个问题，蒋介石的答案就是知行合一的良知从百姓生活日用中来——"这就要讲到一般国民的基本生活，即所谓'衣食住行'这四项"。"一个人或一个国民的精神、思想、知识、道德，统统可以从基本生活的样法，表现出来。"⑤这与此前蒋介石"行的哲学"从行中求知的思想是一以贯之的。

这样，新生活运动的逻辑就清楚了，就是"要将礼义廉耻应用在日常生活中衣、食、住、行四事，每日要反省，是否是新生活"⑥。不合新生活要求的衣服、饭食、房屋就要不穿、不

---

① 蒋介石：《养成礼义廉耻纯洁心地（1933年10月10日）》，见《新生活运动言论集》，南京：正中书局1940年版，第2、3页。

② 蒋介石：《新生活运动之要义（1934年2月19日）》，见《新生活运动言论集》，南京：正中书局1940年版，第20~21页。

③ 《新生活运动纲要》，见《新生活运动言论集》，南京：正中书局1940年版，第129页。

④ 蒋介石：《新生活运动之要义（1934年2月19日）》，见《新生活运动言论集》，南京：正中书局1940年版，第22页。

⑤ 蒋介石：《新生活运动之要义（1934年2月19日）》，见《新生活运动言论集》，南京：正中书局1940年版，第22页。

⑥ 蒋介石：《复兴国家民族惟有实行新生活（1934年11月10日）》，见《新生活运动言论集》，南京：正中书局1940年版，第64页。

食、不住。蒋介石也注意到古今意义的不同，所以用今天的话解释："礼是规规矩矩的态度，义是正正当当的行为，廉是清清白白的辨别，耻是切切实实的觉悟。"以礼义廉耻贯注在衣、食、住、行中，就是要求资料之获得应合乎廉，质量之选择应合乎义，方式之运用应合乎礼"①，最后要达到的效果是"反乎粗野卑陋之行为，求国民生活之艺术化"；"反乎争盗窃乞之行为，求国民生活生产化"；"反乎乱邪昏懦之行为，求国民之生活军事化"②。

由宋庆龄提议、蒋介石在江西南昌发起的"新生活运动"，通过党政机关、团体、学校，渐次影响到全国。社会各界相继出台了实施细则，文献可见的有陈立夫署名的《中国国民党员与新生活运动》、林风眠《艺术家与新生活运动》、胡叔异《儿童的新生活》、朱代殷《警察的新生活》、朱培德《军官的新生活》、唐槐秋《戏剧家的新生活》、溥岩《妇女的新生活》等。另有探讨新生活运动与民生史观、与民族复兴、与乡村建设、与妇女解放、与礼乐、与健康等方面的诸多理论著作。在运动一周年时已"深入人心，渐成风气，造成相当之基础"③；三周年时通过"大学生暑期农村服务团""暑期平民学校"等方式把

---

① 《新生活运动纲要》，见《新生活运动言论集》，南京：正中书局1940年版，第135~136页。

② 《新生活运动纲要》，见《新生活运动言论集》，南京：正中书局1940年版，第139~140页。

③ 蒋介石：《新运周年纪念告全国同胞书（1935年2月19日）》，见《新生活运动言论集》，南京：正中书局1940年版，第84页。

"新生活运动"推行到农村。① 当时报刊的相关报导，可以证实
"新生活运动"的声势是很大的。

3. 新县政与地方儒法宗族势力

三民主义意识形态在地方上的推行也带有浓厚的传统色彩，
具体表现就是国民党推行的新县政。② 南京国民政府自 1930 年
宣布进入训政时期以后，即宣称以三民主义、五权宪法、建国
大纲建设中华民国。中央在国民政府下设立行政、立法、司法、
考试、监察五院，同时规定"训政时期由中国国民党全国代表
大会代表国民大会行使中央统治权"，人民的政权与治权"由国
民政府训导之"③，实际上是国民党训导之，即推行以党治国的
政治方略。在地方上，《建国大纲》规定"县为自治之单位"，
"一完全自治之县，其国民有直接选举官员之权"，其他罢免、
创制、复决三权皆由国民直接行使。④ 国民党也在 1928 到 1930
年间开始进行调查人口、丈量土地的工作，并陆续颁布了《县
组织法（民国十八年十月）》《区自治施行法（民国十八年十
月）》《乡镇自治施行法（民国十九年七月）》《清乡条例》《人

① 蒋介石：《新运三周年纪念词（1937 年 2 月 19 日）》，见《新生活运
动言论集》，南京：正中书局 1940 年版，第 120 页。
② 此时的新县政的工作重点与 1939 年后的新县制不同，此时的新县政
还带有孙中山设计的基层民主的政治原则。
③ 《中华民国训政时期约法（1931 年 5 月 12 日）》，第 4 页，见沈云龙主
编：《近代中国史料丛刊续编》第八十一辑《中华民国宪法史料》，台北：文
海出版社 1974—1982 年版。
④ 孙中山：《国民政府建国大纲（1924 年 1 月 23 日）》，见《孙中山全
集》第九卷，北京：中华书局 2011 年第 3 版，第 128、127 页。

口登记条例》等。实际上国民党忙于派系斗争，地方行政的改革直至 1930 年仍没有多大进展。

南京国民政府统治下的地方政治的真正实行，是从江西开始的。1930 年以后，地方上保甲制的实施，针对的就是共产党领导的豫鄂皖三省土地革命和中华苏维埃政权。蒋介石曾在中央政治学校发出号召"古今中外的土地制度，均应深刻研究，以作为改革土地问题的参考"①。

宗族村治的特点则是集政权、族权、神权为一体，本质上是家国同构体制下的组织原则在基层政权中的映射。毛泽东在此前从事农民运动时调查过湖南农村的社会现状，发现农民要受三种势力的支配，即政权、族权、神权。"中国的男子，普通要受三种有系统的权力的支配，即：（一）由一国、一省、一县以至一乡的国家系统（政权）；（二）由宗祠、支祠以至家长的家族系统（族权）；（三）由阎罗天子、城隍庙王以至土地菩萨的阴间系统以及由玉皇上帝以至各种神怪的神仙系统——总称之为鬼神系统（神权）。"②

在地方族权下，往往形成氏族，即地方封建势力的代表。"此种氏族之领袖，多属大地主之直系子孙"，因有经济上和教

① 蒋介石：《整理土地是我们国计民生一个生死关键（1932 年 11 月 15 日）》。

② 毛泽东：《湖南农民运动考察报告（1927 年 3 月）》，见中共中央毛泽东选集出版委员会辑：《毛泽东选集》第一卷，北京：人民出版社 1991 年版，第 31 页。

育上的特殊地位，"遂成为氏族或地方上之中坚人物"。因此他
们在政治上"要持有旧的封建势力的专制权"，"在意识上，主
张保守的文化"①。然而保甲制度在秦汉时期就已经实行（当时
称作什伍连坐），唐宋又一度盛行乡约村规，经过中国的帝制社
会，保甲制已与这种血缘宗族制度几乎融为一体。"已成为家族
制度底根底的孔子道德"②，虽经新文化新思想的冲击，但在蒋
介石提倡"礼义廉耻"的情况下又复兴起来。虽然国民党中央
政府一直力图削弱地方宗族势力，实际上并没有获得良好的
效果。

国民党政权在研究推行保甲制的配套政策时，曾主张保甲
规约与乡约相结合，称宋代的《朱子增损吕氏乡约》"后世尊为
楷模"③。因而有研究认为："在国内分裂倾向日趋严重的巨大压
力下，民国政府转向于扶植、收买基层宗族势力，寻求政权与
族权的结合。"④ 乡村宗族势力在一定程度上又获得了延续甚至
兴盛的土壤，保甲制在新县政的口号下，又借用传统礼法乡约
的规范力，使原有的农村宗族势力与新县政运动走向暂时性的
融合。与此相配合的是，在国民党统治时期的乡镇中，"儒家文

① 参见董修甲编著：《中国地方自治问题》，上海：商务印书馆《万有文库》1937 年版，第 262、263 页。
② （日）长野朗著，朱家清译：《中国社会组织》，上海：光明书局 1931年版，第 47 页。
③ 黄强编著：《中国保甲实验新编》，南京：正中书局 1935 年版，第 22 页。
④ 杨婉蓉：《试论民国时期农村宗族的变迁》，《广东社会科学》2002 年第 2 期。

化虽已处于十分衰落的状态，但仍然支配着日常的社会生活；一切人伦关系，从婚丧礼俗到岁时节庆，大体上都遵循着儒家的规范而辅之以佛、道二教的信仰和习行"①。民国时期基层政权建设也取得了一定的成效，例如江西万载县的"族董会制"的实施②、湖北省沔阳县选举纠纷的解决③、广东地区保甲与宗族势力的互动④等。

（三）文教领域内儒学对三民主义的渗透

早在北伐前国民党的势力还局限于两广地区之时，广州国民政府就把三民主义以及儒学的宣传教育⑤与国民党力量的扩张结合起来，提出"党化教育"的主张，试图用培育党员的方法来管理文化与教育。这一管理模式也成为三民主义意识形态的重要推行方略之一。

1. 党化教育与党义的理学色彩

国民党在三民主义的宣传教育上下了很大的力气，不断根据推行的现实情况作策略和方法上的调整。当时就有人明确看到，"教育就是完成革命，灌输和推行主义的工具，所以他们规

---

① 参见《现代儒学论》序，上海：上海人民出版社1998年版，第1页。

② 杨吉安：《文本制度与权力扩张——基于江西万载县族董会制度运作过程的分析（1930—1945）》，《民国档案》2013年第4期。

③ 参见汪巧红：《民国时期湖北的新县制研究（1939—1949年）》，华中师范大学学位论文2007年。

④ 沈成飞：《保甲制度与宗族势力的调适与冲突——以民国时期的广东地区为例》，《福建论坛（人文社会科学版）》2016年第5期。

⑤ 国民党在党化教育时期就提出"建设忠孝仁爱信义的新道德"的主张。详见下文讨论。

定以三民主义为其教育宗旨"①。南京国民政府时期，国民政府教育行政委员会还作出"学校员生需全体加入国民党"的规定，以此推行党化教育。② 在教育的指导思想上国民党明确主张："我们的教育方针，要建筑在国民党的根本政策上。国民党的根本政策是三民主义，建国方略，建国大纲和历次全国代表大会的宣言和决议案，我们的教育方针，应该根据这种材料而定。这是党化教育的具体意义。"③

根据国民党的《党化教育大纲》，1927 年公布的《浙江实施党化教育大纲》承袭了广州国民政府时期党化教育的精神，制订了实施党化教育的细则：一以本党（中国国民党）训练党员之方法训练学生，二以本党的纪律为学校的规约，三根据孙文学说（行易知难）及民族主义第六讲建设新道德应从求知入手（破坏浪漫主义个人主义等舶来品，建设忠孝仁爱信义的新道德，并应保存格物、致知、诚意、正心、修身、齐家、治国平天下的思想），四依训政时期国家的组织为学生自治的组织，五以三民主义之中心思想确定学生的人生观。④

① 陈青之：《中国教育史（下）》，长春：吉林人民出版社 2012 年版，第 766 页。初版于 1936 年。

② 熊明安：《中华民国教育史》，重庆：重庆出版社 1997 年版，第 6 页。

③ 许崇清：《教育方针草案（1926 年 8 月）·近代中国教育史料补编》，见舒新城编：《近代中国教育史料》第四册，上海：上海科学技术文献出版社 2015 年版，第 9 页。

④ 《浙江实施党化教育大纲（1927 年 7 月 30 日）·近代中国教育史料补编》，见舒新城编：《近代中国教育史料》第四册，上海：上海科学技术文献出版社 2015 年版，第 23~27 页。

　　1928 年南京国民政府大学院第一次全国教育会议提出以"三民主义教育"代替"党化教育",并在 1929 年的国民党三大上通过,明确规定以三民主义教育为教育的宗旨。这一时期教育的根本原则"必须以造成三民主义的文化为中心"。在学校实施三民主义教学,必须"以史地教科阐明民族之真谛,以集团生活训练民权主义之运用,以各种生产劳动的实习,培养实行民生主义之基础。务使知识道德融会贯通于三民主义之下,以收笃信力行之效"①。其中史地教育阐明民族之真谛的号召影响尤其深远,因受日本侵略后中国民族危机的加深和民族主义思想的兴盛,在史地和思想哲学等领域陆续出现了一批激励民族抗战意志的优秀著作,这其中以钱穆著《国史大纲》、傅斯年编《东北史纲》以及反映此一时代精神的冯友兰著《贞元六书》为代表。② 三民主义意识形态中的民族主义顺应了抗日民族统一战线的时代要求,在这一方面是有其不可磨灭的历史贡献的。同时,国民党三大又特别规定"须根据总理遗教,以陶融儿童及青年'忠孝仁爱信义和平'之国民道德"为目的③,并在 1931

---

　　① 　上引《中国国民党第三次全国代表大会重要决议案（1929 年 3 月)》,见中国第二历史档案馆编:《中华民国史档案资料汇编·第五辑第一编·政治》,南京:江苏古籍出版社 1994 年版,第 83、101 页。

　　② 　傅斯年编《东北史纲》在 1931 年,钱穆所著《国史大纲》完成于1939 年,冯友兰《贞元六书》则写作于抗战时期,取贞下起元之意。

　　③ 　《中国国民党第三次全国代表大会重要决议案（1929 年 3 月)》,见中国第二历史档案馆编:《中华民国史档案资料汇编·第五辑第一编·政治》,南京:江苏古籍出版社 1994 年版,第 101 页。

年通令全国学校悬挂"忠孝仁爱信义和平"的八字匾额。

另又陆续设训育主任，对学生实行训育制度，实行军事化管理，在各级学校设党义科为必修课，不仅面向在校生，也面向教员灌输。在国民党四大上，提出了党义课生硬灌输的弊端，指出"特立科目""听者以其为自作宣传，反觉貌然无味"。以至于社会上出现了外籍教师抗议国民党意识形态灌输的报道。[①]针对这种现象，国民党提出《渗透党义教材案》，使用"渗透党义于各种社会科学书籍中"的办法，"将党义软化编入国语（文）教材、商农业教材、地理教材中"[②]。虽然设想"自可融会而贯通"，但在实行上仍然难改以灌输为主要宣传手段的做法。

此时相比于民国四年，南京国民政府在三民主义的旗帜下部分恢复了儒学教育的内容，放弃了"孔教"的主张，在民族固有道德的号召下推行"礼义廉耻"之四维八德的实质性内容。这种做法不仅避免了无谓的风潮，而且在推行中取得了一定的成效。不得不承认，蒋介石集团在运用儒学思想资源方面，虽然有生搬硬套、知义而不知宜的一些弊端，但在方法上实在要比袁世凯、康有为之流高明了不少。

---

① "FOREIGN TEACHERS AND PARTY--Not to be Forced to Study the Ideology of the Kuomingtang", *The North-China Daily News*. Sept. 28. 1930.

② 《中国国民党第四次全国代表大会重要决议案（1931 年 11 月）》，见中国第二历史档案馆编：《中华民国史档案资料汇编·第五辑第一编·政治》，南京：江苏古籍出版社 1994 年版，第 334、335 页。

2. 以宋明理学作为党员培养教材

对党员进行三民主义的教育及意识形态灌输由来已久。三民主义革命理论诞生之初，孙中山即用它来做革命党人的奋斗目标，改造中华革命党时也要求必须服从主义。1919年孙中山明确规定，国民党党员以实行三民主义为宗旨。但到了南京国民政府时期，国民党的三民主义教育又增添了新的内容。

1935年国民党五大在党员训练方面一反此前强调的三民主义和人格智慧训练，转而强调"往古圣人""一贯大道"，党员守则规定"忠勇为爱国之本，孝顺为齐家之本，仁爱为接物之本，信义为立业之本，和平为处世之本"，又强调礼节、服从、勤俭、整洁、助人、学问、有恒共十二条。

在日本侵华势力咄咄逼人，德意法西斯日益扩张之际，蒋介石也认识到中国已"国难严重"，"世界人类祸患方兴未已"，他的应对之策就是以"四维八德""修齐治平"来期望国民党员"人人能成为世界上顶天立地之人"，然后"三民主义能实行于中国，弘扬于世界"。这样的主张本质上仍是蒋介石"行的哲学"的进一步落实，在国难深重之际，寄希望于以"总理遗教""固有道德"唤起国人责任意识的自觉，仍然强调"社会之隆污，系于人心之振靡"①，颇有晚清时倭仁主张的"根本之图，

①《中国国民党第五次全国代表大会重要决议案（1935年11月）》，中国第二历史档案馆：《中华民国史档案资料汇编·第五辑第一编·政治》，南京：江苏古籍出版社1994年版，第491~492页。

在人心不在技艺"① 的意味。

三民主义青年团的成立是国民党在此前主张的"青年统一运动"的产物，是由国民党蒋介石亲自出面组织的全国性青年团体。还在组织筹备三青团阶段时，蒋介石就下令取消国民党内的中华复兴社和青白团，又下令解散西北青年救国联合会、青年救国团、民先队等青年团体，以突出三青团在全国的统一之势。三青团的训练内容包括"一为忠勇爱国之精神训练，二为健身强种之体格训练，三为勤劳俭朴之生活训练"等六个方面②，重点在精神训练和体格训练。训练的书面材料由中央团编印，例如《三民主义之要义》《全国青年对本团应有的认识》《团长对青年之训示》《团长革命哲学》《三民主义体系及其实行程序》《国民精神总动员运动》《新生活运动纲要》《新生活运动》等。青年团团员实际上就是国民党宣传主义扩充组织的预备役队员。

在三青团精神训练的教材中，蒋介石特别强调了《宋元学案》和《明儒学案》，"是我们中国两部最完善，最有系统的教育哲学史"，是教育、感化、领导青年的根据，需要一班校长、教职员领导青年"切实研究，身体力行"③。

---

① 《同治朝筹办夷务始末》卷四七，民国十九年故宫博物院影印本，第24页。

② 《三民主义青年团中央团部工作报告（1938年7月—1943年3月）》，转引自贾维：《三民主义青年团史稿》上册，北京：社会科学文献出版社2013年版，第287页。

③ 蒋介石：《青年团工作根本要旨（1941年7月2日）》。

3. 中国本位文化建设对"全盘西化"的抵抗

受儒学渗透的三民主义意识形态推行的另一表现，就是1935 年展开的"中国本位文化建设"运动。1935 年 1 月，由王新命、樊仲云、何炳松、萨孟武、陶希圣等十教授署名的《中国本位的文化建设宣言》在《文化建设》月刊发表。宣言用悲观语调表达了对中国文化现状的认识，认为中国在文化领域里已经消失了，因而明确提出文化建设的中国本位，主张用"此时此地的需要"来做"中国本位的基础"，"不守旧，不盲从；根据中国本位，采取批评态度，应用科学方法来：检讨过去，把握现在，创造将来"①。"十教授宣言"随后以中国文化建设协会为主导力量推向全国，从而引发了一场关于中国文化向何处去的大讨论，在讨论过程中主要是以"中国本位"派和"全盘西化"派两种立场为导向，两派针锋相对互有攻讦。这场讨论实质上就是在文化发展方向上的中西之争。

中国本位文化建设主张的提出有其独特的思想生态，认识这一思想生态是理解本位文化建设主张的关键。在"十教授宣言"发表之前的 1934 年 1 月，时任岭南大学教授的陈序经在中山大学做了一场《中国文化之出路》的演讲。演讲中陈序经对文化上的复古派和折衷派进行了批评，明确提出中国应"全盘西化"的主张。演讲的内容随后发表于《广州民国日报》，并在

① 《中国本位的文化建设宣言（1935 年 1 月 10 日）》，见马芳若编：《中国文化建设讨论集》上编，《民国丛书》第一编第 43 册，上海：上海书店1989 年版，第 5、6 页。

中国南方引发了一场文化论战，"此事颇引起广州学界之注意"①。陈序经又对这篇演讲进行修订、补充，在1934年由商务印书馆出版了单行本。书中详细分析了"折衷办法"和"复古办法"的主张及其错误，并讨论了鸦片战争以来有西化态度倾向的胡林翼、曾国藩、陈独秀、胡适等人的观点，认为"六七十年来的西化的错误，本来是在于迟疑不决的态度"②。陈序经给出的中国需要全盘西化的理由有三：其一在理论上和事实上中国已在趋于全盘西化，其二欧洲近代文化的确比我们进步得多，其三西洋的现代文化是现世的趋势。③ 从20世纪30年代文化论战中的讨论情况看，认同这一观点的人是有不小的势力的。

1933年前后，正是蒋介石"力行哲学"形成和新生活运动的酝酿时期，也正是三民主义意识形态中的复兴民族道德主张盛行的时期。经过蒋介石的改造，民族主义几乎已经成为中国传统思想即儒学的同义词。在这种背景下出现的全盘西化主张，就必然引起南京国民政府的格外注意。

根据这一时期与儒学相结合的三民主义意识形态在其他领域推行的特点，我们就可以推断出其在文化领域也必然采取民族主义的立场。因此，代表南京国民政府（执行蒋介石意志）、实际主持具体文化工作的陈立夫，就以"一民族之所以能维持

---

① 陈序经：《中国文化之出路》编者注，《文化月刊》1934年第7期。
② 陈序经：《中国文化的出路》，长沙：岳麓书社2010年版，第94页。
③ 陈序经：《中国文化的出路》，长沙：岳麓书社2010年版，第97页。

其生命，必有其不可磨灭之历史在"的观点立论，认为"吾人自五四运动以来，所有文化工作"，"大部分均系破坏工作"。陈立夫认为"今日吾国民族，对于固有之文化，莫不弃之如敝屣"。陈立夫又特别批判"今日一般知识分子"，指责在他们中"且形成讨厌过去、敷衍现在、不管将来之现象"①。这批判的矛头应是包括了全盘西化派的。

陈立夫在论述中借鉴了此前梁启超等人把中西文化分为精神文化和物质文化的观点，并根据他自己（陈立夫）在此前后正在酝酿的民生哲学的理论，主张"文化偏重于一方，不是最好的。所以中西文化，偏重于精神或物质，都是各有所长，各有所短"。而"今日中国衰弱至此"，"是由于民族自信力之衰落及物质创造力之缺乏所致"，因此"要复兴中华民族，必先复兴中华民族的文化"②。

这一时期的"十教授宣言"、中国本位文化建设协会与陈立夫的文化主张有密切的关系。据当事人叶青的回忆，《中国本位的文化建设宣言》在1934年11月至12月间起草时，是由《文化建设》月刊主编樊仲云出面组织的。《文化建设》月刊是中国文化建设协会的机关刊物，协会领导人正是陈立夫。叶青与樊仲云、孙寒冰、王新命、陈高佣等人一

---

① 陈立夫：《文化建设之前夜（1934年4月16日）》，《中央周报》1934年第307期。

② 上引陈立夫：《中国文化建设论》，《文化建设》1934年第1卷第1期。

起讨论了几次才定稿，叶青本人出过一些主意，也赞同最后的定稿，但并未署名。①

在 1937 年召开的中国文化建设协会第一次会员代表大会称：本会为"打击此邪说异端之流传，爰有十教授'中国本位文化建设宣言'之发表。"又借全国各地报章杂志的名义，自夸为"赞为切中时弊之的论"②。在宣言发表以后，"本会各省市分会更从而推行，努力宣传，或作深切之研究，或召座谈以切磋。[……] 其哄动之久，热烈之状，实为'五四'运动以来所未有"③。显然，这种热烈现象，是有政治推力存在的。并且在文化主张上，"十教授宣言"中建设中国本位文化的办法，与陈立夫所主张的"检讨过去……创造将来"④ 几乎如出一辙。

在与儒学相结合的三民主义意识形态推行过程中，国民党也逐渐改变了 1928 年主张的"春秋祀孔旧典，一律废止"⑤ 的态度，在 1934 年前后转而纪念孔子诞辰，并在曲阜举行大规模

---

① 参见丁伟志：《中国近代文化思潮（下卷）·裂变与新生》，北京：社会科学文献出版社 2011 年版，第 436 页。

② 中国文化建设协会编：《中国文化建设协会第一次会员代表大会纪念册（1937 年出版）》，见《民国文献类编》文化艺术卷第 876 册，北京：国家图书馆出版社 2015 年版，第 91 页。

③ 中国文化建设协会编：《中国文化建设协会第一次会员代表大会纪念册（1937 年出版）》，见《民国文献类编》文化艺术卷第 876 册，北京：国家图书馆出版社 2015 年版，第 91 页。

④ 陈立夫：《中国文化建设论》，《文化建设》1934 年第 1 卷第 1 期。

⑤ 《中央教育法令：为废止春秋祀孔旧典由》，《大学院公报》1928 年第 1 卷第 3 期。

祭孔活动。① 社会上"尊孔读经"风潮又因此兴起。

到 1943 年，国民党召开五届十一中全会时，通过《文化运动纲领》，主张"制定适合国家民族及时代需要之礼乐服制，"并鼓吹 1943 年是"礼乐年"。这项工作由考试院长戴季陶主持，于是他发表《制礼通议》《读礼札记》等文章②，以研究的名义进行造势宣传。1943 年国民政府教育部成立"国立礼乐馆"③，又成立"国立中央民众教育院"，推行"礼乐教育"。④ 随后又创办《礼乐半月刊》《社会教育季刊》。国民党的文化界代表性人物如戴季陶、陈立夫、顾毓琇等认定蒋介石提出的"抗战建国"设想即将实现，"治定功成，礼乐乃兴"，于是此时皆专注于制礼的相关活动，试图把制礼活动的机构设置与所谓学术讨论并举，并于同年（1943 年）在四川北碚缙云山下的北温泉会议中讨论了国民政府的新礼制问题，与会者以为"北泉之会，实开国盛事"⑤。

此时国民党的理论家在讨论"新礼制"时，不仅欲照搬"吉、嘉、军、宾、凶"的古礼，又出现了以宋明时代"人范教化"⑥ 来规范民众的主张。这实际上是宋明时期相关制度在民国

---

① 记者：《国府特派大员赴曲阜祭孔》，《大道半月刊》1934 年第 18 期。

② 参见宋仲福、赵吉惠、裴大洋：《儒学在现代中国》，郑州：中州古籍出版社 1991 年版，第 210 页。

③ 顾毓琇：《国立礼乐馆概况》，《社会教育季刊（重庆）》1943 年第 1 卷第 4 期。

④ 陈大白：《礼乐教育施教工具之新试验：国立中央民众教育馆人范馆试验记》，《社会教育季刊（重庆）》1943 年创刊号。

⑤ 国立礼乐馆编：《北泉议礼录》记，北碚私立北泉图书馆印行 1944 年版。

⑥ 国立礼乐馆编：《北泉议礼录》记，北碚私立北泉图书馆印行 1944 年版。

时期的照搬。在抗日战争尚未完全胜利，社会上民生凋敝，思想上已经呈现现代化趋向并且在国民政府宣称建设"军政、宪政"之现代政治的时局下，国民政府如此不切实际的主张，毫无疑问是于事无补的。

三、与内圣之学及精英政治相结合的新意识形态

与儒学相结合的三民主义意识形态经过孙中山、戴季陶①、蒋介石等人的理论探索和初步实践，到1934年前后南京国民政府蒋介石主政时，已在政治、教育、文化等领域全面实施，在地方治理上也形成了一种国民党政权与地方士绅族权合作的状态。因而这一时期作为意识形态的三民主义，又呈现出一些新的特征。

（一）儒家内圣之学与三民主义意识形态

且不论与儒学相结合的三民主义意识形态在具体推行过程中受实际环境影响而做出的调整，单就南京国民政府在建构其意识形态体系和在推行过程中的具体主张来看，与儒学相结合的三民主义意识形态呈现出了两大特点：

其一，三民主义意识形态吸纳儒学的过程中，主要吸收的是宋明内圣之学的思想资源。② 20世纪30年代及以后，三民主

---

① 参见戴季陶《孙文主义之哲学的基础（1925年5月—6月）》，见桑兵、朱凤林编：《中国近代思想家文库·戴季陶卷》，北京：中国人民大学出版社2014年版；戴季陶《国民革命与中国国民党（1925年7月23日）》，上海：中国文化服务社1946年版等。

② 参见黄道炫：《蒋介石与朱、王二学》，《史学月刊》2002年第12期。

义与儒学相结合的理论进路毫无疑问是由蒋介石、戴季陶等人主导的，因此他们的思想特点对三民主义与儒学相结合的影响，几乎是决定性的。由蒋介石日记反映的修身思想来看，不晚于1919年，蒋介石就开始长期学习朱熹一派的"省、察、克、治"的修身办法。① 并且蒋介石喜读《曾文正公全集》，用曾国藩的话做自己的"借镜"，"力图按曾国藩的训导立身处世"②。杨天石根据蒋介石日记，总结了蒋介石修身时克制人欲的几个方面，主要包括戒色、惩忿、戒客气、戒名利诸欲等。③

从上文讨论的国民政府在宣传"力行哲学"与进行党员党化教育的具体思路和内容中，也可以明确看到南京国民政府的主要理论立场在"知"与"行"上逐渐滑向了强调"知"，在精神与物质上逐渐滑向了精神。这个"精神国防"的核心内容就是民族固有道德精神——四维八德。以民族固有的道德精神——四维八德来完成革命建国、抗战建国任务的实际承担者，就是国民党党员群体。

（二）精英政治与三民主义意识形态

与儒学相结合的三民主义意识形态的第二个特点，就是在

---

① 杨天石：《找寻真实的蒋介石：蒋介石日记解读》，太原：山西人民出版社2008年版，第38~39页。

② 杨天石：《找寻真实的蒋介石：蒋介石日记解读》，太原：山西人民出版社2008年版，第37页。

③ 参见杨天石：《找寻真实的蒋介石：蒋介石日记解读》，太原：山西人民出版社2008年版，第40~52页。

理论的出发点上和在实际上是精英政治①的意识形态。

问题在于，国民党精英政治的具体实践道路为什么没有收到预想中的效果？前文提到，孙中山在革命实践中，依据各人天赋把人分成三类，即先知先觉者、后知后觉者和不知不觉者，我们可以简称之为"觉悟等级论"。孙中山之后的国民党理论家毫不怀疑地继承了这套理论，却以后知后觉自称，以先知先觉者自认。如蒋介石不仅声称反对"我"就是反对革命，也要把个人经验拿出来"贡献给大家"。而宋明道学中"心即理""致良知""良知不假外求"的认识，主张通过外在的"省、察、克、治"的修身和向内"体悟自性"，而达到"明德"②和"致良知"③。这在国民党的改造和重新解释中，造成了一种仿佛一旦达到，就能立地成圣、心物合一、一贯正确的错觉。

理解与儒学相结合的三民主义的上述理论预设，即可认识到孙中山、蒋介石等重视儒家内圣之学所面向的学说受众是后知后觉者和不知不觉者，所强调的是由"诚"而生发出来的对三民主义的信仰和执行力。因而在具体的道路设计上，才会一直以先知先觉者自认，所以格外强调国民党应效仿叔孙通，为

---

① 关于蒋介石精英治国的政治理念，吕厚轩曾有简短的评论。参见吕厚轩：《接续"道统"：国民党实权派对儒家思想的改造与利用（1927—1949）》，济南：山东人民出版社2013年版，第194~195页。

② 参见冯友兰：《中国哲学史》下册，上海：华东师范大学出版社2010年版，第208页。

③ 参见冯友兰：《中国哲学史》下册，上海：华东师范大学出版社2010年版，第221~223页。

民国立法；效仿诸葛亮，教千千万万个阿斗实行民主；才在撰写《民权初步》时主张，"教国民学步"。因为孙中山在二次革命失败后反复强调："我们要知道民权不是天生的，是人造成的。我们应该造成民权，交到人民，不要等人民来争才交到他们。"① 这个具有主动性和使命感的具体执行者之"我们"，在孙中山等人看来就是国民党党员。

三民主义与儒学相结合之后所规定的理论受众，与其所吸收的儒家内圣之学的思想资源以及孙中山制定的军政、训政、宪政的实施程序，进一步规定了与儒学相结合的三民主义意识形态在理论的出发点上和在实践指向上是精英政治的意识形态。精英政治形态一方面体现在训政时期以党治国的政治纲领的规定②，另一方面也体现在对培养国民党党员的君子人格的期望。

与儒学相结合的三民主义对君子人格的塑造，就是期望国民党党员"应成为顶天立地之人"自觉负起"革命建国之大责重任"，并以"礼义廉耻""孝悌、仁爱、信义、和平"做核心精神以养成君子人格，以"往古圣人诚正修齐治平之一贯大道"③ 为方法。在

---

① 孙中山：《三民主义（1924 年 1 月—8 月）》，见《孙中山全集》第九卷，北京：中华书局 2011 年第 3 版，第 324 页。

② 王奇生教授称国民党的统治形式是"弱势独裁"，这个概念较为恰当地说明了蒋介石统治下国民党党内政治的精英化特点。参见王奇生：《党员、党权与党争：1924-1949 年中国国民党的组织形态》，北京：华文出版社 2010 年修订版，第 380~399 页。

③ 《中国国民党第五次全国代表大会重要决议案（1935 年 11 月）》，见中国第二历史档案馆编：《中华民国史档案资料汇编·第五辑第一编·政治》，南京：江苏古籍出版社 1994 年版，第 492 页。

此之前，孙中山为军人、党员、民众描绘了三民主义指导下的新的理想国家，作为革命的理想与动力。孙中山想要造成的新世界国家，与儒家的大同理想中的保民、教民、养民之国家具有相似性。孙中山认为："真能教民、养民者，莫如三代。"[①] 孙中山设想，到北伐革命成功以后，将在中华民国的体制下实现"孔子之理想的大同世界"[②]。这就为三民主义的实行塑造了理想国的动力，使三民主义之理想国与儒家大同社会之设想相结合。

蒋介石创造的"力行哲学"，就是对国民党党员提出的试图培养君子人格、贯彻三民主义的理论。"力行哲学"以内外维度来看，内在的就是革命精神，即精神性的"诚"和"致良知"，后来发展为"礼义廉耻"，这继承了孙中山"行易知难"的军人精神训练的内容和王阳明"知行合一"说。外在的维度就是强调行的效果，"行的表现，在创造，在进取，在建设，在完成三民主义的革命"，"行之极致，就是杀身成仁，舍身取义"[③]。在这内外之间的连接，是大学之道。

从国民党训政时期的纲领中可见，三民主义的儒学化及其党员君子人格的培育落实到现实中，就是国民党体制下国民党党员的精英化，就是国民党领导下的儒生化和精英化。非党员

---

① 参见孙中山：《在桂林对滇赣粤军的演说（1921 年 12 月 10 日）》，见《孙中山全集》第六卷，北京：中华书局 2011 年第 3 版，第 38 页。

② 孙中山：《在桂林对滇赣粤军的演说（1921 年 12 月 10 日）》，见《孙中山全集》第六卷，北京：中华书局 2011 年第 3 版，第 39 页。

③ 蒋介石：《行的道理（行的哲学）（1939 年 3 月 15 日）》。

和非领袖派的国民党党员，大都被排斥在这个"精英化"的资格之外。前文提到，孙中山在革命实践中，依据各人天赋把人分成三类，即先知先觉者、后知后觉者和不知不觉者，我们可以简称之为"觉悟等级论"。这一理论是继承孟子而来的。由孙中山等国民党理论家的论证可见，精英政治的理论立足点是人的天赋的差别。这不仅仅是个哲学问题，更是个现实政治问题。根据孙中山的理论，人们根据自己天赋的聪明才力去自由创造，是会自然产生"圣—贤—才—智—平—庸—愚—劣"差别的。①他根据对人类这种差别的认识，进一步提出革命运动需要先知先觉的人们去领导，后知后觉的人去跟随宣传，不知不觉的人去实行。至少在清末以至于民国的革命运动中，孙中山是扮演了先知先觉的领导者角色的。因此时人吴稚晖称"学生无先生不醒，先生无汪胡不盛"。②后人也赞美孙中山为"伟大的革命先行者"。对人类天赋存在差别的认识并不是孙中山独有的，孔子认为："中人以上，可以语上也。中人以下，不可以语上也。"③战国纵横家鬼谷子称："夫贤、不肖；智、愚；勇、怯；仁、义；有差。"④司马迁也同样认为人有智、愚、贤、

---

① 参见孙中山：《三民主义（1924 年 1 月—8 月）》，见《孙中山全集》第九卷，北京：中华书局 2011 年第 3 版，第 284~287 页。

② 吴稚晖：《吴稚晖全集》卷六，北京：九州出版社 2013 年版，第 305 页。

③ 《论语·雍也第六》，见朱熹：《四书章句集注》，北京：中华书局 1983 年版，第 89 页。

④ 《鬼谷子·捭阖第一》，武汉：崇文书局 2008 年第 2 版，第 5 页。

不肖之分。唐代韩愈也主张："性之品有上中下三。上焉者，善焉而已矣；中焉者，可导而上下也；下焉者，恶焉而已矣。"①在现代社会学理论中，有一套国际通用的智商测试办法：通常认为测试得分在90到110分为智力正常者，120到140分为聪明人，140分以上者为天才。②且不论古今中外对人的"质""性情""材质""根性""智商"划分标准的差异，但有一个共同点是不可否认的，即人生来即存在差异。每个人在现实交往体验中，也能感受到智力和能力等差别的存在。孙中山正是在此基础上强调，根据个人的天赋和努力程度而区别对待，才是真正的平等。

在三民主义上升为民国的意识形态后，国民党的理论人士如戴季陶、陈立夫以及蒋介石等人，都毫不怀疑地继承了这套理论，同时以后知后觉自称，以先知先觉者自认。这就继承了孙中山的觉悟等级论，把孙中山追求的"平等"抛之脑后。与此同时，根据孙中山的政治权力设计，在"军政""训政"的进程中首义党员、协助党员与普通党员③的政治身份与政治待遇是完全不同的，这是蒋介石等人敢于划分政治身份等级进而实行独裁统治的理论依据。也就是说，孙中山所提出的觉悟等级论

① 韩愈：《原性》，见《韩愈文集汇校笺注》第一册，北京：中华书局2010年版，第47页。
② 本书编委会：《中国学生教育管理大辞典》，北京：北京师范学院出版社1991年版，第17页。
③ 孙中山：《中华革命党总章（1914年7月8日）》，见《孙中山全集》第三卷，北京：中华书局2011年第3版，第98页。

与"军政训政宪政"三阶段论，被蒋介石等人断章取义地曲解，并以此作为国民党精英政治建构的合法化依据。

（三）总结与反思

在国民党重塑民国秩序的实践进程中，孙中山首先具有理论即意识形态建构的自觉。其后包括蒋介石在内的国民党人在进行新的理论建构时，大都沿着孙中山的方向前进。具体到本章所讨论的主题即三民主义对儒学的吸纳方面，也未超出这个范围。

首先一个问题是，精英政治是否具有合理性呢？在特定的某一历史阶段或某一运动中，有时候是存在着精英人物充当领路人角色的；而在意识形态以及建设道路的选择中，需要在一定程度上进行合理的规划——因而就绝不能把希望寄托在某些"不自觉的工具"上，在国家稳定发展时期尤其如此。因此从孔子、孟子到孙中山，关于先知先觉者的存在及作用是不容否认的。没有先知先觉者，没有诞生于人民群众内部的精英群体，重大的历史进步与思想创造是不可想象的。在某一具体的历史时段内，先知先觉、后知后觉、不知不觉的差别是存在的，精英群体也是存在的，但这只是一个动态的暂时性的状态。

这里需要强调的是，前一历史时段的先知先觉者，并不会必然成为下一时段的先知先觉者，没有谁能一直站在时代的潮头，没有谁能一贯正确。随着历史情境的演进，个人思想、能力的进步或者退步，先知先觉者可能成为不知不觉者；而在原来后知后觉，甚至不知不觉的群体中，也可能出现能够把握新的历史潮流的人，这样的人在因缘际会之下有可能成为新的先知先觉者。正如国共合作时期的孙中山、新文化运动时期的陈独秀、抗日战争时期的毛泽东。这个意义上的精英政治也就是"选贤举能"的贤能政治，自上而下的"选"和自下而上的"举"所依据的标准不是出身和财产，而是个人根据其天赋才力乃至对时代的思考去造就的"贤"与"能"。无论是从理论上还是从历史实践经验上，都可以得出这样一种推论：精英政治必须保持其在前瞻性探索上的思想空间和代际更替上的组织活力，才能具有强大的号召力和生命力。

再一个问题是，为什么三民主义要与儒学相结合？三民主义接纳儒学的原因有很多，其大小、远近之因缘学界也多有讨论。此处需要强调的是，民国时期三民主义意识形态的演进呈现两个发展阶段：在二次革命之前的三民主义还尚未成熟，无力承担"全面安排人间秩序"的理论使命。经过孙中山晚年理论补充后的三民主义，才具备了作为国家意识形态的基本理论形态。换言之，三民主义必须具备作为一种意识形态的理论完备性，它才有可能承担起国家意识形态的作用。这是孙中山在国民党成立前后明确讲过的，即如何建设这个国家，是三民主义必须回答的问题。二次革命前未及完成理论建构的三民主义，作为一种凝聚同志的革命信仰是可以的；一旦使其承担规定国家秩序的意识形态任务，则不免捉襟见肘。也就是说，如果从意识形态发展阶段来判断（相关讨论参见本书绪论），作为革命理论的三民主义尚处在不成熟阶段，这个不成熟体现在三民主义在政治、经济、社会秩序建构方面的空白或者不完善；而使三民主义在理论建构上快速成熟的方法，就是吸收、借鉴成熟意识形态的某些主张以为己用。这种办法可以使某一意识形态在数年、十数年时间内基本完成理论建构，而不必经过数百年的实践探索与理论总结。这是三民主义在孙中山引导下反思自由主义中国实践经验后，部分接纳儒学、吸收列宁主义的最大缘由。

　　具体到三民主义接纳儒学的问题上，其基本取径是以三民主义理论框架吸纳儒学内圣之学的精神内核，而摒弃儒学在帝制时代形成的制度设计。问题在于，在宋明时期成熟的儒家内圣之学是配合着帝制时代的基本社会秩序的，内圣之学的政治秩序前提就是帝制秩序逻辑的存在。三民主义在吸收儒家内圣之学后，特别是在孙中山、蒋介石的理论再创造中，并没有意识到这个问题的存在。于是三民主义接纳儒学的理论漏洞即在于，民主政治的基本追求与精英等级的理论指向之间存在不可调和的矛盾。这也是三民主义走向精英政治乃至专制的理论根源之一。

余　论

　　儒学在民国时期的自身理论演化过程中，也对中国近现代的社会转型发挥着关系中国政局走向的影响；近年来随着中华优秀传统文化的复兴，儒学现代转型问题的重要影响力也波及了当下。如果我们承认今天的中国是在历史中国的延长线上，也就能够认识到儒学的现代化发展必然也要在总结近代以来传统儒学现代转型经验教训的基础上进行。

　　从社会转型与意识形态转型视角来看，中国近代尤其是民国时期作为意识形态的儒学基本上是处于崩溃、退场与再造阶段，处于不断尝试建立新秩序的进程中。总结传统儒学在民国时期现代转型的相关经验，更多的是总结儒学在这一转型期的失败教训的问题。民国时期的两个"中央政府"即袁世凯主导的中华民国北京政府和蒋介石主导的南京国民政府在意识形态重塑的过程中运用与改造儒学的相关举措虽然在不同程度上具有尝试建立新秩序的意味，但是也未能扭转儒学的命运。甚至在一定程度上可以认为，由民国时期两个"中央政府"主导的两次中国现代转型尝试的失败，在很大程度上是受到了儒学重塑路径选择失误的影响。具体来讲，中华民国北京政府时期的儒学在外王领域转型探索陷入了帝制复辟的陷阱，南京国民政府时期的儒学转型探索走进了内圣之学的狭窄胡同。如何避免重蹈上述覆辙以建立新秩序，是今天学界必须要思考的问题。

一、重新认识儒学在当代中国的位置

首先要明确的是，今与古之间虽然已世殊事异，但都面临着一个共同的问题——人类社会的治理问题。这个问题是随着具体思想境态和实践要求的变化而历久弥新。人类社会的健康运行需要秩序，只要人类社会存在，活着的人们就必须对这个问题进行永无休止的探索和实践。这个问题不会因为思维模式的差异、经济形态的变化以及科学技术的进步而消失。在人类社会的治理问题上，作为意识形态的儒学有大量理论结晶和实践案例，毫无疑问仍是我们宝贵的政治遗产。

需要强调的是，在时代已经改变的情况下，儒学的这些理论和经验绝不能照搬。"儒家文明所体现的人们在心理上和伦理上的秩序对任何社会都是必不可少的，问题是怎样用现代价值来渗透儒家文明，使新的社会秩序化为心理和伦理的秩序。毋庸置疑，封建的因素是要被割走的。"[1] 重新思考儒学的古今变迁问题时，商鞅在两千多年以前的论辩仍掷地有声："前世不同教，何古之法？帝王不相复，何礼之循？""礼法以时而定。制令各顺其宜。"

---

[1] 王沪宁：《儒家文明与华人社会的现代化》，见复旦大学历史系、复旦大学国际交流办公室合编：《儒家思想与未来社会》，上海：上海人民出版社1991年版，第101页。

"治世不一道，便国不必法古。汤、武之王也，不循古而兴。殷、夏之灭也，不易礼而亡。"① 其中的损益之道仍可以作为我们理解儒学问题的方法论参考。从基本立场来讲，借鉴儒学资源的基本原则，或许仍然可以效法王安石的主张："法先王之政者"，"法其意而已"。② 这一基本立场运用在儒学演化问题上，就是挖掘儒学中适宜现代中国的基本精神并加以重新解释和发扬。

反观民国时期的两个"中央政府"对儒学思想资源改造、吸收的过程及其得失，可以让我们在今天重新借鉴儒学思想资源时得出以下两点认识：

其一，中华民国北京政府时期袁世凯保守主义道路的失败表明，儒学的现代化理论重塑需要告别帝制儒学，这一点在今天已基本成为共识。能够为告别帝制儒学提供理论工具和实践借鉴的，就是发源于欧洲的自由主义民主政治理论。这种政治形式的优点之一是"数头而不必砍头"③。现代新儒家理论探索的重心之一，就是儒学如何开出"民主之花"："儒家学术第三期的发展，所应负的责任即是要开这个时代所需要的外王"，"今天这个时代所要求的新外王，即是科学与民主政治。"④ 虽然

---

① 公孙鞅：《更法》，见高亨译注：《商君书译注》，北京：中华书局1974年版，第17页。

② 王安石：《上仁宗皇帝言事书（一）》，见《王安石全集》第六册，上海：复旦大学出版社2016年版，第750页。

③ 殷海光：《中国文化的展望》，北京：中华书局2016年版，第411~412页。

④ 牟宗三：《政道与治道》新版序，长春：吉林出版集团有限责任公司2010年版，第8、10页。

当代中国儒家各流派的理论主张各有差别，但儒学与中国化民主政治基本形式的结合已经成为由时代大势和实践要求所赋予的共同理论前提。这个大潮已经形成，绝不会因某些个人的主观意愿而改变。违背这一时代大势的袁世凯，已经被历史的车轮碾得粉碎。前辙俱在，不辩自明。

　　其二，南京国民政府时期蒋介石等人利用儒学资源探索的失败，在一定程度上表明儒家内圣之学理论重塑的必要性。内圣之学由子思、孟子初兴，经韩愈"性情"论、李翱"复性"论改造，到张横渠为"天地之性""气质之性"，发展到程朱为"理气"合一，王阳明为"知行合一"①，于是得到大发扬。在民国时期，孙中山引用《大学》而儒学为"内治"与"外修""由内发扬到外"②，内圣之学中的心学又经陈立夫、蒋介石的改造而为"心物合一"③。蒋介石的修身理论沿用了阳明心学的路径，强调"力行哲学"的知行合一；由内在的"省、察、克、治"的修身，向外推广而使他人仿效。国民党时期的相关实践似乎预示了这样一种路向：内圣之学具有强烈的自觉意识和圣凡意识，应用到政治领域必然带有自我与他者的身份判断，先知先觉与不知不觉的立场判断，君子与民众的类别判断，首义

　　① 参见冯友兰：《中国哲学史》下，上海：华东师范大学出版社2010年版，第153~230页。
　　② 孙中山：《三民主义（1924年1月—8月）》，见《孙中山全集》第九卷，北京：中华书局2011年第3版，第247页。
　　③ 蒋介石：《大学之道下篇（1934年9月11日）·科学的学庸》。主要理论著作是陈立夫《唯生论》。这个改造在很大程度上是针对唯物史观的。

与协从的政治判断，最终在政治设计上导向了精英政治的模式。因此宋明时期成熟的内圣之学并不能直接与现代化的政治形式相结合。①

儒家"内圣"之学或许可以在教育领域继续发挥其当代价值。教育可以引导个体生命由自知走向自觉，自觉才能自立，自立才能真正自由。我们相信真正自由的社会是"以各个人自由发展为一切人自由发展的条件"②，能够对自己的自由选择负责、从而能够承担社会使命的生命个体，不仅是民主政治的基石，也应该是实现"天下大同"真正的出发点。从自知到自觉，对个人来说，是一个漫长而艰苦的过程。实现个体生命自知、自觉和自由的途径，在于学和教。因此，内圣之学的理论旨归和实践重点应该在于，培养什么样的人和如何培养人；如何让合适的人到达合适的位置，这不是儒家内圣之学所能回答的。③

此外，我们也应该重新评价"中体西用"论的当下作用。用"体用"的分析模式来说，体是原则，用是形式。体就是精神内核，而"用"的制度外壳，是根据时代需要而生成的。"舜

---

① 关于儒学在当下由"内圣"到"外王"的内在理论矛盾，参见蒋庆：《政治儒学：当代儒学的转向、特质与发展》，福州：福建教育出版社2014年修订本。

② 马克思、恩格斯：《共产党宣言》，见《马克思恩格斯全集》第四卷，北京：人民出版社1965年版，第491页。

③ 冯友兰在构建新理学时就曾强调："新理学知道它所讲底是哲学，知道哲学本来只能提高人的境界，本来不能使人有对于实际事物底积极底知识，因此亦不能使人有驾驭实际事物底才能。"冯友兰：《新原道》，见《贞元六书》，北京：中华书局2014年版，第925页。然而自我意识的觉醒，是促使个人追求驾驭实际事物能力的最宝贵的动力。

舞有苗，禹坦裸国"（语出《战国策·赵策二》）；春夏秋冬，
蔽体各异。因时制宜，因地制宜，这是"用"的要求。新中国
成立以来，特别是改革开放以来，在中国特色社会主义理论体
系指导下，中国在政治、经济、文化教育（包括科技）、社会等
领域的现代化建设取得了巨大成就。在政治形态、经济形态、
文化风俗形态、社会形态等诸多方面基本上完成了由近代向现
代的过渡。在传统文化逐渐复兴的时代背景下，中西问题已经
演变为古今问题。① 我们的时代问题，已经不是"用"的层面或
体用关系问题，是集中于"体"层面（即意识形态层面）的问
题；是"体"应该指向何处何种的问题，就是需要创造一种新
的"体"以正面回答"中国向何处去"的问题。在传统中国曾
作为意识形态长期存在的儒学，在"体"层面也存在大量理论
探索与实践经验。这些历史的经验与儒学的思想资源一样，都
是我们宝贵的财富。

在三百年前的中国，"以复古为解放"②；在百二十年前的中
国，以托古求改制；在六十年前的中国，以批古求进步。在中
国式现代化建设的今天，欲重塑以儒学为核心的中国传统话语
体系，为中华民族复兴提供理论支撑和精神动力，或许当顺应

① 相关讨论参见汤一介：《融"中西古今"之学，创"反本开新"之
路》，见《思考中国哲学》，北京：中国人民大学出版社 2015 年版，第 210~
227 页。

② 梁启超：《清代学术概论》，上海：上海古籍出版社 1998 年版，第 7
页。

理论转型过程中的双轨规则，"鉴古应时"以求新的理论发展。"鉴古"是借鉴儒学思想资源以求价值正义性，"应时"是适应于当下社会发展特点以求历史正当性。在充分总结近代中国儒学转型的实践经验基础上，重新认识儒学从帝制形态向共和形态转型的理论进程，进而开辟传统儒学现代化的新境界。

二、三分一统　再造文明

如果能够更精准审视中国 20 世纪的国家意识形态演化过程，我们就能够发现这样一个明确的事实：当代中国存在的三大思想资源——马克思主义、儒学与自由主义，在中国已经并存、斗争、交融了整整一个世纪，并在当下社会呈现出百年未有的良好互动与逐渐交融的和谐关系。与此同时，马克思主义、儒学与自由主义皆能够从不同方面、在不同理论位置上为回答"中国向何处去"的时代课题提供理论支撑，这也是可以确认的。

基于以上两点认识，如何能够在新的时代背景下恰当理解"中国向何处去"的时代课题与马克思主义、儒学、自由主义三者之间的理论关联呢？如果从另一个角度来看，即如何在中国特色社会主义建设进入新时代的历史机遇期，在马克思主义基本原理的指导下利用好儒学与自由主义的思想资源，使其为中国的思想演进发挥作用呢？

其一，以马克思主义意识形态理论作为准确认识儒学与自由主义的理论工具。借助某一理论工具，可以帮助我们准确把握时代脉搏和历史坐标，明确儒学与自由主义的演化历史并指出其现状与未来趋向。能够突破近代中国的意识形态实践困境与理论迷雾，能够帮助我们站在我们身处的时代之外来对"中国向何处去"的历史问题上下求索的理论工具之一，就是马克思主义的"意识形态"理论。马克思主义意识形态理论所具有的理解世界与改变世界的双重语义指向，同时连接着理论世界与现实世界，能够集理论性与实践性于一体。因而发掘马克思主义"国家意识形态"理论的理论工具意义，以其作为观察近百年来儒学与自由主义在回应"中国向何处去"历史之问时的不同探索尝试，能够为在新的时代条件下继续思考"中国向何处去"提供深刻参照。

通过"国家意识形态"这个观察窗口我们可以发现，在辛亥革命以来的百余年历史进程中，每当意识形态两两相斥之时，中国都出现了巨大的社会动荡和思想变动。中国近代政治上的改良与革命、革命与反革命，文化上的保守与激进，本质上大都可以归结为各方力量所主张的不同意识形态在理论指向和政治实践上的矛盾。如 1911 年的辛亥革命，民国初期的"二次革命"，五四时期的"打孔家店"，解放战争时期的"两种命运"，20 世纪 80 年代的"大河文明"与"海洋文明"等。在这些引发巨大反响的历史事件背后，其实都是两种意识形态在不同领域里、不同程度上直接对抗的结果。意识形态之间的对抗与抉择，是近百年来中国社会演变的主旋律。

在这个过程之中，同时也存在着意识形态之间的互动与借鉴。例如，第一代现代新儒家（梁漱溟、熊十力、冯友兰、马一浮等）开创的融汇儒学与民主科学的路径，孙中山晚年开创的"集合中外的精华"[1]的道路，毛泽东在探索新民主主义文化建设中强调的继承"从孔夫子到孙中山"[2]的传统，皆是三大主义互动与交融的产物。上述主张虽极具理论价值和现实意义，但并没有在近百年的实践中真正得到贯彻。意识形态之间的碰撞、斗争与互动、交融，是符合马克思主义所揭示的矛盾统一的基本规律的。而在只有意识形态对抗和斗争的思想环境中，很难有真正的文明创新，只有发展到互动交融阶段才能够达成孕育新思想新文明的基本条件。

在当代中国，只有在马克思主义基本原理的指导下，在中国特色社会主义的理论框架中吸收儒学和自由主义中能够适应当代中国的有益成分，才能实现儒学与自由主义的落地生根。因此，在回应现实关切的需要而提出某种主张时，如果我们不能充分理解前辈思想家在面对这个问题时的现实关怀与理论情境，就不会具有取舍恰当的智慧；如果我们像自己宣称的那样是个有思考能力的爱国者，就应该具有预判其实践后果的能力。由此可见，在回答"中国向何处去"这个关系国家前途命运的问题上，并不存在所谓必须批判的论敌，只有在探索中有得有失的前辈；也没有需要视之如洪水猛兽的主张，只有或取或舍

---

① 孙中山：《三民主义（1924年1月—8月）》，见《孙中山全集》第九卷，北京：中华书局2011年第3版，第353页。

② 毛泽东：《新民主主义论》（1940年1月），见《毛泽东选集》第二卷，北京：人民出版社1991年版，第534页。

的思想资源。

其二，应该看到三大思想资源在碰撞、斗争中走向互动、融合的可能性路径。儒学与自由主义民主政治的对话融合，已经在近百年的理论探讨与政治实践中积累了丰富的经验成果；同时，我们正在探索以马克思主义基本原理借鉴、吸收儒学与中华优秀传统文化的基本实践路径。在理论探讨方面，早在1932 年张申府就已经提出马克思主义、儒学与欧洲文明三者可以融合汇通的主张——张申府提出的"三流合一"的方案是"合孔子、列宁、罗素而一之"[①]。由张申府首先提出的具有现代意义的"三流合一"主张，经过张岱年在 20 世纪末提出的"文化综合创新"说的继承发展，方克立的"马魂、中体、西用"[②]说的改造弘扬，这一主张在思想理论界得到了越来越多的关注。而把"马中西""三流合一"设想真正落实到实践层面的，则是改革开放以来逐步开创的中国特色社会主义道路。马克思主义在中国化的过程中，已经批判地吸收了民主议会政治形式的某些优点而形成了民主集中制的人民代表大会制度，同时在改革开放以来的发展过程中吸收了市场经济的某些优点形成了中国特色社会主义市场经济体制。21 世纪以来，党中央又明确提出

[①] 在这一主张中，中国的"孔子表示最高的人生理想"、苏俄的"列宁表示集过去世界传统最优良成分大成的一般方法，即唯物辩证法与辩证唯物论"、英国的"罗素表示最进步的逻辑与科学"。参见张申府著，张燕妮选编：《我相信中国》，桂林：广西师范大学出版社 2017 年版，第 187 页。

[②] 参见方克立等著，谢青松编：《马魂中体西用：中国文化发展的现实道路》，北京：人民出版社 2015 年版。

传承发展中华优秀传统文化的号召，更进一步明确提出"把马克思主义基本原理同中国具体实际相结合、同中华优秀传统文化相结合"① 的实践方向。因此，在当代中国以马克思主义基本原理为指导的马克思主义、儒学与自由主义三分可一的发展趋向已经逐步明朗起来。② 恰当解释在实践中形成的这一发展趋向，是中国特色哲学社会科学三大体系建设的重要时代课题之一。

更进一步来看，在马克思主义基本原理尤其是马克思主义意识形态理论指导下形成的"三分可一"的理论发展路向，基本上回答了在新的时代中"中国向何处去"这一问题。因而这一正确主张不仅仅是一种理论进程，也必将成为一条实践道路，能够形成系统的实践政策。如果我们希望能够以今天的思考和理论建构为明天国家社会的发展提供顶层设计，就必须在实然与应然之间搭建一座桥梁。因此，继承并推动三流合一的互动融合局面的发展，在马克思主义意识形态理论框架中充分借鉴、吸收中外思想资源和理论成果，从而为中国特色社会主义建设和新的人类文明形态探索出一条更宽广的道路，是当代中国知识分子责无旁贷的时代使命。

当代中国正沿着马克思主义中国化的康庄大道奋勇前进，

---

① 习近平：《在庆祝中国共产党成立 100 周年大会上的讲话》，《求是》2021 年第 14 期。

② 参见方克立等著，谢青松编：《马魂中体西用：中国文化发展的现实道路》，北京：人民出版社 2015 年版。

这是我们在回应"中国向何处去"的当代之思时最大的政治共识和理论基础。中国已经在实践上开辟了社会主义市场经济这样一条前无古人的中国特色社会主义道路，同时正以实事求是的思想精髓、以承前启后的时代使命自觉继承着作为中华民族根基的优秀文化传统。而被纳入马克思主义中国化理论进程的中华优秀传统文化的有益方面，应该包括儒学的某些基本精神和治世经验。在马克思主义中国化的中国特色社会主义康庄大道上，在新时代中国特色哲学社会科学三大体系形成过程中，对近现代中国有巨大影响的儒学和自由主义，都应该有属于它们的位置。

基于以上判断，立足于新时代中国特色社会主义的实践和当下的思想生态，力争把中华优秀传统文化现代化、自由主义本土化的思想进程纳入马克思主义中国化的道路上来，不仅可以为以儒学为代表的中华优秀传统文化的当代发展指明方向，也必将推动当代马克思主义中国化的与时俱进的理论再创造进入新的阶段。这一发展趋向在不久的将来必会成为中国思想理论界的基本共识。

主要参考文献

（以出版年为序）

一、文献

1.（美）塞利格曼著，陈石孚译：《经济史观》，上海：商务印书馆 1922 年版。

2. 范寿康、施存统、化鲁译述：《马克思主义与唯物史观》，上海：商务印书馆 1924 年版。

3. 李培天译：《改订近世经济思想史论》，上海：学术研究会总会丛书部 1924 年版。

4. 何松龄等译述：《唯物史观研究》，上海：商务印书馆 1926 年版。

5. 任国桢译：《苏俄的文艺论战》，北平：北新书局 1927 年版。

6. 鲁迅译：《文艺政策》，上海：水沫书店 1930 年版。

7. 刘侃元译：《唯物史观的根本问题》，上海：春秋书店 1930 年版。

8. 胡秋原编：《唯物史观艺术论——朴列汗诺夫及其艺术理论之研究》，上海：神州国光社 1932 年版。

9. 汗血月刊社编：《新县政研究》，上海：汗血书店 1935 年版。

10. 李达：《社会学大纲》，上海：笔耕堂书店 1939 年版。

11. （日）永田广志，阮均石译：《唯物史观讲话》，武汉：新知书店 1939 年版。

12. 张仲实译：《社会科学的基本问题》，上海：新知书店 1939 年版。

13. 《新生活运动言论集》，南京：正中书局 1940 年版。

14. 戴季陶：《国民革命与中国国民党》，上海：中国文化服务社 1946 年版。

15. 联共（布）中央特设委员会编：《联共（布）党史简明教程》，莫斯科：外国文书籍出版局 1949 年版。

16. （德）马克思、恩格斯著，中共中央马克思恩格斯列宁斯大林著作编译局译：《马克思恩格斯全集》，北京：人民出版社 1953—1983 年版。

17. （苏联）斯大林著，中共中央马克思恩格斯列宁斯大林著作编译局译：《斯大林全集》，北京：人民出版社 1953—1956 年版。

18. 中国人民政治协商会议全国委员会文史资料研究委员会编：《文史资料选辑》，北京：中华书局 1960 年版。

19. 沈云龙主编：《近代中国史料丛刊》，台北：文海出版社

1966 年始出版。

20. （美）埃德加·斯诺著，董乐山译：《西行漫记》，北京：三联书店 1979 年版。

21. 陈望道著，复旦大学语言研究室编：《陈望道文集》，上海：上海人民出版社 1979—1990 年版。

22. 舒新城编：《中国近代教育史资料》，北京：人民教育出版社 1981 年版。

23. 宋教仁著，陈旭麓主编：《宋教仁集》，北京：中华书局 1981 年版。

24. 康有为著，上海市文物保管委员会编：《康有为与保皇会》，上海：上海人民出版社 1982 年版。

25. 中共中央文献研究室编：《关于建国以来党的若干历史问题的决议》注释本，北京：人民出版社 1983 年版。

26. 吴虞著，中国革命博物馆整理、荣孟源审校：《吴虞日记》（上），成都：四川人民出版社 1984 年版。

27. 杨度著，刘晴波主编：《杨度集》，长沙：湖南人民出版社 1985 年版。

28. 杨匏安：《杨匏安文集》，广州：广东人民出版社 1986 年版。

29. 陈独秀：《独秀文存》，合肥：安徽人民出版社 1987 年版。

30. 中共中央党校中共党史教研室编：《三民主义历史文献选编》，北京：中共中央党校科研办公室 1987 年版。

31. 中央文献研究室编：《毛泽东哲学批注集》，北京：中央文献出版社 1988 年版。

32. 《民国丛书》编辑委员会编：《民国丛书》，上海：上海书店 1989—1996 年版。

33. 梁启超：《饮冰室合集》，北京：中华书局 1989 年版。

34. 毛泽东：《毛泽东选集》，北京：人民出版社 1991 年版。

35. 唐纵：《在蒋介石身边八年——侍从室高级幕僚唐纵日记》，北京：群众出版社 1991 年版。

36. 中国第二历史档案馆编：《中华民国史档案资料汇编》，南京：江苏古籍出版社 1991 年版。

37. 宋志明编：《儒家思想的新开展：贺麟新儒学论著辑要》，北京：中国广播电视出版社 1995 年版。

38. 天津市历史博物馆藏：《北洋军阀史料》，天津：天津古籍出版社 1996 年版。

39. 蔡元培：《蔡元培全集》，杭州：浙江教育出版社 1997—1998 年版。

40. （美）古德诺著，蔡向阳、李茂增译：《解析中国》，北京：国际文化出版公司 1998 年版。

41. 梁启超：《清代学术概论》，上海：上海古籍出版社 1998 年版。

42. 胡适著，欧阳哲生编：《胡适文集》，北京：北京大学出版社 1998 年版。

43. 中国史学会主编：《中国近代史资料丛刊》，上海：上海人民出版社 2000 年版。

44. 柴德赓等编：《辛亥革命》，上海：上海人民出版社 2000 年版。

45. 傅永聚、韩钟文主编：《20 世纪儒学研究大系》，北京：中华书局 2003 年版。

46. 陆学艺、王处辉主编：《中国社会思想史资料选辑》，桂林：广西人民出版社 2005—2007 年版。

47. 李大钊著，中国李大钊研究会编：《李大钊全集》，北京：人民出版社 2006 年版。

48. 张君劢：《新儒家思想史》，北京：中国人民大学出版社 2006 年版。

49. 罗荣渠主编：《从"西化"到现代化：五四以来有关中国的文化趋向和发展道路论争文选》，合肥：黄山书社 2008 年版。

50. 吴虞：《吴虞文录》，合肥：黄山书社 2008 年版。

51. 梁启超：《中国近三百年学术史》，北京：人民出版社 2008 年版。

52. 陈布雷：《陈布雷回忆录》，上海：东方出版社 2009 年版。

53. 陈序经：《中国文化的出路》，长沙：岳麓书社 2010 年版。

54. 梁漱溟：《东西文化及其哲学》，北京：商务印书馆 2010 年版。

55. 康有为著，姜义华、张荣华编校：《孔子改制考》，北京：中国人民大学出版社 2010 年版。

56. 黄兴著，湖南社会科学院编：《黄兴集》，北京：中华书局 2011 年版。

57. 孙中山著，广东省社会科学院历史研究室、中国社会科学院近代史研究所中华民国史研究室、中山大学历史系孙中山研究室合编：《孙中山全集》，北京：中华书局 2011 年版。

58. 袁世凯著，骆宝善、刘路生主编：《袁世凯全集》，郑州：河南大学出版社 2012 年版。

59. 侯惠勤主编：《马克思恩格斯列宁斯大林：论意识形态》，北京：中国社会科学出版社 2012 年版。

60. （俄）列宁著，中共中央马克思恩格斯列宁斯大林著作编译局编译：《列宁全集》，北京：人民出版社 2013—2017 年第 2 版。

61. 陈子展：《中国近代文学之变迁：最近三十年中国文学史》，上海：上海古籍出版社 2013 年版。

62. 胡适著，何卓恩选编：《胡适文集》，长春：长春出版社 2013 年版。

63. 胡适等著，中国社会科学院中华民国史研究室编：《胡适往来书信选》，北京：社会科学文献出版社 2013 年版。

64. 戴季陶著，桑兵、朱凤林编：《中国近代思想家文库·戴季陶卷》，北京：中国人民大学出版社 2014 年版。

65. 冯友兰：《贞元六书》，北京：中华书局 2014 年版。

66. 胡汉民著，陈红民、方勇编：《中国近代思想家文库·胡汉民卷》，北京：中国人民大学出版社 2014 年版。

67. 胡适：《我的歧路：胡适自述》，沈阳：万卷出版公司 2014 年版。

68. 民国时期文献保护中心、中国社科院近代史研究所编：《民国文献类编》，北京：国家图书馆出版社 2015 年版。

69. 舒新城编：《近代中国教育史料》，上海：上海科学技术文献出版社 2015 年版。

70. 方激编译：《龙蛇北洋：〈泰晤士报〉民初政局观察记》，重庆：重庆出版社 2017 年版。

71. 张申府著，张燕妮选编：《我相信中国》，桂林：广西师范大学出版社 2017 年版。

二、今人著作

1. 侯外庐：《中国近代哲学史》，北京：人民出版社 1978 年版。

2. 丁守和、殷叙彝：《从五四启蒙运动到马克思主义的传播》，北京：三联书店 1979 年第 2 版。

3. 来新夏主编：《北洋军阀史稿》，武汉：湖北人民出版社 1983 年版。

4. 王光远编：《陈独秀年谱（1879—1942）》，重庆：重庆出版社 1987 年版。

5. （德）卡尔·雅斯贝斯著，魏楚雄、俞新天译：《历史的起源与目标》，北京：华夏出版社 1989 年版。

6.（美）约瑟夫·W. 埃谢里克编著，罗清、赵仲强译：《在中国失掉的机会：美国前驻华外交官约翰·S. 谢伟思第二次世界大战时期的报告》，北京：国际文化出版公司 1989 年版。

7. 复旦大学历史系、复旦大学国际交流办公室合编：《儒家思想与未来社会》，上海：上海人民出版社 1991 年版。

8. 宋仲福、赵吉惠、裴大洋：《儒学在现代中国》，郑州：中州古籍出版社 1991 年版。

9. 宋惠昌：《当代意识形态研究》，北京：中共中央党校出版社 1993 年版。

10. 俞吾金：《意识形态论》，上海：上海人民出版社 1993 年版。

11.（美）费正清编：《剑桥中华民国史》（上卷），北京：中国社会科学出版社 1994 年版。

12. 陈振明、陈炳辉、骆沙舟等：《"西方马克思主义"的社会政治理论》，北京：中国人民大学出版社 1996 年版。

13. 郭湛波：《近五十年中国思想史》，济南：山东人民出版社 1997 年版。

14. 庞朴主编：《中国儒学》，上海：东方出版中心 1997 年版。

15. 沙健孙、龚书铎主编：《走什么路：关于中国近现代历史上的若干重大是非问题》，济南：山东人民出版社 1997 年版。

16. 彭明、程啸主编：《近代中国的思想历程：1840—

1949》，北京：中国人民大学出版社 1999 年版。

17. 胡逢祥：《社会变革与文化传统：中国近代文化保守主义思潮研究》，上海：上海人民出版社 2000 年版。

18. 汤志钧：《近代经学与政治》，北京：中华书局 2000 年版。

19. 曾业英主编：《五十年来的中国近代史研究》，上海：上海书店出版社 2000 年版。

20. 桑兵：《晚清民国的国学研究》，上海：上海古籍出版社 2001 年版。

21. 贺渊：《三民主义与中国政治》，北京：社会科学文献出版社 2002 年第 3 版。

22. （美）柯文著，林同奇译：《在中国发现历史：中国中心观在美国的兴起》，北京：中华书局 2002 年版。

23. （美）伊曼努尔·华勒斯坦等著，郝名玮、张凡译：《自由主义的终结》，北京：社会科学文献出版社 2002 年版。

24. （德）马克斯·韦伯著，洪天富译：《儒教与道教》，南京：江苏人民出版社 2003 年版。

25. 宋惠昌等：《政治哲学》，北京：中共中央党校出版社 2003 年版。

26. 吴江：《中国封建意识形态研究》，兰州：兰州大学出版社 2003 年版。

27. （德）李博：《汉语中的马克思主义术语的起源与作用：从词汇—概念角度看日本和中国对马克思主义的接受》，赵倩、王草、葛平竹译,北京:中国社会科学出版社 2003 年版。

28. 马克锋:《文化中国与近代思潮》,北京:光明日报出版社 2004 年版。

29. 赵汀阳主编:《年度学术:人们对世界的想象》,北京:中国人民大学出版社 2004 年版。

30. 茅家琦等:《百年沧桑:中国国民党史》,厦门:鹭江出版社 2005 年版。

31. 季广茂:《意识形态》,桂林:广西师范大学出版社 2005 年版。

32. (英)约翰·格雷著,曹海军、刘训练译:《自由主义》,长春:吉林人民出版社 2005 年版。

33. 陈旭麓:《近代中国社会的新陈代谢》,上海:上海社会科学院出版社 2006 年版。

34. 甘阳:《八十年代文化意识》,上海:上海人民出版社 2006 年版。

35. 何晓明:《返本与开新:近代中国文化保守主义新论》,北京:商务印书馆 2006 年版。

36. 刘统:《中国的 1948 年:两种命运的决战》,北京:三联书店 2006 年版。

37. 许纪霖、陈达凯主编:《中国现代化史》,上海:学林出版社 2006 年版。

38. 张卫波:《民国初期尊孔思潮研究》,北京:人民出版社 2006 年版。

39. 张珊珍：《陈立夫生平与思想评传》，北京：中共中央党校出版社 2006 年版。

40. 张宪文等著：《中华民国史》，南京：南京大学出版社 2006 年版。

41. （美）克拉莫尼克、（美）华特金斯著，章必功译：《意识形态的时代：近代政治思想简史》，上海：同济大学出版社 2006 年第 2 版。

42. （美）舒衡哲著，刘京建译：《中国启蒙运动：知识分子与五四遗产》，北京：新星出版社 2007 年版。

43. 徐素华、贾红莲、黄玉顺等：《三大思潮鼎立格局的形成：五四后期的思想文化论战》，南昌：百花洲文艺出版社 2007 年版。

44. 白文刚：《应变与困境：清末新政时期的意识形态控制》，北京：中国传媒大学出版社 2008 年版。

45. 方克立：《现代新儒学与中国现代化》，长春：长春出版社 2008 年版。

46. 梁建新：《穿越意识形态终结的幻象：西方意识形态终结论思潮评析》，北京：中国社会科学出版社 2008 年版。

47. 李泽厚：《中国近代思想史论》，北京：三联书店 2008 年版。

48. 马震东：《袁氏当国史》，北京：团结出版社 2008 年版。

49. 杨天石：《找寻真实的蒋介石：蒋介石日记解读》，太原：山西人民出版社 2008 年版。

50.（美）德里克著，翁贺凯译：《革命与历史：中国马克思主义历史学的起源：1919—1937》，南京：江苏人民出版社2008年版。

51. 耿云志等：《开放的文化观念及其他——纪念新文化运动九十周年》，北京：国家图书馆出版社2009年版。

52.（德）黑格尔著，贺麟译：《小逻辑》，上海：上海人民出版社2009年版。

53.（英）约翰·密尔著，许宝骙译：《论自由》，北京：商务印书馆2009年版。

54.（美）约瑟夫·列文森著，郑大华、任菁译：《儒教中国及其现代命运》，桂林：广西师范大学出版社2009年版。

55.（英）休·塞西尔著，杜汝楫译：《保守主义》，北京：商务印书馆2009年版。

56. 杨念群：《"五四"九十周年祭：一个"问题史"的回溯与反思》，北京：世界图书出版公司2009年版。

57. 金观涛、刘青峰：《开放中的变迁——再论中国社会超稳定结构》，北京：法律出版社2010年版。

58. 牟宗三：《政道与治道》，长春：吉林出版集团有限责任公司2010年版。

59. 冯友兰：《中国哲学史》，上海：华东师范大学出版社2010年版。

60. 傅静：《意识形态与近代中国政治发展》，济南：山东文艺出版社2010年版。

61. 孟庆顺等：《全球化时代世界意识形态流派述评》，北京：人民出版社 2010 年版。

62. 刘建军：《当代中国政治思潮》，上海：复旦大学出版社 2010 年版。

63. 王奇生：《党员、党权与党争：1924—1949 年中国国民党的组织形态》，北京：华文出版社 2010 年修订增补本。

64. 徐庆文：《20 世纪儒学发展研究》，济南：山东文艺出版社 2010 年版。

65. 黄明同、张冰、张树旺等著：《孙中山的儒学情结》，北京：社会科学文献出版社 2010 年版。

66. 郑大华：《民国思想史论：续集》，北京：社会科学文献出版社 2010 年版。

67. 丁伟志、陈崧：《中国近代文化思潮》，北京：社会科学文献出版社 2011 年版。

68. 侯惠勤等：《马克思主义意识形态论》，南京：南京大学出版社 2011 年版。

69. 金观涛、刘青峰：《中国现代思想的起源：超稳定结构与中国政治文化的演变》，北京：法律出版社 2011 年版。

70. 汤一介、李中华主编：《中国儒学史》，北京：北京大学出版社 2011 年版。

71. 吴雁南等主编：《中国近代社会思潮（1840—1949）》，长沙：湖南教育出版社 2011 年第 2 版。

72. 杨幼炯著，范忠信等校：《近代中国立法史》，北京：中国政法大学出版社 2011 年版。

73. 邹鲁编：《中国国民党史稿》，上海：东方出版中心 2011 年版。

74. 马立诚：《当代中国八种社会思潮》，北京：社会科学文献出版社 2012 年版。

75. 崔罡等：《新世纪大陆新儒家研究》，合肥：安徽人民出版社 2012 年版。

76. 干春松：《制度化儒家及其解体》，北京：中国人民大学出版社 2012 年修订版。

77. 纪宝成：《重估国学的价值》，北京：中国人民大学出版社 2012 年版。

78. 林建华：《1940 年代的中国自由主义思潮》，北京：中国社会科学出版社 2012 年版。

79. 欧阳哲生：《五四运动的历史诠释》，北京：北京大学出版社 2012 年版。

80. 张昭军、孙燕京主编：《中国近代文化史》，北京：中华书局 2012 年版。

81. 贾维：《三民主义青年团史稿》，北京：社会科学文献出版社 2013 年版。

82. 陶菊隐：《北洋军阀统治时期史话》，太原：山西人民出版社 2013 年版。

83. 沈云龙：《徐世昌评传》，北京：中国大百科全书出版社 2013 年版。

84. 肖高华：《现代国家建构：20世纪20年代中国知识界的政制设计及论争》，北京：中国社会科学出版社2013年版。

85. 费孝通、吴晗等著：《皇权与绅权》，北京：三联书店2013年版。

86. 张朋园：《梁启超与民国政治》，上海：三联书店2013年版。

87. 吕厚轩：《接续"道统"：国民党实权派对儒家思想的改造与利用（1927—1949）》，济南：山东人民出版社2013年版。

88. （英）埃德蒙·柏克著，张雅楠译：《反思法国大革命》，上海：上海社会科学院出版社2014年版。

89. 邓晓芒、赵林：《西方哲学史》，北京：高等教育出版社2014年修订版。

90. 马克锋：《中国近代文化思与辨》，北京：人民日报出版社2014年版。

91. 刘泽华总主编：《中国政治思想通史》，北京：中国人民大学出版社2014年版。

92. 蒋庆：《政治儒学：当代儒学的转向、特质与发展》，福州：福建教育出版社2014年修订本。

93. 张华腾：《中国1913：民初的政治纷争与政治转型》，西安：陕西人民出版社2014年版。

94. 陈壁生：《经学的瓦解》，上海：华东师范大学出版社2014年版。

95. 俞祖华、赵慧峰：《离合之间：中国现代三大思潮及其相互关系》，北京：人民出版社 2015 年版。

96. 方克立等著，谢青松编：《马魂中体西用：中国文化发展的现实道路》，北京：人民出版社 2015 年版。

97. 汤一介：《思考中国哲学》，北京：中国人民大学出版社 2015 年版。

98. 唐德刚：《袁氏当国》，桂林：广西师范大学出版社 2015 年第 2 版。

99. 许嘉璐主编：《重写儒学史："儒学现代化版本"问题》，北京：人民出版社 2015 年版。

100. 曹天予：《权力与理性：世界中的马克思主义与自由主义》，上海：华东师范大学出版社 2016 年版。

101. 李云霖：《枢机转捩：近代中国代议制度研究》，北京：中国政法大学出版社 2016 年版。

102. 蒋庆、陈明、康晓光、余东海、秋风：《中国必须再儒化》，新加坡：新加坡世界科技出版公司 2016 年版。

103. 郑永年：《再塑意识形态》，上海：东方出版社 2016 年版。

104. 张华腾：《袁世凯与清末民初社会变革研究》，北京：中国社会科学出版社 2017 年版。

105. 萧公权：《中国政治思想史》，北京：商务印书馆 2017 年版。

三、文章

1. 郭齐勇：《现代化与中国传统文化刍议》，《武汉大学学报（社会科学版）》1986 年第 5 期。

2. 李侃：《孙中山与传统儒学》，《历史研究》1986 年第 5 期。

3. 吕明灼：《五四批孔真相——"打倒孔家店"辨析》，《齐鲁学刊》1989 年第 5 期。

4. 黄道炫：《30 年代中国政治出路的讨论》，《近代史研究》1992 年第 5 期。

5. 陈铁健、黄道炫：《王学及其现代命运》，《历史研究》1994 年第 4 期。

6. 吕明灼：《儒学与民国政治》，《文史哲》1995 年第 3 期。

7. 高华：《近代中国社会转型的历史教训》，《战略与管理》1995 年第 4 期。

8. 苏双碧：《意识形态和中国近代化》，《东南学术》1998 年第 3 期。

9. 宋淑玉：《近代中国尊孔读经的历史考察》，山东师范大学硕士学位论文，1999 年。

10. 赵景来：《关于意识形态若干问题研究综述》，《学术界》2001 年第 4 期。

11. 黄道炫、钟建安：《1927—1937 年中国的学术研究》，《史学月刊》2001 年第 2 期。

12. 黄道炫：《力行哲学的思想脉络》，《近代史研究》2002年第1期。

13. 黄道炫：《蒋介石与朱、王二学》，《史学月刊》2002年第12期。

14. 韩华：《民初孔教会与国教运动》，四川大学博士学位论文，2003年。

15. 陈峰：《社会史论战与现代中国史学》，山东大学博士学位论文，2005年。

16. 高华：《在革命词语的高地上》，《社会科学论坛》2006年第8期。

17. 陈利权：《学术界关于中国国家意识形态的研究综述（一）》，《政工研究动态》2007年第18期。

18. 汪巧红：《民国时期湖北的新县制研究（1939—1949年）》，华中师范大学博士学位论文，2007年。

19. 方克立：《关于马克思主义与儒学关系的三点看法》，《高校理论战线》2008年第11期。

20. 陈奇：《民国时期儒学的近代化转型与开新》，"中国传统学术的近代转型"国际学术研讨会2009年10月16日。

21. 郭齐勇：《儒学与马克思主义中国化及中国现代化》，《马克思主义与现实》2009年第6期。

22. 郑师渠：《新文化运动与反省现代性思潮》，《近代史研究》2009年第4期。

23. 陈峰：《在学术与意识形态之间：1930年代的中国社会

史论战》，《史学月刊》2010 年第 9 期。

24. 王学典：《学术与意识形态的高度绾合——山东大学 1950 年代文科辉煌的由来》，《山东大学报 "110 周年校庆特刊"》2011 年 10 月 11 日。

25. 汤一介：《传承文化命脉，推动文化创新——儒学与马克思主义在当代中国》，《中国哲学史》2012 年第 4 期。

26. 高瑞泉：《革命世纪与哲学激进主义的兴起》，《华东师范大学学报（哲学社会科学版）》2013 年第 6 期。

27. 孙寅沛：《知识分子与近代以来中国社会意识形态兴替》，中共中央党校硕士学位论文，2013 年。

28. 魏建国、谷耀宝：《辛亥百年意识形态的逻辑转向及其内在规律探究》，《山东农业工程学院学报》2014 年第 1 期。

29. 王学典：《启蒙的悖论：庞朴与八十年代传统文化的复兴》，《中华读书报》2014 年 8 月 6 日。

30. 习近平：《中国共产党人始终是中国优秀传统文化的忠实继承者和弘扬者》，《党建》2014 年第 10 期。

31. 任剑涛：《重写儒学史与古代史意识形态》，《武汉大学学报（哲学社会科学版）》2015 年第 2 期。

32. 王学典：《中国向何处去：人文社会科学的近期走向》，《清华大学学报（哲学社会科学版）》2016 年第 2 期。

33. 习近平：《在哲学社会科学工作座谈会上的讲话（2016 年 5 月 17 日）》，人民网 2016 年 5 月 19 日。

34. 陈阳：《正名以求王道——民国时期宋育仁复辟诉求的

经学视野（1912—1924）》,《社会科学研究》2017 年第 4 期。

35. 王学典:《十八大以来儒学变迁之大势》,《中华读书报》2017 年 12 月 13 日。

36. 任剑涛:《内圣的归内圣，外王的归外王：儒学的现代突破》,《中国人民大学学报》2018 年第 1 期。

后 记

　　民国时期的儒学演变问题在中国学术界已经是一个老题目，但是老题目还是因时代脉动的不同而不断增添着新的生命力。自关注这个领域开始我总是怀抱一种执念，认为儒学自孔子那里即有"以天下为己任"的现实关怀，具有关联理论世界与现实世界的基本属性；因而近百年来中国学者立足文化、哲学、宗教等学科立场对儒学的解读，在深化认知的同时也存在着以偏概全、以小喻大的偏失。正因如此，在一定程度上也可以说，上述问题至今仍未能得到完整、恰当的解读。这或许是儒学转型问题至今仍路径未明的原因之一。

　　那么重新认识、评判乃至塑造儒学，是否能够有一个可借鉴的理论视角或者理论工具呢？儒学是否能够、如何能够在中国当代发展的大潮中发挥正面的作用呢？进而当代中国思想演进的方向在哪里、儒学又如何找到自己的位置呢？这就是本书在选题之初所尝试回答的问题。因缘际会之下，硕士研究生阶段我先后读到金观涛、刘青峰两位先生的《开放中的变迁——再论中国社会超稳定结构》名著和郑永年先生的《再塑意识形态》一本不太厚的小册子，这些仿佛为我在以往百思无解的问题打开了新世界的大门。至今犹记得，当初在日落时分洪家楼校区图书馆的某昏暗的角落里，仿佛灵感乍现般在稿纸上杂乱无章地记下某些想法，每每为抓住一个思维片段而心潮澎湃。当然，那时的大部分想法还是很幼稚的，并不能直接作为学术问题来展开，但是我至此牢牢记住了一个关键词"意识形态演化"，并决定以此作为硕士论文的选题方向。那时还未曾意识到，从意识形态视角观察儒学演变问题，确实是一个需要极大勇气与能力才能够做下去的课题。

首先一个难题就是如何区分意识形态视角的政治性与学术性。这个问题是我的硕士生导师李平生教授在最初选题阶段就明确提出来的。李老师长期主持学校的宣传工作，所以对现实中的意识形态工作有非常深刻且敏锐的理解，因而担心这一选题的敏感性问题。把政治性问题转化为学术问题的关键在于两点，一是在马克思主义的理论立场上使用这一概念，二是把研究对象限定在历史学的学科范围内。老师在这篇论文选题与写作过程中多次结合工作讲授相关理解，引导我准确把握核心概念的基本点，在理解现实工作的基础上把握好学术研究的立场和尺度。李老师关于做出上述明确区分的指导，以及张富祥老师关于"国家意识形态"的概念辨析的指导，也是我在博士生阶段继续探索意识形态理论民国时期传播建构问题的动力所在。在导师的推荐下，论文的繁体字版得以在花木兰文化事业有限公司出版，老师也对我在博士研究生阶段及以后的成长提出了"科研能力和业务能力要结合起来，要全面发展"的更高要求。

第二个难题就是如何把上述立意转化为学术问题并最终落实到硕士学位论文写作上。克服这个问题主要是在王学典老师的指导下完成的。因上述想法产生时，我对硕士学位论文写作要求尚缺乏最基本的了解，最初的想法是不着边际的。王老师曾在公开场合的学术活动中回应我的提问时强调，限于学科特点我们不能直接去谈现实问题，但是可以把这种关怀落实到选题上，通过对某一选题的学术性研究深化对现实问题的理解。在我硕士研究生求学阶段的私下请教过程中，王老师多次详细向我讲授了对儒学及其当代转化问题的理解，并在其中的两次指导中先后框定了这篇论文写作的基本范围：一次是指导我专注于儒学问题，论文中暂时不要去深入探讨马克思主义与自由主义的问题；一次是指导我把论文的时间断限限定在民国时期，进一步缩小范围集中论述。上述指导框定了选题的基本方向，因而我才能够在规定时间内完成写作，最终能够使相关想法得到集中呈现并能够落到实处。

民国意识形态变迁中的儒学这个研究主题，是我在硕士研究生入学（2015）后的读书思考积累中逐步确定的。自写出粗疏的开题报告的 2016 年 12 月份算起，断断续续思考、写作与修补至今已持续近七载。作为第一个能够表达自己相关思考与判断的学术性成果，这个选题总是有点特别的意义。我也因此投注了多年热情一补再补，以期能够尽量完整、准确地表达出个人对相关问题的观察、理解，以期能够预流思想大势并留待其时。现在，这个版本能够在学典老师的指导关照下获得公开出版简体字版的机会，也就能够以此作为个人对民国儒学问题思考的一个阶段性总结。虽然一直怀抱着思考与探索的热情，但求学的每一步都极为不易。自 2015 年直至今日，老师们的关怀指导是我这些相关想法能够以现在的面貌呈现出来的宝贵助力。感念师恩！

这个主题的繁体字版曾在花木兰文化事业有限公司出版，因而非常感谢花木兰文化事业有限公司的杨嘉乐老师及诸位老师在审稿与出版过程中的关照。现在这个版本是在 2022 年出版的繁体字版的基础上删改、补充而成，虽然基本观点未作太大调整，但是目前的版本也已经根据博士研究生期间的相关成果，对整个论证过程作了全面修订：着重修改了绪论、结论，并重写了第一章、第三章中的某些章节，更在李平生老师、王学典老师多次指点下重拟了题目。尤为焕然且生辉之处是，王学典老师、李平生老师所赐序文，更为本书点亮了双睛。因而这个版本与之前相较，已经呈现出一种全新的面貌。这也是需要交代清楚的。

同时，感谢王学典老师把这部书稿纳入学院书系的出版计划中。忝列其中诚惶诚恐，也惟有继续努力做出一点像样的成绩，以不辜负师长恩情于万一。感谢王震书记、王加华院长、张笑函老师在书稿审核过程中的关照。感谢出版社刘强老师在审稿及出版过程中的关照和宝贵指点，感谢林昊老师细致的点校和指正。本研究成果由"国家资助博士后研究人员计划"资助。

因学识积累有限，思考时间尚短，论述思路与文字表述或有疏漏之处，恳请专家学者及读者们不吝赐教。

2023 年 11 月
于校外寓所